改變世界的
100個生態行動
SDGs全球實踐指南 生物圈篇

李盈・李小敏／著

目錄 CONTENTS

推薦序／我們從來不是局外人 黃樹德／中國時報社長兼總編輯　　10

推薦序／照亮希望的行動 李偉文／荒野保護協會榮譽理事長　　12

推薦序／物質不滅 陳映霞／文字工作者　　13

推薦序／成為地球的善心人士 趙政岷／時報文化出版董事長　　15

前言／在崩壞中看見曙光　　20

第一章／生物圈：水資源　　23

　　SDG 6 淨水及衛生：確保所有人都能享有水、衛生及其永續管理

　　SDG 6 淨水及衛生・細項目標&行為目標

　　SDG 6 淨水及衛生・全球近況與問題

　　SDG 6 淨水及衛生・國際案例分享

　　1. 瑞典：太陽能淨水袋
　　　　特殊薄膜汙水淨化袋，曬4小時就能喝　　28

　　2. 哥倫比亞：瓶蓋過濾器
　　　　快速淨水神器，只需一個翻轉　　31

　　3. 以色列：大氣提煉飲用水
　　　　「喝空氣」品甘霖，淨化濕氣滴滴清涼　　34

　　4. 西班牙：世界最大的太陽能電腦
　　　　中控電腦，供水、供電、供網路一次滿足　　37

　　5. 印度：機器尖兵監測城市廢水汙染
　　　　地下小尖兵，能文能武，會畫圖、寫報告　　40

6. 美國：**聽聲偵測水線**
　　水管偷偷漏水，聲學偵探指點迷津　　　　　　　　　　　43

7. 以色列：**智能水管監測漏水**
　　水管滲漏知多少，AI 診斷有數據　　　　　　　　　　　46

8. 荷蘭：**智慧家庭水循環系統**
　　洗完的水怎麼用，水循環系統有妙招　　　　　　　　　49

9. 美國：**回收廢水做啤酒**
　　廢水全面回收，再造能源、肥料跟美酒　　　　　　　　52

10. 丹麥：**生物仿生技術淨化水源**
　　NASA 獨愛，從太空用到地球的超強濾水膜　　　　　　55

11. 荷蘭：**智能水質監測系統**
　　確保飲水安全，24 小時 AI 水質監測　　　　　　　　　58

12. 荷蘭：**泡泡打掃河川**
　　河川打掃小能手，泡泡屏障伸縮自如又吸睛　　　　　　61

13. 香港：**超聲波打撈廢水塑膠微粒**
　　超強聲波回收機，塑膠纖維、微粒吸乾淨　　　　　　　64

14. 美國：**無限飲品循環販賣機**
　　減塑販賣機，隨買隨還，塑膠瓶餅餅　　　　　　　　　67

15. 台灣：**智慧灌溉計畫**
　　一指神功，搞定農田供水任務　　　　　　　　　　　　70

第二章／生物圈：極端氣候　　　　　　　　　　　73

SDG 13 氣候行動：
完備減緩調適行動，以因應氣候變遷及其影響

SDG 13 氣候行動‧細項目標＆行為目標

SDG 13 氣候行動‧全球近況與問題

SDG 13 氣候行動‧國際案例分享

1. 印度：空汙墨水
   汙染變資源，汽車廢氣華麗變身　　　　　　　　77

2. 墨西哥：過濾髒空氣的未來「藻」樹
   城市淨化神器，一棵「藻」樹＝400 棵成樹　　　80

3. 法國：全球空汙地圖
   空汙在哪裡，數位地圖告訴您　　　　　　　　　83

4. 芬蘭：二氧化碳「空氣肉排」
   不用修仙就能「吃空氣」，口味應有盡有　　　　87

5. 美國：二氧化碳奶油
   驚世食譜，二氧化碳＋水＋化學式＝？　　　　　90

6. 冰島：二氧化碳煉化岩石
   玄武岩是真愛，一生一世不分離　　　　　　　　93

7. 美國：餵牛吃紅海藻降低甲烷
   吃了紅海藻，連屁都是香的　　　　　　　　　　96

8. 英國：無人潛艇製冰保護北極海
   全自動海水製冰機，還給北極熊一個家　　　　　99

9. 巴西：聖洛都＋3°C
   親自體驗，升溫 3°C 的末日世界　　　　　　　102

10. 美國：AI 智能系統防止森林大火
    搶先通報失火，AI 野火偵測系統屢屢建功　　　105

11. 台灣：3D 災害潛勢地圖
    台灣災難知多少，颱風、地震、豪大雨　　　　108

12. 波多黎各：**颶風暴風眼追蹤器**
　　愛來不來好任性，超強 APP 掌握颶風動線　　　　　　111

13. 台灣：**最強地震速報 APP**
　　地震突襲，把握黃金逃難時間　　　　　　　　　　　114

14. 英國：**全球洪水風險模型**
　　推演再推演，全面應戰洪水猛獸　　　　　　　　　　117

15. 馬紹爾群島：**消失的球衣**
　　海水上升，家園、球隊、球衣都將消失　　　　　　　120

第三章／生物圈：海洋生態　　　　　　　　　　　　　123

SDG 14 保育海洋生態：
　　保育及永續利用海洋生態系，
　　確保生物多樣性並防止海洋環境劣化

SDG 14 保育海洋生態・細項目標＆行為目標

SDG 14 保育海洋生態・全球近況與問題

SDG 14 保育海洋生態・國際案例分享

1. 英國：**智能捕撈**
　　不速之客退散，海豹退散，漁夫要準時下班　　　　　128

2. 美國：**不搞失蹤的智慧浮標**
　　海神想問，您不見的是金色浮標，還是銀色浮標？　　131

3. 美國：**鯨魚之歌**
　　鯨魚加密聊天，想當朋友好難　　　　　　　　　　　134

4. 日本：**扇貝安全帽**
　　扇貝七十二變，粉末、帽子、建築材料　　　　　　　137

5. 台灣：**「蚵」學潮衣**
　　當年嫌棄的蚵繩，今日高攀不起　　　　　　　　　　140

6. 澳大利亞：**3D 列印珊瑚礁**
　　海底房價飛漲，新屋落成先搶先贏　　　　　　　　　143

7. 澳大利亞：捍衛珊瑚寶寶的搖籃
　　寶寶苦寶寶不說，生存率終於突破 1%　　　　　　　146

8. 台灣：台灣珊瑚諾亞方舟
　　高級珊瑚育嬰中心，一年長高 10 公分　　　　　　　149

9. 加拿大：AI 智能養殖系統
　　魚兒心情有誰知，壓力山大沒胃口　　　　　　　　152

10. 美國：浮動生態實驗室
　　全新生態海綿，保護陸地不受騷擾　　　　　　　　155

11. 澳大利亞：船體打掃機器人
　　客人買票了嗎？艙底不得入座喔　　　　　　　　　158

12. 美國：魚形水下機器人
　　魚隊長不要走，這邊有新兵入伍　　　　　　　　　161

13. 台灣：海上「湛」鬥機
　　真相只有一個，港口機器人告訴您　　　　　　　　164

14. 美國：海港打掃機器人
　　上山下海都行，超強海陸兩用機器人　　　　　　　167

15. 西班牙：海上無人偵察機
　　新世代勞模無人機，邊打擊犯罪、邊打掃海洋　　　170

16. 英國：AI 打擊海上犯罪
　　「幽靈船」也逃不過，超強 AI 海洋監控系統　　　　174

17. 挪威：海洋流動氣象站
　　上浮下潛隨意，全能型海底偵查機器人　　　　　　178

18. 美國：繪製海床地圖的無人帆船機器人
　　工作狂的天花板，真正的航海科學家　　　　　　　181

19. 美國：大型遠洋無人探測艦
　　機器人強強聯手，執行百日搜查任務　　　　　　　184

第四章／生物圈：陸域生態　　　　　　　　　　　187

SDG 15 保育陸域生態：
　　　　保育及永續利用陸域生態系，
　　　　確保生物多樣性並防止土地劣化

SDG 15 保育陸域生態・細項目標＆行為目標
SDG 15 保育陸域生態・全球近況與問題
SDG 15 保育陸域生態・國際案例分享

1. 澳大利亞：**紫色蜂巢計畫**
   蜜蜂高級社區，禁止攜伴進入　　　　　　　　　192

2. 西班牙：**微生物土壤健康監測方案**
   土壤健康嗎？微生物細說分明　　　　　　　　　196

3. 挪威：**液態奈米黏土把沙漠變良田**
   只要 7 個小時，荒漠種豆種瓜　　　　　　　　　199

4. 荷蘭：**種樹機器人**
   種樹魔法神器，一分鐘種一棵　　　　　　　　　202

5. 美國：**非法木材辨識系統**
   割木認親，幫助木材認祖歸宗　　　　　　　　　205

6. 巴西：**全球最詳細的國家監測地圖**
   恢復還是破壞，年度地圖實話實說　　　　　　　208

7. 美國：**森林的耳朵・聲覺監測系統**
   聽，是誰在哭的聲音？　　　　　　　　　　　　211

8. 美國：**AI 預測非法狩獵路線**
   巡邏員反守為攻，神準掌握盜獵位置　　　　　　214

9. 美國：**無人機夜巡隊**
   天黑請閉眼，盜獵剋星看到您囉　　　　　　　　217

10. 美國：**野生動物足跡辨識系統**
    隱私危機，史上最強動物指紋智能辨識　　　　　220

11. 美國：**棕熊臉部辨識系統**
   熊美女，我們之前是不是見過？　　　　　　　　　　223

12. 丹麥：**生物滅絕日曆**
   死亡倒數，即刻出手搶救　　　　　　　　　　　　226

13. 美國：**最新基因工程復活長毛象**
   逆思維，通過後代還原祖先　　　　　　　　　　　229

14. 美國：**愛自然・全球生物圖鑑**
   捕捉大自然的寶可夢，帶著專家去冒險　　　　　　232

15. 羅馬尼亞：**鸛巢地址**
   護鸛情深，全民出動當狗仔隊　　　　　　　　　　236

16. 台灣：**AI 有保琵**
   黑面琵鷺裡面請，來賓有幾位？　　　　　　　　　239

17. 台灣：**動物紅綠燈・路殺預警系統**
   馬路如虎口，動物停看聽　　　　　　　　　　　　242

18. 台灣：**野生動物救護車**
   坐過都說好，山羌好評五顆星　　　　　　　　　　245

19. 哥倫比亞：**龜巢穹頂**
   溫度決定性別，海龜男女 1 比 9　　　　　　　　　248

20. 台灣：**海龜點點名・海洋戶口名簿**
   歡迎來到台灣，遷入記得註冊戶口　　　　　　　　251

21. 新加坡：**用手機糾查非法鯊魚魟魚貿易**
   猜猜我是誰，海關跟鯊魚的血淚故事　　　　　　　254

後記／**共存共榮**　　　　　　　　　　　　　　　　　　257

參考文獻　　　　　　　　　　　　　　　　　　　　　260

推薦序／我們從來不是局外人

黃樹德　中國時報社長兼總編輯

在資訊爆量的今日，SDGs（永續發展目標），這個詞，大家在滑手機、看電視或者閱讀報章雜誌時，應該時不時會掠過眼底，但真正了解其內涵者？答案非常殘酷，「不多」。其實，近年來，永續發展形同新顯學，不論國內外從公部門到私人企業，言必稱永續，重要性可見一斑。弔詭的是，既然如此被看重，為何一般民眾對它卻似懂非懂，甚至無感；究其因，就是絕大部分的台灣人，生活非常幸福，幸福到我們對經濟、社會乃至生物圈是否遭破壞、能否永續發展，喪失了覺察、自省能力。

地球只有一個，也惟有一個獨一無二的人類社會。建議先看看作者的上一本書《用今天拯救明天：SDGs 改變世界實踐指南，永續發展 100+ 經典行動方案》，相信很多人會深受震撼。她們以 100 多個各國實際案例，深入淺出地訴說著何謂 SDGs 聯合國永續發展 17 項目標。

那些我們去過、聽過的，已開發、開發中，及未開發國家是如何終結貧窮、消除飢餓乃至如何減少不平等、因應氣候變化、令性別平權⋯⋯。分門別類，帶出一個接續一個的案例，皆可反思自身，甚或投射台灣。

《用今天拯救明天》讀來令人欲罷不能，作者以精湛的筆力，再推出第二本最新力作《改變世界的 100 個生態行動：SDGs 全球實踐指南，生物圈篇》。聚焦地球生態，從水資源談到極端氣候，再擴及海洋、陸域生態，搜羅的案例，同樣使人視野開拓。而此次作者用 10 個國內的例子，讓眾人知曉原來我們從來不是局外人。

推薦序

曾經一位在台外國人說，若地震時，連台灣人都往外衝，這個地震肯定是大到讓他覺得自己將去面見上帝的地步。很黑色幽默，彷彿地牛一翻身，台灣人個個就變身為地震偵測儀，卻也反映出，在多震地帶的人們，不得不的淡定與無奈。

怕不怕？當然怕，所以兩名高中生分別開發出高準確率的「DPIP災害天氣與地震速報」、「台灣地震速報」APP時，旋即爆紅。只希望未來與地震共存，能多點從容，少些恐懼。

另外，覺不覺得台灣去年冬天特別冷？沒錯，根據氣象署統計，去年冬天是11年來最冷冬季，但去年卻也是全世界有史以來最熱的一年。因著全球暖化，詭譎的天氣變化早已是現在進行式，並以各種天災反撲中，然人類尚可用自作自受承擔，其他物種何其無辜。

台灣，曾經的珊瑚王國。2020年夏天，全球升溫，台灣周遭珊瑚嚴重白化，有近4成的珊瑚在死亡邊緣，如今107種珊瑚瀕臨滅絕。幸賴企業的投入，出錢出力，和政府單位共同成立珊瑚保種中心，除了復育，並推出活動和講座，讓更多人了解珊瑚對台灣海域的重要性。

用心了解SDGs，從改變自己開始，世界也可因此美好！

推薦序／照亮希望的行動

李偉文　荒野保護協會榮譽理事長

這是一本帶來希望與信心的書。

過去在推動環境教育，鼓勵民眾從自身做起，可是也經常被質疑：「全世界人口那麼多，環境的困境那麼大，我個人省下一個塑膠袋，隨手關一盞燈，究竟有沒有意義？」

的確，以整體的資源消耗或氣候緊急危機而言，個人的努力造成的實質效果差異並不大，只有國家願意制定法律規範全體國民的行為以及企業願意花錢投資在對環境友善的新科技的研發與生產，才能形成真正的改變。

但是唯有關心環境的人多了，用行動告訴有權力的政治家與企業家，他們才會做這些該做的事。

這本書提供的 100 種新的科技、新的行動計畫，讓我們充滿希望，了解現在還為時未晚，我們也有信心因為這些行動終將能改變世界。

推薦序／**物質不滅**

陳映霞　文字工作者

我上初一時，第一堂生物課，當時的老師馮博文先生開宗明義對我們說的，就是「物質不滅定律」。

原來，天地眾生，莫不能扯上點關係；世間萬物，彼此相依，換一種面目，三生石上，仍可覓得蹤跡。

我們現在說「永續」、「環保」、「地球只有一個」，歸根結柢，我們只要記得，人是不能獨活的——就算您獨自一人流落到荒島上，您的存活，依然在這個大自然之中，您可以不靠他人之助，但您還是要和大自然之間找出共活共存之道。因為，我們誰也無法自外於目前地球的大崩壞。

「生物滅絕日曆」已經啟動（見第四章，案例 12），極端天氣已是日常，就算再想裝睡，都已經無法自欺了。那麼，升斗小民如我，又能做些什麼呢？

老實說，我擔任作者上一本書《用今天拯救明天》的看稿工作時，其實心中總有無聲的嘆息，眼看著世界各地有那麼多人不計成敗的努力，為地球永續付出心力，可是我們台灣卻彷彿活在化外，內鬥內行，救亡外行。

然而，作者寫這本書時，從她們搜羅來的眾多案例中，挑選書寫了十個台灣的案例。原來，在不同的領域，我們台灣也有這麼多人，做了這麼多事，為地球永續盡心盡力，也為我們台灣千秋萬代的延續點燈亮路。

「2025 年黑面琵鷺全球同步普查」結果四月公布，共計 7,081 隻；其中台灣調查計算出 4,169 隻，占全球近六成之多。黑面琵鷺不會排排站好等您去計數，那麼，這個數字是怎麼數算出來的？看過「AI 有

保琵」的故事，方才明白，這亮燦燦的台灣之光，原來是集眾多個人、研究機構、企業同心投入，共同成就的。（見第四章，案例16）

您知道嗎？全世界現存的海龜只有七種，但在我們台灣的周邊海域，您就能看見其中的五種！台灣人真是特別受老天眷顧啊。然而我們回報老天恩賞的是什麼呢？答案是，數十萬噸的垃圾流入海洋，讓海龜因誤食或遭廢棄繩網纏住而喪生。哀嘆海龜命苦嗎？有人用另一種角度思考。公民科學計畫「海龜點點名」，為海龜拍照命名，建立戶口名簿。任何生命一旦有了名字，就會有情感的牽掛，冀望這一絲絲牽掛，能為海龜的保育留下一息之存。（見第四章，案例20）

著有《傷獸之島》的動物醫生綦孟柔，在台東成立了「野灣野生動物保育協會」，為台灣東部掛零的野生動物救治點燃第一把火；而為了響應野生動物的救傷和保育，和泰汽車捐助了一輛野生動物行動醫療車。這種善的連動，讓人覺得，做都來不及了，哪還有時間抱怨！（見第四章，案例18）

說到夜市小吃，誰能忽視「蚵仔煎」？然而，單是嘉義外海的蚵棚，採收後遺留的蚵繩，加總起來就足以繞台灣十多圈。這些「廢棄物」何去何從，您知道嗎？它們對環境的破壞和傷害，您關心嗎？我們可能吃完蚵仔煎，擦手抹嘴，就什麼都不知道不關心了，但有人看不下去，他們不但做了研究和回收，而且還開發出永續服裝和織品，行銷國際。（見第三章，案例5）

看到這些就在我們身邊發生的案例，讓人深深覺得，原來，我們台灣在地球永續的努力上並不缺席；原來，只要用心，隨時隨地，我們都能為環境永續盡心盡力。已經有這麼多人投入，我們就算不能開發什麼新發明，但能夠配合、支持，就是加入實踐者的行列了。

拯救地球，從來就不需要「超人」，您和我，就行！

推薦序／成為地球的善心人士

趙政岷　時報文化出版董事長

　　改變其實可以從細微著手，拯救地球是人人做得到的！看到這書裡的全球與台灣案例，您會覺得世界還是可愛的，生態還有得救，而且大家隨手可做。

　　李盈與李小敏二代共同著作，繼《用今天拯救明天：SDGs 改變世界實踐指南，永續發展 100+ 經典行動方案》一書後，再寫下《改變世界的 100 個生態行動：SDGs 全球實踐指南，生物圈篇》新書，以洪荒之力再整出了 100 個善心實用案例，告訴我們這些人正做了這些事在救地球，而我們人人有責，都可以跟上隊伍。

　　書中有些案例很經典。譬如在哥倫比亞發展的「瓶蓋過濾器」，只需一個翻轉，就成為快速淨水神器。聯合國統計全球仍有超過 20 億人無法獲得乾淨的水資源，在哥倫比亞就約有 400 萬人。

　　為了解決這個日益嚴峻的問題，哥倫比亞奧美分公司（Ogilvy）與當地濾水專家 Filsa Water、貝勒基金會（Baylor International）及紅十字會（Red Cross Society）攜手合作，共同設計了一款方便當地人使用，可以快速濾水的創新裝置「瓶蓋過濾器」（Filter Caps）。瓶蓋過濾器的設計十分特別、小巧可愛，它只有 6 x 4 公分，重 24 克，能攜帶到其他濾水系統無法到達的地方，譬如沙漠遙遠的彼端。

　　而且這款瓶蓋過濾器，是由玉米澱粉製成的樹脂，通過 3D 列印製作而成，使用後，抽掉濾芯，外殼能直接作為肥料，會自行分解，對環境極為友善。重點是，它的成本不到 6 美元，可持續使用一年，每天還可過濾至少 5 公升的水，十分經濟實惠。

　　水是問題，食物有隱憂。地球每年新增人口約 7,300 萬，當土地持續貧瘠、水域汙染，森林被大量砍伐燒毀時，我們該如何產出足夠

的糧食養活所有人？在芬蘭就發展出「二氧化碳空氣肉排」。像修仙的人「吃空氣」，口味還應有盡有。

知名新創公司「Air Protein」與「Solar Foods」致力成為全球第一個生產負碳肉品，沿用 NASA 在 1960 年代進行的研究，用微生物將太空人呼吸的二氧化碳及其他物質轉換為蛋白質，為太空人製造養分。

Air Protein 將這個魔幻構想加以衍生，把微生物「嗜氫菌」（Hydrogenotrophs）培養在由太陽能與風能驅動的生物反應器中，藉由餵食氫氣、氧氣與二氧化碳生成蛋白質，再將之提煉、乾燥，變成可多功能使用的「高蛋白粉」。Air Protein 生產 1 公斤蛋白質所需的土地比傳統肉類少 52 萬倍，用水量少 11 萬倍，且製作速度極快，能在短短數小時內大規模生產，再按需求加入調味料，讓味道跟口感更接近牛、豬、雞，甚至海鮮等肉品，做成「空氣肉排」（Air Meat），不再需要土地種植作物或飼養動物，為食品供應鏈帶來革命旋風。

Air Protein 的肉排富含維生素、礦物質和營養成分，擁有 20 種以上的胺基酸，是大豆的 2 倍，重點是它不含任何基因改造、殺蟲劑、除草劑、成長激素、抗生素等化學成分。它的生長過程也不受限於環境，只要備好基本材料如二氧化碳、氫、水和電，即可在任何地點及條件下製作。

這種空氣蛋白質的技術正逐漸從實驗室走向主流市場，Solar Foods 的 Solein 已在新加坡作為巧克力冰淇淋銷售、Air Protein 的空氣雞肉（Air Chicken）也正悄悄走向雜貨店貨架與餐桌，不久的將來，這些由微生物製成的肉餅，將會像您喜愛的蔬菜、漢堡一樣普遍。

氣候變遷加劇，另一大壓力來自海洋，珊瑚正面臨多重威脅。在澳大利亞，3D 列印的珊瑚礁正在生成，艾力克斯・戈德（Alex Goad）用 3D 列印技術製作珊瑚礁，加快海洋修復。他於墨爾本成立了一家非營利的創新機構「Reef Design Lab」（簡稱 RDL），專門用 3D

建模、列印與鑄造技術，為海洋生物建造「海底別墅」。首先是能防止海水侵蝕，提供海洋物種長期居住的「侵蝕緩解單元」（Erosion Mitigation Units，簡稱 EMUs）。它由形似蓮藕的模具，填入混合牡蠣殼的混凝土製作而成，這種半天然的材質不單加強結構的穩固性，更為海洋生物提供了熟悉而理想的生存環境。此外，他還設計了「模組化人工珊瑚礁結構」，能複製現有珊瑚礁錯縱複雜的造型給小珊瑚當作攀爬的橋樑，幫助新珊瑚生長，增加韌性，加快修復速度。

書中也有許多台灣的生態照護案例。為了阻止石虎遭車禍悲劇一再發生，台灣中興大學機械工程學系助理教授蔣雅郁，與農委會特有生物研究保育中心、科技公司 DT42 合作，在交通部公路總局的支持下，策劃「中部地區友善道路改善計畫」，開發出一款用「聲光波」警告石虎馬路如虎口、趕緊停看聽的路殺預警系統。

這套動物紅綠燈系統，由太陽能驅動，透過無線通訊技術，串聯多項設備，具備車速偵測、AI 動物辨識，可以同時警示駕駛與動物的功能。

它被安置在石虎經常出沒的台 3 線卓蘭馬路周圍，輔以圍網與動物地下通道，當偵測到車速過快的車輛逼近，石虎、白鼻心或鼬獾正準備橫越時，AI 動物辨識、聲光波系統會立即根據附近物種的生物習性發射聲波、光波「提醒」牠們，前有來車，切勿移動。

這套路殺警告系統已於台 3 線、台 1 線守護了數十隻石虎與數百隻白鼻心，順利躲過車關，創下路殺熱區零路殺的卓越成績。公路總局正持續與團隊強化警示系統，評估新的設置地點，加速改善全台道路。

另外，您聽過「野生動物救護車」嗎？動物醫生綦孟柔率領七位志同道合的女性，到東部成立醫療中心。她向民間及政府單位募資，2017 年在台東成立「WildOne 野灣野生動物保育協會」，並在三年後成立台東第一間，也是唯一一間「野灣非營利野生動物醫院」，展開

大範圍的野生動物救傷服務，並與長年關注永續議題的和泰汽車攜手，在林務局的支持下，量身打造出全台首輛「野生動物行動醫療車」，讓救援團隊能在第一時間搶救，提高動物存活率。

這台由日野（HINO）3.49噸貨車改良而成的動物救護車，配載完善的醫療設備、耗材及藥品。有幫助動物穩定生命跡象的生理監視器、點滴泵浦、氣體麻醉機及血氧監測機，有獨立空調、可收合的鋁梯、減輕搬運大型動物如黑熊等負擔的動力尾門，還有特殊的防震設計及媲美轎車的智能安全防護系統，能在山區彎路上靈活穿梭，讓動物在移動的過程中不受驚嚇。收治的動物從2021年268隻，到2023年已有512隻。這些病患來自花東各地：花蓮秀林來的花嘴鴨、台東達仁的穿山甲跟麝香貓，甚至還有從向陽國家森林遊樂園送下來的黃喉貂。

其實救命的使命人人都有，救救地球也是大家責無旁貸，隨手做、隨時做，我們都可以成為生態的小幫手與大巨人！如果您一時想不出可以做什麼，那就翻翻這書吧！任掀一頁，行動就在那裡，我們都可以成為地球的善心人士，而且保命救自己。

推薦序

前言／在崩壞中看見曙光

> 我們都來自同樣的種子，
> 擁有同一個父親，
> 如母親般哺育我們的大地，
> 接受清澈的雨滴，
> 產出明亮的麥穗，
> 繁茂的綠樹，
> 還有人類，
> 和各種野獸，
> 供給食物，滋養生靈，
> 過著幸福的生活，
> 繁衍子嗣……
>
> ——提圖斯・盧克萊修・卡魯斯（Titus Lucretius Carus），
> 《物性論》（The Nature of Things）

　　早在古羅馬，盧克萊修用美麗的詩歌探討原子的奧秘，感知到我們與星星、海洋及其他生物，皆由相同的物質所組成。為何如今，我們認為彼此皆是獨立的個體，對環境及野生動物的殞落無動於衷？

　　2024年，是全球最熱的一年。世界各地迎來無數的自然反撲，地震、海嘯、山崩、火山爆發等事件層出不窮，極端氣候引發了難以想像的暴雨、造成大範圍的洪災；熱浪，導致嚴重的乾旱與野火，不論亞馬遜叢林、加州甚至韓國，野火連燒數日，帶來嚴重的社會及經濟影響。

俄烏戰爭來到第三個年頭，加薩走廊滿目瘡痍，全球被迫流離失所的人數達到 1.1 億人。供應鏈混亂，關稅戰開打，物價高漲，各國缺糧、缺水、甚至能源、財政困窘，舉步維艱，難以全心應對氣候危機，在重重的經濟壓力下，重拾化石燃料，繼續焚燒地球。

世界在崩壞的同時，卻也在進步。科技的光速發展，為許多領域帶來新的曙光，環境永續正是其一。來自世界各地的專家，正將生物科學、大數據、機器人、人工智能使用得淋漓盡致，用以解決人類無法獨自破解的難題，不論是創造新能源、新糧食，甚至用新角度新方法去理解自然，想方設法找到共存共榮的方法。

《改變世界的 100 個生態行動：SDGs 全球實踐指南，生物圈篇》將是這些方法的指路明燈，它是一套系列書，以「生物圈」、「社會圈」及「經濟圈」為主題，圍繞著聯合國「2030 永續發展目標」（Sustainable Development Goals，簡稱 SDGs）的 17 項目標，分享新穎且具啟發性的案例。科技來得晚但及時，只要使用的方向正確，它能彌補人類許多過錯。前提是，不能一錯再錯。

聯合國政府間氣候變遷專門委員會警告，全球平均升溫已達攝氏 1.45 度，若地球的居民仍未採取「前所未有的變革」，那在本世紀中，全球溫度將會超過攝氏 1.5 度，突破原本巴黎協定的規範，未來每日將迎來多起天災。

若不在此刻團結，更待何時？捍衛地球的路難走卻不孤獨，讓我們一起看看世界的各個地方，那些地球鬥士，如何逆勢而行，用智慧、用科技來捍衛這片土地、海洋、生物，還有人類。

第一章
生物圈：水資源

SDG6 淨水及衛生：
Clean Water and Sanitation
確保所有人都能享有水、衛生及其永續管理

您知道自己一天要喝多少水，才能維持良好的健康嗎？

原則上來說，一個健康的成年人，每一公斤的體重，每天需要喝入 30～40ml（毫升）的水。依此計算，一個體重 60 公斤的成年人，每天最好能喝 1,800～2,400ml 的水。

口渴了就喝水，對我們來說似乎是再自然不過的事了；然而，這個世上仍有多達數十億的人，因為戰亂、貧困等各種原因，既缺乏衛生的生活環境，政府也沒有提供完善的水資源管理、偵測系統與衛生設施，他們想喝上一口乾淨的水，都成了十分困難的事。聯合國許諾不放棄世上任何一個人，因此，改善各國淨水及衛生的條件，是永續發展的重要目標之一。

SDG6 淨水及衛生・細項目標&行為目標

SDG6 淨水及衛生細項目標

6.1	2030 年前，實現所有人均能普遍和公平獲得安全且可負擔的飲用水。
6.2	2030 年前，讓每一個人都享有合適且平等的衛生設備，並杜絕露天大小便行為，特別注意婦女、女童及弱勢族群的需求。
6.3	2030 年前，透過減少汙染、消除傾倒廢物、減少危險化學物質與材料釋放等方式改善水質，將未處理廢水的比例減半，並提高全球水資源回收率與安全再利用率。

6.4	2030 年前,大幅提升各個產業的用水效率,確保永續的淡水供應與回收,以解決水資源短缺,並大幅減少面臨缺水問題的人數。
6.5	2030 年前,全面實施一體化的水資源管理,包括適時地跨界合作。
6.6	2030 年前,保護及恢復與水有關的生態系統,包括山脈、森林、濕地、河流、含水層和湖泊。

SDG6 淨水及衛生行為目標

6.a	2030 年前,擴大對開發中國家的國際合作與能力培養支援,協助其水資源、衛生相關的活動和計畫,包括雨水蓄集、海水淡化、提高用水效率、廢水處理、水資源回收再利用技術。
6.b	支援及強化地方社區參與,以改善水與衛生的管理。

SDG6 淨水及衛生・全球近況與問題

　　根據聯合國統計,儘管有一些進展,但飲用水與衛生方面的進步仍不足,若按照目前的速度,到 2030 年,全世界仍將有 20 億人無法獲得安全的飲用水,30 億人無法獲得衛生設施,14 億人缺乏基礎的衛生環境。

　　氣候變化加劇了這些問題,對社會穩定帶來重大風險。當取水率超過可再生水資源的 75% 時,代表水壓力高;若超過 100% 則代表極端情況。從 2015 年到 2021 年,全球水壓力增加了 3%。全球有四分之一的人面臨「極高」的水資源壓力,仍有 18 億人無法獲得可直接取用的飲用水。▲附圖1

水資源壓力指數，2021 年（百分比）

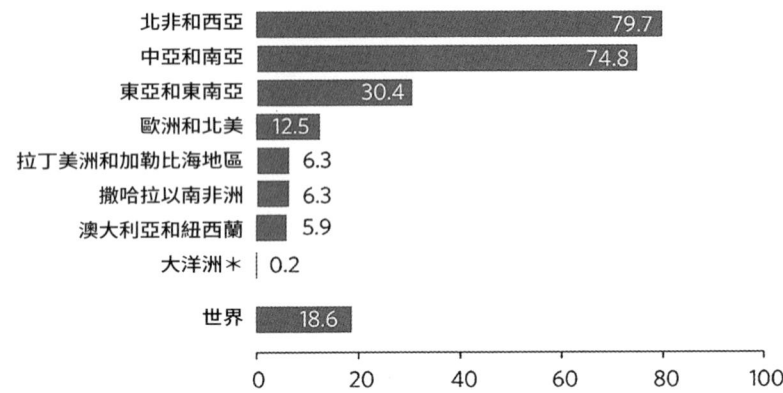

＊不包括澳大利亞和紐西蘭

▲ 附圖 1 （來源：The Sustainable Development Goals Report 2024）

綜合水資源管理實施水平，2023 年

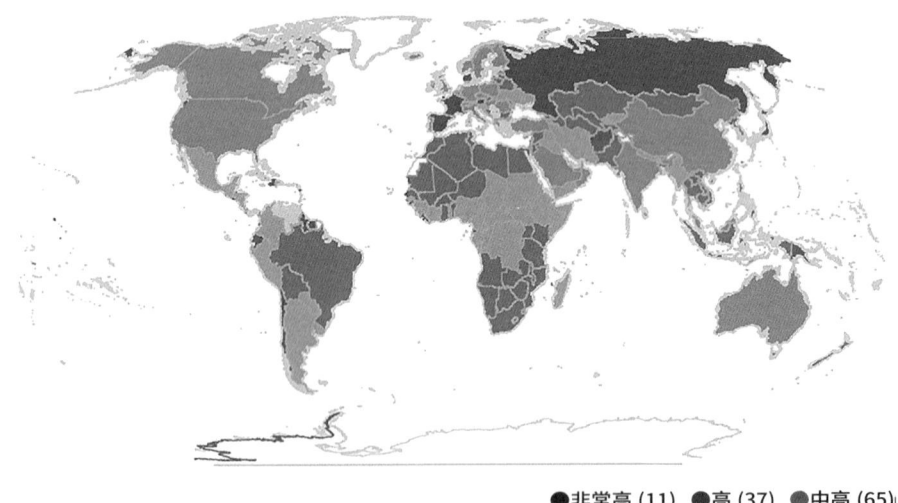

●非常高 (11)　●高 (37)　●中高 (65)
●中低 (61)　●低 (61)　　無資料

備註：括弧中的數字為國家數量。

▲ 附圖 2 來源：The Sustainable Development Goals Report 2024

若要在 2030 年前實現永續目標，推動安全飲用水、衛生設施的速度至少要再提升五倍。

　　2023 年，來自 120 個國家的 91,000 個水體數據顯示，56% 的水體具有良好的水質。但由於監測水質的技術與能力限制，多數國家的監測以河流為主，勝於湖泊與地下水。在廢水處理部分，工業廢水生成與家庭廢水的處理情況，仍未取得進展。各國提交相關報告的態度消極，使全球汙水實際偵測情況不明。

　　聯合國擔憂各國監測數據的不足，將掩蓋早期預警訊號，無法精確得知各區水質汙染的情況，將阻礙水質恢復。

　　迄今，仍有近 43% 的國家缺乏跨境水體的洪水偵測預警系統，65% 的國家沒有乾旱預警系統，甚至超過 64% 的國家並未制訂聯合防災策略。全球在實施綜合水資源管理方面的進程仍十分緩慢，特別中亞、南亞、拉丁美洲、加勒比海、大洋洲和撒哈拉以南非洲地區，需要加快腳步。▲附圖 2

　　完善的水資源管理是繁榮與和平的基礎，聯合國呼籲各國投入資金，活用人工智能（AI）等創新技術，增設、強化監測系統。

SDG6 淨水及衛生・國際案例分享

1. 瑞典 Sweden：
太陽能淨水袋 SolarSack

特殊薄膜汙水淨化袋，曬 4 小時就能喝

SDG 涵蓋範圍：3,5,6,13,15

一個 SolarSack 袋子平均可在四小時內淨化四公升水，可重複使用五百次，產生的二氧化碳量是木炭燒水的六百分之一。

　　自來水若能直接被太陽淨化，變成潔淨的飲用水，是不是超夢幻的？

　　丹麥奧爾堡大學（Aalborg University）兩位工業設計專業的學生安德斯・洛克（Anders Løcke）與路易斯・烏爾曼（Louise Ullmann），在畢業前實現了這個夢想！

　　全球有超過 20 億的人無法獲得乾淨飲用水，單單在烏干達、肯亞、坦尚尼亞，就有 4,700 多萬人缺乏安全水源，衛生條件惡劣，疾病孳生。居民只能沿用傳統方式，將水煮沸了喝，導致大量森林砍伐，生態破壞，木炭價格一路上漲。

　　正在難民營調查人民生活情況的安德斯與路易斯，意識到問題嚴重，決心找出改善方法。透過無數次的需求調查與創意發想，他們設計出一款特殊的袋子，名為「SolarSack」，只要裝滿水，在太陽底下曬足四小時，即可安心飲用。

　　SolarSack 是一款奠基於太陽能巴斯德滅菌（SODIS）、亦即以太陽能消毒法衍生的產品，專為終端使用者設計。與傳統、坊間的太陽能淨水產品不同，SolarSack 是一款由五層特殊塑膠薄膜製成的透明塑

膠袋，藉由太陽的紫外線與熱量達到殺菌功用。

SolarSack 背後深藍色的專利設計，讓袋子在太陽照射下，很快就能達到 45 度以上，讓 UVA（長波紫外線）和 UVB（中波紫外線）提升淨化、滅菌的功效，縮短淨化時間。

一個 SolarSack 袋子平均可在四小時內淨化四公升水，可重複使用五百次，產生的二氧化碳量是木炭燒水的六百分之一。

SolarSack 的使用方式極為簡單，只要裝滿水，將袋子的透明面朝上，平放在陽光下，靜待四個小時即可飲用；但是有明顯髒汙的水無法藉由陽光淨化，下雨天和陽光不足的情況下也不能使用。袋子僅需用水清洗，為保護內層設計，不能使用任何肥皂或洗潔劑。

村莊的孩子們開心的拿著 4Life Solutions 新推出的 SaWa 袋子。
（來源：4Life Solutions）

淨化後的水可以直接飲用。（來源：4Life Solutions）

SolarSack 在推出前已分別於肯亞、烏干達等地進行測試，品質獲得世界衛生組織認可，所有被陽光淨化過的水，99.99% 以上的細菌、病原體皆被消滅，使用者得在三天內喝完，否則需要重新淨化。

根據路易斯的統計，每一個袋子的生產成本及運送費都不到兩美元，一次可淨化 2,000 公升的水，相當於一家四口一年份的飲用水，有效幫助當地居民改善生活品質。

為持續帶來改變，安德斯與夥伴將公司更名為 4Life Solutions，並推出 SolarSack 的進階品──SaWa 袋子與 SaWa 水瓶；在非洲常用語系──史瓦希里（Kiswahili）語中，SaWa 代表安全、OK 的意思。除了增加容量，讓使用者可以一次淨化更多的水外，團隊更在產品上加裝了紫外線指示器，顯示水何時淨化完畢。

安德斯表示，4Life Solutions 現在不單與專為非洲尋找永續發展機會的 Access2innovation 合作，更積極與其他非營利組織如紅十字會合作，計畫將產品分發給更多的非洲村莊。

SolarSack 目前已廣泛使用於烏干達、迦納、盧安達、肯亞與尼日，並請當地夥伴協助回收用過的水袋，減少資源浪費，希望用最快的速度降低因缺乏乾淨水源而死亡的人數。

2. 哥倫比亞 Colombia：
瓶蓋過濾器 Filter Caps

快速淨水神器，只需一個翻轉

SDG 涵蓋範圍：3, 6, 9, 10, 17

瓶蓋過濾器是人道救援及災難救援的重要工具，因為攜帶方便，特別適合水源稀缺或是無法取得乾淨水源的地區使用，有效幫助偏遠的居民降低汙水致病的風險。

　　根據聯合國統計，全球仍有超過 20 億人無法獲得乾淨的水資源，而在哥倫比亞，約有 400 萬人無法獲得衛生的飲用水。

　　特別在 2024 年，嚴重的乾旱讓情況更加惡化，許多人居住在偏遠的沙漠地區，天氣極度炎熱，有限的水源卻常受到汙染，日子過得十分艱苦。

　　為了解決這個日益嚴峻的問題，哥倫比亞奧美分公司（Ogilvy）與當地濾水專家 Filsa Water、貝勒基金會（Baylor International）及紅十字會（Red Cross Society）攜手合作，共同設計了一款方便當地人使用，可以快速濾水的創新裝置「瓶蓋過濾器」（Filter Caps）。

　　瓶蓋過濾器的設計十分特別、小巧可愛，它只有 6 x 4 公分，重 24 克，能攜帶到其他濾水系統無法到達的地方，譬如沙漠遙遠的彼端。

　　為了適用各類型的瓶子，瓶蓋過濾器內部設有特殊的螺紋，能同時一打二，連接兩個瓶口，在翻轉兩個瓶子的過程中，讓汙水流過瓶蓋，藉由裡頭層層疊疊的金屬、礦物質及其他混合物質（如活性碳），增加水中的酸鹼值、添加氫氣，消除細菌、雜質，並清除 90% 的重金屬，淨化水源。

　　瓶蓋過濾器讓複雜的濾水過程變得簡單容易。使用前只需要準備

瓶蓋過濾器為偏遠地區帶來了乾淨的飲用水。（來源：TIME）

好兩個當地常見的塑膠瓶子，一個做為承接淨水的空瓶，一個用來裝需要過濾的水（來自當地水井、池塘、河流或其他小水窪的水），在瓶口套上瓶蓋過濾器，再接上乾淨的瓶子，一個翻轉，便能獲得一瓶乾淨的飲用水了。

這款瓶蓋過濾器的材料，是由玉米澱粉製成的樹脂，通過 3D 列印製作而成，使用後，抽掉濾芯，外殼能直接作為肥料，會自行分解，對環境極為友善。重點是，它的成本不到 6 美元，可持續使用一年，每天還可過濾至少 5 公升的水，十分經濟實惠。

團隊首批生產了 1,000 個瓶蓋過濾器，並免費發放給哥倫比亞的居民使用，希望在一年內淨化 720,000 公升的水，解決當地民生問題。沒想到短短兩個月內，瓶蓋過濾器就淨化了超過 300,000 公升的水，為至少一萬人提供了安全的飲用水。

哥倫比亞奧美分公司的首席創意長加斯頓·波塔斯（Gastón Potasz）愉快地說道：「我們很榮幸能實現這個計畫……，透過與這些家庭交談，我們看到他們是如何迅速地使用瓶蓋過濾器，以及他們的生活是如何一步一步地改善。獲得乾淨飲用水在之前可能是一種特權，而透過瓶蓋過濾器，我們提供了及時、簡單、務實且明確的解決方案。」

瓶蓋過濾器是人道救援及災難救援的重要工具，因為攜帶方便，特別適合水源稀缺或是無法取得乾淨水源的地區使用，有效幫助偏遠的居民降低汙水致病的風險。

加斯頓補充道：「團隊的使命是將瓶蓋過濾器推廣到世界的每一個角落。我們知道它對改善脆弱環境下人們生活的價值。但這類巨大的專案仍需要多方參與，才能擴大影響力，我相信會有越來越多的盟友，幫助我們達成目標。」

團隊未來將生產更多的瓶蓋過濾器，並將之分銷、發放給其他國家及海外夥伴，為貧困的社區、聚落帶來乾淨的飲用水，改善全球健康與福祉。

只要一個翻轉，汙水就能變淨水。（來源：Ogilvy Colombia）

3. 以色列 Israel：
大氣提煉飲用水 Watergen

「喝空氣」品甘霖，淨化濕氣滴滴清涼

SDG 涵蓋範圍：3, 6, 9, 10, 11, 13, 17

這套「喝空氣」的技術，省去了存儲、運送的二氧化碳排放量，也讓使用者遠離塑膠微粒與塑化劑的威脅。這項偉大的淨水技術，被以色列視為顛覆世界的七大創新發明之一。

聯合國指出，若氣候變遷持續惡化，預估 2030 年，全球將亮起淡水供應的紅燈。每年至少有一個月，會有 20～30 億人面臨缺水危機。

以色列位處沙漠，水資源匱乏。為了有效使用每一滴水，以色列積極開發農業滴灌、海水淡化等技術，現在更厲害，衍伸到了無中生有、空氣製水的技術。

這一切的契機，源自 2001 年的阿富汗戰爭，當時以色列的水車被鎖定攻擊，若軍隊沒有水源，很快就會落敗，從那時起，不論是政府、學術單位與民間公司，都深刻意識到無水等於無命。

2009 年，以色列前軍事指揮官阿里・科哈維（Arye Kohavi）與一支工程師團隊共同創立了「Watergen」，目標是為全球的軍隊提供不受限環境的淡水資源。團隊一開始的想法很單純，用電力在空氣中收集濕氣，再過濾、加入礦物質，即可讓濕氣變成飲用水。這簡單的構想足足花了團隊 8 年時間，才研發出能從空氣中收集水源的技術。

現在，Watergen 的獨家製水科技 GENius 只要裝好，插上電，便能把周遭空氣吸入機器，透過濾網去除灰塵和汙染物，淨化過的空氣將在冷卻過程中凝結成水，再通過濾心去除雜質，產生能安全飲用的淨水。

機器中內設活水循環系統與紫外線，持續殺菌，確保水質新鮮度，不會因為閒置滋生細菌。

這套「喝空氣」的技術，省去了存儲、運送的二氧化碳排放量，也讓使用者遠離塑膠微粒與塑化劑的威脅。這項偉大的淨水技術，被以色列視為顛覆世界的七大創新發明之一。

Watergen 潛力驚人，被以色列億萬富翁邁克爾‧米里拉什維利（Mikhael Mirilashvili）收購，矢志解決全世界水資源短缺問題，從那時起，Watergen 開發出一系列適用於各種場合的多元產品，受災區、偏遠農鄉、工廠到商業辦公大樓、私人住宅皆可使用。

Watergen 推出大、中小型、容易移動的製水機。每天平均可產出 220 至 6,000 公升的水；若是家用設備，則約 25 至 30 公升。

最初，它的製水機裝在以色列的戰車上。現在，已被活用於美、法的軍隊中，也推廣到民間。Watergen 為消費性的汽車市場提供車用空氣淨水服務，Watergen Onboard 每天可產生 50 公升的水，可安裝

Watergen 為獅子山共和國的女子學校帶來了乾淨的飲用水。（來源：Watergen）

Watergen 為汽車市場提供車用空氣淨水服務。（來源：Watergen）

在房車、休旅車、露營車、卡車、巴士，甚至貨車上。電動車製造商 Mullen Automotive、Ford 與 Watergen 攜手合作，將在特殊車款中推出車內飲水服務。

為了讓技術更普及，達成人人有水喝的目標，Watergen 推出每天製造 20 公升飲用水的可攜式輕型製水機 WaterGen Mobile Box。

許多國家，都希望藉此改善缺水問題。Watergen 迅速擴展海外市場，在以色列、阿聯酋、美國、俄羅斯、中國和印度設有辦事處，更積極與各國人道組織合作，在特殊地區如非洲、拉丁美洲、烏克蘭、烏茲別克、敘利亞和加薩等，為當地的醫院、學校、難民援助區提供製水機。

全球現已有多達 90 多個國家在廣泛使用 Watergen 的淨水產品。如今，Watergen 也來到了台灣，協助企業改善淨水系統。

Watergen 的出現，終於讓幾千年逐水而居的人類，面對乾旱、沙漠、野火焦土、湖井枯竭……，不再流淚，而是用潤澤的嘴唇和雙手，在全世界自由來去！

4. 西班牙 Spain：
世界最大的太陽能電腦 Watly

中控電腦，供水、供電、供網路一次滿足

SDG 涵蓋範圍：3, 6, 7, 8, 9, 10, 11, 13, 17

Watly 系統的壽命長達 15 年，維護費用極低，可持續為村莊提供網路、乾淨的能源與水源。根據統計，若持續使用，每個 Watly 3.0 裝置平均可減少 2,500 噸溫室氣體排放，相當於省掉了 5,000 桶石油。

與其他地方相比，非洲仍有超過 6.25 億人缺乏乾淨的飲用水與電力；而網路使用人數，和過去 15 年相較，雖有爆發性的成長（總使用人數達 3.3 億），但總滲透率仍比世界其他地區低。

一家跨國的新創公司，想到了一個可以同時解決以上三個問題的方法。

義大利企業家馬爾科‧安提撒尼（Marco Attisani）於 2013 年創辦了「Watly」，志在不破壞自然環境的前提下，以一台機器滿足開發中國家的基本需求。鑽研三年，他與團隊創造出了一台「世界最大的太陽能電腦」，名為 Watly 3.0。

創辦人馬爾科充滿使命感地吐露：「Watly 3.0 是一個基礎建設，為無法獲得文明三大基本支柱的人們提供解決方案……，我們知道，要創造更美好的未來，不能把 50 億人拋在後面。」

Watly 3.0 是一款美觀與實用兼備的大型太陽能電腦，重達 15 噸，外型酷似一個 H 型的太空艙，頂部設有太陽能板，能收集能源，再用 140 千瓦小時的電池將能源轉化給中央電腦、水處理系統與電力中心使用。

有趣的是，Watly 3.0 的水處理系統由太陽能板的熱能驅動，在汙水淨化過程中，能同時冷卻太陽能系統，強化彼此的生存環境，讓太

陽能板可保持在 25°C 的最佳溫度下，完美供電，降低過熱風險。

Watly 3.0 的水處理系統透過蒸餾技術過濾汙水。通過石墨烯、蒸氣加熱淨化水源，它能從河水、汙水、工業水，甚至海水中，消除各類細菌、化學汙染，平均每天可淨化 5,000 公升的水供居民使用。水中的礦物質含量近零，若有「再礦化」需求，儀器中也留有空間能放入石頭。

它的中央電腦與電力中心，每天可為半徑 1 公里內、3,000 多人的社區提供電力與 4G 的網路服務。為偏遠、電力經常不穩的區域帶來極大的福祉。

Watly 3.0 外觀酷似一個 H 型的太空艙。
（來源：HOY）

創辦人馬爾科用小型的 Watly 設備獲得乾淨的飲用水。
（來源：Sustancia Infinita）

這台超級電腦還可外裝冷卻系統、3D 印表機，並可為其他消費性電子產品如無人機、筆記型電腦、平板、手機、電燈等供電，有助於加速發展社區教育、提供完善的工作環境。

Watly 系統的壽命長達 15 年，維護費用極低，可持續為村莊提供網路、乾淨的能源與水源。根據統計，若持續使用，每個 Watly 3.0 裝置平均可減少 2,500 噸溫室氣體排放，相當於省掉了 5,000 桶石油。

更酷的是，Watly 裝置可以彼此連結，若在範圍內，它們能一起被更新與維護。團隊已開始評估串聯各裝置的可行性，相信等更多村莊配置使用後，將能真正實現串聯 Watly 3.0 的計畫。

Watly 已在非洲的迦納農村完成測試，將陸續於奈及利亞與蘇丹提供服務。在群眾募資、企業基金與歐盟的扶持之下，Watly 目前每年可生產 50 台機器。馬爾科表示，他與團隊將繼續強化產品，增加產能，期望 Watly 能在未來幾年內，於非洲各地安裝一萬台 Watly 3.0 裝置，創造五萬個工作機會，能為當地帶來更深遠的影響。

5. 印度 India：
機器尖兵監測城市廢水汙染
Fluid Robotics

地下小尖兵，能文能武，會畫圖、寫報告

SDG 涵蓋範圍：1,2, 3, 6, 9, 10, 11, 13, 14

Fluid Robotics 的機器小尖兵，每日在孟買監測至少 600 萬公升的廢水，確保在流入寶瓦伊湖（Powai Lake）、蜜蒂河（Mithi River）及其他水域之前，攔截汙染。

喜歡看尋寶探險電影的朋友一定很熟悉這樣的畫面：主角一行人提著燈潛入陰暗的地下道，緊抓著簡陋的地圖，小心翼翼研判方位，深怕跌入死亡陷阱。

現實生活中，世界上大部分的城市幾乎都沒有繪製地下設施通道與管線圖。讓行政單位十分苦惱，無法有效管理地下供水設施。

這個情況在印度特別嚴重，當地處理廢水和供水的效率極低。50%以上的水，常在供水過程中，因滲漏與非法盜水流失；而高達 70% 以上的廢水，多在未經處理的情況下流入天然水域，讓需要大量用水的農業戶苦不堪言。

在印度出生的阿西姆．巴勒勞（Asim Bhalerao）在美國矽谷擔任機器人工程師。當他回鄉探親時，發現附近一條 2 公里長的水管漏水，卻遲遲未能修復。市政府不知道漏水源頭在哪裡，又沒有可靠的地圖，修繕團隊得靠傳統技術，敲擊管道猜測漏水位置，常要花上數月時間整修，導致附近的住宅和辦公區限制用水，紛紛貼出「上午 9 點到下午 5 點停水」的告示，讓百姓備感無奈。

看到城市中超過一半以上的河流湖泊日漸汙染，市政單位無法準確追蹤廢水來源與汙染程度，阿西姆悲痛不已，想起了深愛印度河流、甚至為了 3,721 條河流撰寫百科全書《Encyclopedia of Indian Rivers —— Bharatiya Sarita Kosh》的祖父，決心扛下淨水大任，與妻子妮迪‧賈因（Nidhi Jain）一起成立了「Fluid Robotics」，矢志用移動式機器人與雲端監測系統來幫助印度，甚至世界各地的城市，解決城市水汙染的問題。

為了減少水資源大量流失與汙染的風險，阿西姆與團隊創造了一款可移動的機器小尖兵，搭配獨立開發，名為「FluidAi」的 AI 機器學習與雲端監測系統，幫助使用者能用最快的方式預測、了解、分析地下水道發生的情況。這款小型的移動機器人，配載了一台相機與可測量水流、水質的感應器，能迅速在管道中移動、游泳與爬行，甚至能一邊繪製管道路線圖，一邊檢查管道是否有缺陷、有汙染？最後生成一份管道的「健康報告」，供使用單位參考，節省了數千小時的人力調查。

「我們用人工智慧和機器人技術為管線做健康評估。我們還用無人機搭配機器學習進行物體、水源分析，以實現高效管理。」Fluid Robotics 創辦人之一的妮迪表示。

一開始，Fluid Robotics 與英國諮詢公司 Pell Frischmann 合作，一起調查管線問題，立刻發現城市內有 18 條雨水排水管，每天將 200 萬公升未經處理的廢水注入湖泊。團隊立即與市政單位召開緊急會議，聘請上水修繕公司來分流這些廢水，杜絕汙染。

Fluid Robotics 的機器小尖兵，每日在孟買監測至少 600 萬公升的廢水，確保在流入寶瓦伊湖（Powai Lake）、蜜蒂河（Mithi River）及其他水域之前，攔截汙染。

印度現在已有超過十個城市聘僱了 Fluid Robotics 機器小尖兵，解決當地水汙染及資訊不足等問題。在 Fluid Robotics 的幫助下，市

Fluid Robotics 能偵查各類型的地下水道。（來源：Fluid Robotics）

Fluid Robotics 能在管道中爬行和游泳。（來源：Atlas of the Future）

政單位終於能繪製詳細的地下設施地圖，在管線發生問題前進行修復。

　　Fluid Robotics 的監測技術更跨足農業。團隊提供的智能農業解決方案，幫助用戶快速識別農作物、水源狀況，並估算每位農民和村莊的用水需求，減少資源浪費。像馬哈拉施特拉克里希納河谷發展公司（Maharashtra Krishna Valley Development Corporation）便用團隊設計的機器尖兵，檢測、管理 10 萬英畝以上的土地。

　　在新冠疫情期間，Fluid Robotics 見證了病毒變異與傳播的速度，為了守護公眾健康，團隊將機器小尖兵進行升級，變成健康檢測機器人，即時對水體進行採樣檢測，跟蹤 Covid-19、肝炎、輪狀病毒等傳染病的傳播情況，對其他潛在危險地區提供預警，防範疫情爆發。

　　如今，Fluid Robotics 擁有一支小型機器人軍團，能應對各類型的地下水道，甚至大型水道的偵察任務。團隊將產品推廣至世界各地如美國、南美、東南亞等國家，幫助當地解決汙水與管線問題。

　　而象徵著印度人民出生及死亡，信仰與覺醒的重要河流，在旭日夕陽之間，終於又煥發出美麗而神聖的光輝。

6. 美國 United States：
聽聲偵測水線 Conservation Labs
水管偷偷漏水，聲學偵探指點迷津

SDG 涵蓋範圍：6, 9, 10, 11, 13

Conservation Labs 特殊的產品價值與教育意義榮獲首屆 Eureka Parks 氣候變遷創新獎。它的智能聲學監測技術多用於住家、公寓、餐廳與機器設備。

　　一個漏水馬桶，每小時會浪費多少水？答案是 100 加侖（378.5 公升）。美國家庭每年浪費多達 2 兆加侖的水，相當於 370 萬公噸的碳排放量，這是一個多麼可怕的天文數字啊！

　　聲音其實可以揭示許多關於水的訊息與流向。

　　每一次清洗衣服、刷洗餐具、沖洗馬桶，廢水會快速地被水道帶走，在過程中發出不同的嗚嗚聲。它們獨特的音頻，若使用正確演算法，系統可以歸類偵測，即時判斷哪裡出了問題。

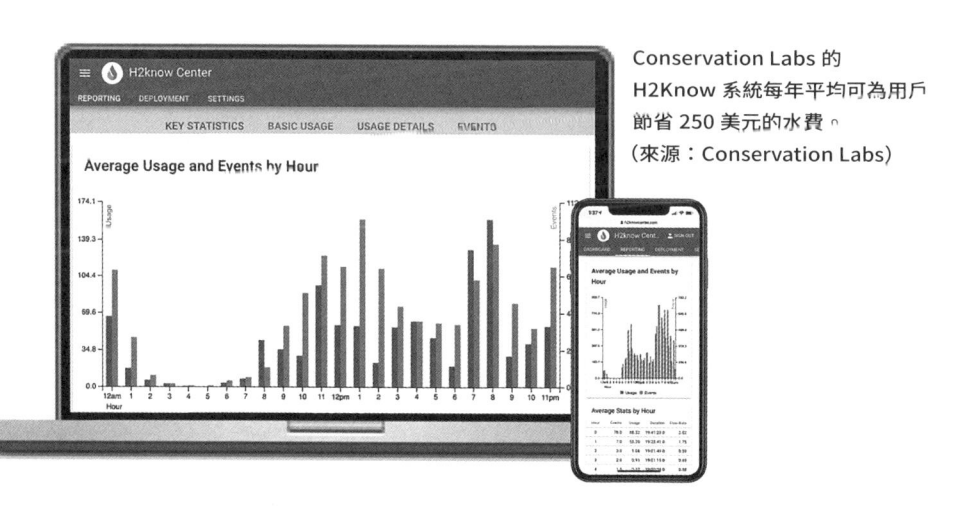

Conservation Labs 的 H2Know 系統每年平均可為用戶節省 250 美元的水費。
（來源：Conservation Labs）

第一章　生物圈：水資源

Conservation Labs 的 H2Know 系統讓用戶可以隨時檢查當下的用水量。
（來源：Planet Forward）

　　聲波感測並不是一門新科學，早期水利局和許多公用事業體都用聲學感應器來檢查管路磨損情況，但美國一家新創公司「Conservation Labs」，將這項技術稍作扭轉，以更新穎的方式偵測漏水。

　　創辦人馬克‧科夫斯切克（Mark Kovscek）在連續遭遇了幾次嚴重的房屋漏水事件後，四處尋找可以監測漏水情況的產品，卻沒找到一款合意的。他決心自行設計，於 2016 年成立了 Conservation Labs，致力為家庭、餐廳發明低成本的智能感測系統。

　　Conservation Labs 開發出一款可與手機應用程式連結的無線聽水感應器—— H2Know 系統，可安裝在一般住宅、獨棟家庭與其他物業水管上。感測器透過小型麥克風，每秒進行數千次的測量，記錄管道的音頻資料，再用水聲演算法來分析，判別用水類別、水道情況、水量統計及漏水總量等。

Conservation Labs 的 H2Know 系統，價格親民，易於安裝，五分鐘即可自行搞定，不用工人協助。它數據化的用水洞察、漏水警示與節約目標，每年平均可為使用者節省 250 美元的水費。

「我們專門翻譯管道所說的話。」Conservation Labs 的創辦人馬克說。他強調，團隊使用十分嚴謹的方式開發、測試和驗證 Conservation Labs 的演算法。與一般聲學模型雷同，Conservation Labs 利用數千小時的資料來建立平台，再依據感應器的獨特環境和監控物體的特殊聲音生成專用模型。隨著平台日漸成熟、新增更多案例與數據，它變得更智能、快速，甚至能擴展到其他的應用。

藉由這些資料，現在 Conservation Labs 推出新的聲學感應產品，不單能監測水流，還能同時監測其他工業儀器，是否在營運過程中發生損壞，更能識別故障原因，例如發現馬達軸承、皮帶設置不當等。

團隊為了讓使用者關注節水議題，將 H2Know 的應用程式「遊戲化」，將使用者的房屋用水量與平均水量做比較，讓節水成為一場競賽，強化人們改變用水習慣的動力。

Conservation Labs 特殊的產品價值與教育意義榮獲首屆 Eureka Parks 氣候變遷創新獎。它的智能聲學監測技術多用於住家、公寓、餐廳與機器設備。Conservation Labs 團隊表示，隨著公眾對永續議題的意識不斷升高，他們將加快腳步為更多的家庭提供服務，有效降低水資源浪費。

為自己、也為這塊土地珍惜比金子更貴重的水，您是否開始學習傾聽身邊所有水在流動的聲音，並且聽懂它說的話？若沒聽懂，就得趕緊請 Conservation Labs 幫忙了！

7. 以色列 Israel：
智能水管監測漏水 WINT

水管滲漏知多少，AI 診斷有數據

SDG 涵蓋範圍：3, 6, 9, 11, 13

WINT 智能數據系統除了監測功能，還能提供詳細的分析報告，讓使用者了解水的流動與消耗情況，平均為使用者節省 20%～25% 的用水量，有效提高水源的使用效率。

乾淨、穩定的供水，是城市與社區的生存命脈。

隨著越來越多的人移入都市生活，聯合國指出，到了 2050 年，面臨水資源短缺的城市人口，預計將從 2016 年的 9.3 億人增加至 24 億人。如何調度水資源，成了當前一大難題。

那麼，是否每一滴水都被正確而珍惜的使用呢？在審視節水的時刻，發現了防漏的重要及迫切！根據美國水資源數據，一條 3 毫米的管道裂縫，平均每天浪費 250 加侖的水。每使用 1,000 加侖的水，會排放 60 至 120 磅的碳。水管滲漏除了對建築物造成結構性破壞，更會帶來嚴重的附加傷害，如黴菌等。幸運的是，AI 人工智慧可以即時辨識滲漏，幫助使用者及早預防。

這一切的因緣，來自以色列工程師莫謝．拉維德（Moshe Ravid）親身遭遇的狼狽經驗。一天回家，他發現水管爆裂，整個房子都淹水了，疲累不堪的清理完畢，他開始認真研究如何防止這類事情再度發生？進而開發出了一款全新的智能監測器。2011 年，他與阿隆．格瓦（Alon Geva）、亞倫．迪西恩（Yaron Dycian）在以色列創立了「WINT Water Intelligence」（以下簡稱 WINT）。

WINT 藉由 AI 人工智能驅動的軟體和物聯網創造了一套水資源管

WINT 的「水智能」技術為商業和住宅物業提供了全方位的智能解決方案。
（來源：WINT）

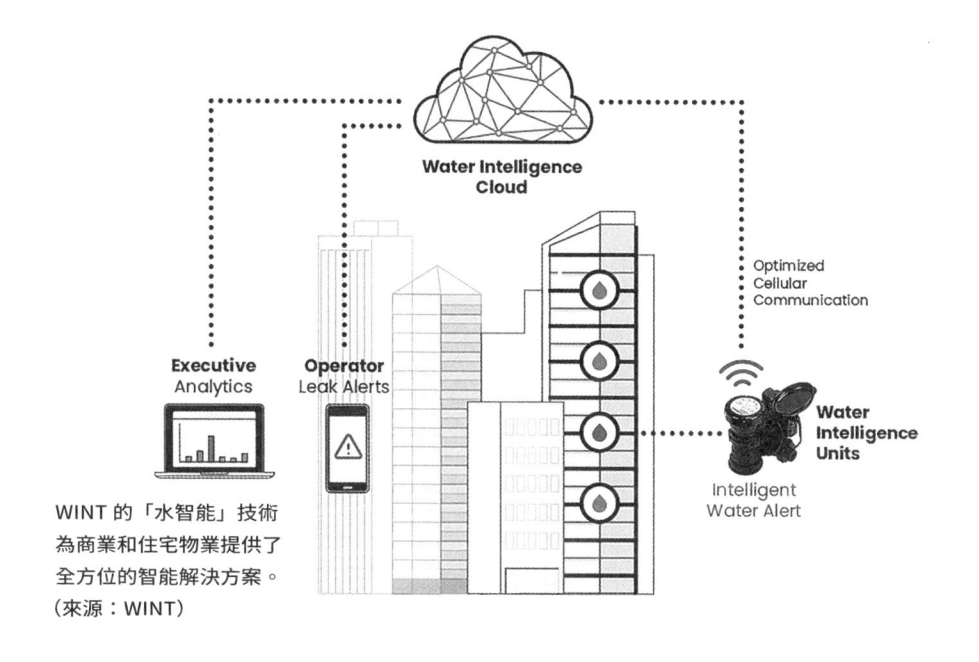

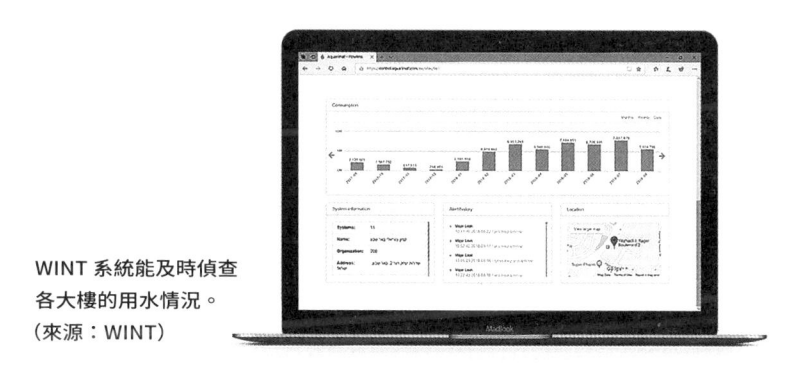

WINT 系統能及時偵查各大樓的用水情況。
（來源：WINT）

理解決方案。發生漏水前，WINT 感測系統就能透過應用程式、蜂巢式網路與雲端系統，完成管道分析，防止損害發生。

　　WINT 系統厲害的地方，在於它可以直接與大型辦公大樓、工廠、既有建築場地的系統管道整合，它能利用 AI 演算法，分析用水模式，學習正常的水流流速與流向，即時偵測水流情況。當偵測出異常時，系統會立即發送警報給 WINT 的全球監測中心與該案的建築商、施工經理、物業經理及維修人員，召喚他們及時協助處理，並能在不干擾其他管線、引發故障的情況下，自動關閉供水，等待維修。

WINT 智能數據系統除了監測功能，還能提供詳細的分析報告，讓使用者了解水的流動與消耗情況，平均為使用者節省 20%～25% 的用水量，有效提高水源的使用效率。

WINT 的「水智能」技術為商業和住宅物業提供了全方位的智能解決方案。目前除了 Microsoft、Google、Mastercard、HP、Dell 等知名廠商使用這套系統外，已有 40 多個建案受惠於 WINT 的智能監測功能，有效杜絕各類滲漏、傷害水管等問題。

美國帝國大廈是一個很好的例子，在未使用這套系統前，每年浪費高達 10 萬美元的水資源，在使用了 WINT 的監測技術後，每年減少 300 多噸碳排放量。

WINT 的智能偵測系統被 Fast Company 和 CB Insights 評為全球最具創新性的人工智慧公司之一，證明了 AI 與物聯網對水資源管理能帶來多方面的效益。透過強化配水系統、活用即時資料及預防結構性破壞，能有效防止水源浪費、財務損失，為更廣泛的可持續發展目標做出貢獻。

畢竟，面對現今能源快速耗竭的世界，節流減碳比開源更為重要！

8. 荷蘭 Netherlands：
智慧家庭水循環系統 Hydraloop

洗完的水怎麼用，水循環系統有妙招

SDG 涵蓋範圍：6, 8, 9, 10, 11, 12, 13, 17

Hydraloop 改善消費者行為與環境情況的巨大影響力，獲得聯合國世界知識產權組織（WIPO）頒發全球大獎。

　　根據世界自然基金會（WWF）的數據資料顯示，到了 2025 年，全球將有三分之二的地區面臨缺水。2030 年情況更嚴重，全球將有 7 億人身陷缺水困境。

　　亞瑟·瓦基薩（Arthur Valkieser）與妻子莎賓娜·斯蒂弗（Sabine Stuiver）從法國南部退休後，回到荷蘭定居，他們面對全球即將發生的缺水危機，絲毫不敢大意。亞瑟認為，在這個水資源無比珍貴的 21 世紀，用淡水沖廁所實在太過浪費。為了改變目前的用水方式，他們在家裡展開實驗，導入了第一套分散式水循環系統。

　　亞瑟夫妻花了數年的時間研究、改善並強化這套系統，終於設計出一系列經濟實惠、體積小巧，使用方便、維護容易，可大幅減少用水量，又不會影響個人衛生與生活品質的水循環系統——「Hydraloop」。

　　Hydraloop 特殊的專利設計，可收集並回收各類廢水，如洗澡水、洗衣水、空調水等，重新利用。與坊間不同，Hydraloop 系統不使用化學品、過濾器的方式來濾水，它藉由六種不同的技術如沉澱、浮選、泡沫分餾、好氧生物反應器（用好氧性微生物來分解水中有機物成穩定物質），搭配紫外線淨化使用後的廢水，將其中的頭髮、汙垢、肥皂、其他汙染與病原微生物清理乾淨。

　　經過系統淨化過的水，品質符合 NSF-350 與 EN-16841 的國際規

Hydraloop 的水循環系統現已活用於歐美的酒店與健身房之中。（來源：Watersmart）

Hydraloop 的水循環系統幫用戶節省 25%～45% 的用水量。
（來源：Energy Observer Solutions）

範，可再用於其他非飲用的水資源需求，如沖廁所、洗衣服或是灌溉。

　　Hydraloop 系統十分智能，除了可與物聯網連結外，也能與遠端的伺服器串聯，使用者可透過配套的 Hydraloop 手機應用程式，即時監控家庭或商用環境的用水量，適時調整。

根據統計，Hydraloop可有效幫助使用者減少25%～45%的用水量。Hydraloop的業務總監梅莉莎・魯比茲（Melissa Lubitz）開心的說：「只要裝上這套系統，即使屋主什麼都不做，甚至在不知道自己日常洗衣服會用多少水的情況下，一年也能省下一萬加侖的飲用水，約四萬公升。」

Hydraloop目前有四套系統供使用者選擇，分別為：可用於公寓的H300、大型住宅的H600、小型住宅的Concealed與大建案的Cascade。隨著多元性增加，Hydraloop的水循環系統不單被活用於住宅中，更陸續出現在酒店、健身房、體育館、學生宿舍和其他會大量用水的建築物裡。

Hydraloop改善消費者行為與環境情況的巨大影響力，獲得聯合國世界知識產權組織（WIPO）頒發全球大獎。

Hydraloop至今已與50個國家合作，擁有140多個合作夥伴，並在美國、加拿大、澳大利亞及中東設有辦事處。

目前各國政府已在積極推動，甚至強制進行廢水回收的政策。在美國，若使用水回收器，可以節稅；在西班牙，政府針對願意回收廢水的飯店與露營場地提供70%的補貼，在英國與荷蘭，許多新住宅必須裝有節水系統，才能獲得建築許可。

作為創辦人與Hydraloop的首席執行長，亞瑟表示：「有了Hydraloop，世界上的每一個人都可以採取行動，節約用水。」他們正積極與各國生產白色家電如冰箱、洗衣機及洗碗機等業者洽談合作，並協助各國政府更新建築法規的標準配備，目標是在未來十年內將Hydraloop的產品導入全球的新興建築中，加快全球節水的腳步，為未來的缺水危機做好準備。

9. 美國 United States：
回收廢水做啤酒 Epic Cleantec

廢水全面回收，再造能源、肥料跟美酒

SDG 涵蓋範圍：6, 7, 9, 11, 13

這款水果風味的再生啤酒僅供品牌推廣願景使用，不會於市面上販售，Epic 帶著它的啤酒參加世界各地的節水論壇，用產品來改變人們對於未來水資源運用的看法。

早在疫情之前，人們就有回收的概念，回收舊衣、回收家具木料、回收金屬，甚至回收前男友……，在這一環「回收經濟」中，回收廢水，躍居第一線，有了全新的發展。人們很難想像，廢水回收率高達95%，會是一番什麼樣的光景？

「Epic Cleantec」（以下簡稱 Epic）是美國一家推動廢水循環的新創公司，它於 2015 年成立，致力於改變社會「一沖了之」的用水習慣。它的核心產品 OneWater 系統與裝置，最早是為了參加「比爾及梅琳達蓋茲基金會」（Bill and Melinda Gates Foundation）的「廁所改造挑戰賽」（Reinvent the Toilet Challenge）而誕生，但 OneWater 系統的功能非常完善，它不單能回收日常生活中洗菜、洗衣等用過的灰水，還能處理被排泄物汙染的黑水，讓廢水全部回收化為可能。

OneWater 是如何處理廢水的呢？它先用生物處理法，去除水中的有機物，再經由薄膜過濾廢水，最後用紫外線、氯等一系列消毒流程完成廢水淨化。Epic 將廢水轉換成可沖廁、灌溉、冷卻等非飲用用途的水資源後，把分離出來的固態廢棄物，透過化學製程變成能滋養花園的土壤肥料，並將重複過濾廢水的熱量變身為乾淨的再生能源，

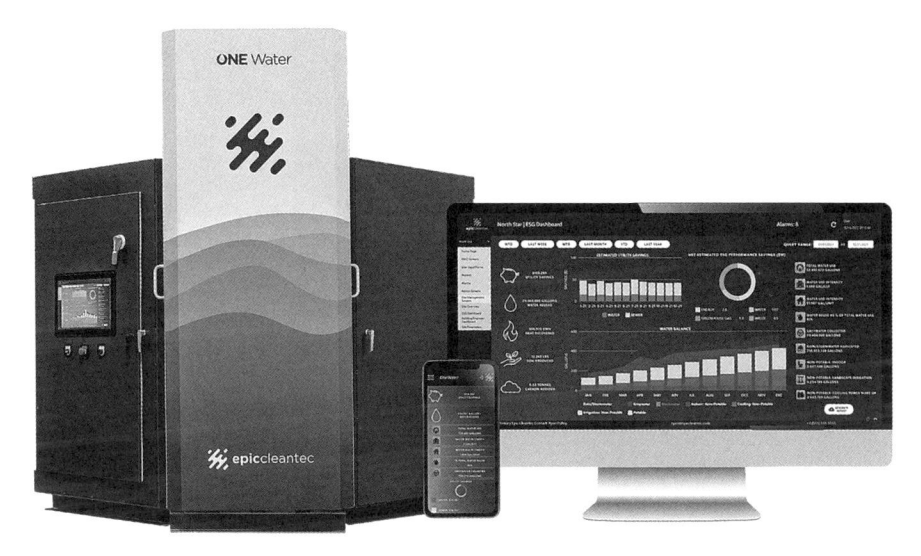

OneWater 是一個全自動化的水循環回收系統。（來源：Epic Cleantec）

用來加熱新水，有效節能 40%。

根據統計，Epic 系統可幫助客戶減少高達 95% 的用水需求，為業主每年節省數十萬的水費與排汙費。

「OneWater 系統的核心是一個控制中心，可以監控從節約能源到廢水回收的所有情況。」Epic 的共同創辦人兼執行長亞倫・塔塔科夫斯基（Aaron Tartakovsky）解釋，OneWater 是一個全自動化的水循環回收系統，每一個步驟都能自主運行，它的控制中心會提供使用者一個完整的系統使用報告，包含最新的水電節省量、回收用水數以及績效摘要等。它還配載了 24 小時全天候遠端監控與安全警報，將人力使用降到最低。

為了加速更新美國的再生水使用法規，Epic 與啤酒公司 Devil's Canyon Brewing Company 攜手合作，用 Epic 為豪華公寓 Fifteen Fifty 過濾的回收水，花了兩個星期仔細釀造，創新推出一款 Kölsch 水果風味的再生水啤酒——Epic OneWater Brew，展示未來的無限可能。

第一章　生物圈・水資源

Epic 用回收水釀造出 Kölsch 水果風味的再生水啤酒。
（來源：Epic Cleantec）

這款水果風味的再生啤酒僅供品牌推廣願景使用，不會於市面上販售，Epic 帶著它的啤酒參加世界各地的節水論壇，用產品來改變人們對於未來水資源運用的看法。

Epic 的 OneWater 系統現已被活用於許多知名飯店、住宅與商業大樓中。加州比佛利山莊華爾道夫酒店（Waldorf Astoria Beverly Hills）也是這套系統的使用者，他們表示受益良多，每年飯店可藉此回收多達 438,000 加侖的水。

2022 年 OneWater 被《Time》評為最佳發明之一，次年，獲頒 Fast Company 2023「改變世界創意獎」（World Changing Ideas Award）。OneWater 系統驗證了 Epic 的品牌目標：「世上沒有無用的水，只有沒有被重複使用的水。」（There is no such thing as wastewater, only wasted water.）

迄今，Epic 正積極與政府、房地產開發商、建築師、工程承包商合作，自 2020 年起，陸續把 OneWater 系統導入加州所有新興建設的設計中，幫助社區高效節水，共創永續、享受更具生機的生活環境。

10. 丹麥 Denmark：
生物仿生技術淨化水源
Aquaporin Inside

NASA 獨愛，從太空用到地球的超強濾水膜

SDG 涵蓋範圍：3, 6, 7, 9, 10, 11, 12, 14, 17

Aquaporin 目前不單在新加坡、中國，甚至於土耳其、美國設有分公司，它與全球超過 50 家廢水處理公司合作，具備每年生產 250 萬平方公尺濾水膜的能力。

　　工業革命之後，帶來大量汙染係數高的廢水，它們常在未經處理的情況下流入水域，造成生態浩劫。

　　各國政府積極推動「零液體排放」（Zero Liquid Discharge）政策，禁止各工業單位將液體廢料外流，在廠區完成廢水回收。但大部分的水處理系統，常在濾水過程中浪費掉 70% 可重複利用的水，無法有效節能。

　　「Aquaporin」是一家渴望通過生物技術，解決全球水源短缺問題的創新水技術公司，總部位於丹麥的哥本哈根。它在歐盟的贊助之下，將生物、化學和物理三大自然科學領域結合，通過水通道蛋白創造出獨特的仿生濾水膜技術「Aquaporin Inside」。它與傳統由聚合物製成，需要化學輔助才能運作的廢水過濾膜不同，Aquaporin Inside 單靠自身，即可完成純水淨化。

　　水通道蛋白於 1991 年由彼得・阿格雷（Peter Agre）發現，2003 年他與羅德里克・麥金農（Roderick MacKinnon）因此一起獲得諾貝爾化學獎。水通道蛋白是生物細胞用來轉移水分的特殊蛋白，每秒能運輸多達 30 億個水分子，對人類至關重要。而使用工業發酵生成的

人工蛋白，淨水效果極強，能模擬人體腎臟和植物根部的濾水能力。

為了做出最好的濾水產品，彼得與團隊花了八年時間，才成功將水通道蛋白與水膜技術結合在一起，設計出一款特殊的仿生濾水膜，能更快地過濾水分子，將超過 95% 的微型塑膠、化學與有毒物質隔離在外。

Aquaporin 專注於開發兩種過濾技術，一種是反滲透過濾，它藉由壓力將液體推出過濾膜；另一種是前滲透過濾，它不用任何外部能源或影響即可自行過濾，就像人體的腎臟一樣。兩者相比，前滲透過濾可以在不用蒸餾的情況下，處理汙染程度更高的水。

驚豔 Aquaporin 的無限可能，NASA 成為它的第一個客戶。

在國際太空站（ISS）上，每一滴水都得回收，但現有的系統得靠沉重的過濾床，補給受限，每 90 天就得更換，卻無法過濾所有的汙染物。

Aquaporin 的前滲透過濾膜經 NASA 艾姆斯研究中心（Ames）測試過後，證實它的性能已大幅超越了國際太空站現有的設備，甚至能去除之前無法克服的化合物。現在 NASA 正考慮將現有的過濾床，全部替換成 Aquaporin 的濾水膜。

Aquaporin 志在用生物技術解決全球水資源短缺的問題。
（來源：The New York Times）

Aquaporin 的執行長彼得‧霍爾姆‧延森 (Peter Holme Jensen) 展示公司已有量產各系列濾水膜的能力。
（來源：Berlingske）

第一章　生物圈：水資源

Aquaporin 的營運長喬格・赫斯 (Joerg Hess) 在檢查濾水膜淨化後的水。（來源：CNN Business）

　　看准了航空產業的商機，Aquaporin 與丹麥航空航天公司（Danish Aerospace Company）合開了一間 Aquaporin Space Alliance，要繼續幫助 NASA 與歐洲太空總署（ESA）建立更多水質淨化的系統。

　　Aquaporin 的仿生濾水膜 Aquaporin Inside 系列與節能型鹹水處理膜 CLEAR 系列，走出實驗室，已開始與產業接軌，不但可淨化 NASA 太空站的日常用水，還能應對廢水及飲用水。

　　Aquaporin 目前不單在新加坡、中國，甚至於土耳其、美國設有分公司，它與全球超過 50 家廢水處理公司合作，具備每年生產 250 萬平方公尺濾水膜的能力。

　　因 Aquaporin 前滲透濾水膜不需要前後處理的步驟，使封閉性的材料回收再利用化為可能，它能幫助養殖業從廢水回收尿素製成肥料，也能幫助製藥產業回收活性成分，用來製作疫苗，應用無限。

　　直至今天，Aquaporin 未曾停下腳步，與海外分銷商一同開創消費性市場，設計出一款家用水槽專用的濾水膜，希望能為水資源壓力最大的區域獻上一份心力，同時帶動新一波生物模擬產品的浪潮。

57

11. 荷蘭 Netherlands：
智能水質監測系統
Optiqua Technologies

確保飲水安全，24 小時 AI 水質監測

SDG 涵蓋範圍：3, 6, 9, 11, 13, 14, 17

水的供應不僅關乎數量，也關乎水質。24 小時 AI 水質監測系統，可以判別異常，掌握水質變化，實現全自動化管理。

　　水資源如此珍貴，如此短缺，東南亞沒有哪個國家比新加坡更心中雪亮。根據新加坡公用事業局（PUB）的估計，到了 2060 年，新加坡人對水的需求將翻倍。

　　然而，日漸老化的基礎建設、各類替代用水的使用、汙染，正為新加坡及全球的水資源分配帶來新的挑戰。

　　在水處理之中，攸關人們健康的是飲用水處理。傳統飲用水的生產過程，多通過測量酸鹼值（pH）、電導率（EC）、氧化還原電位（ORP）及樣本採集參數做為檢測標準，但它卻有一個極大的弱點，無法有效檢測與發現其中的汙染事件。導致水網路系統常會面臨大範圍汙染的風險，將公共衛生暴露於巨大的威脅之下。

　　為了解決這個問題，新加坡公用事業局（PUB）與荷蘭跨國企業 Demcon 旗下公司之一「Optiqua」共同開發了「EventLab」系統，讓他們能即時掌握飲用水的水質變化。

　　EventLab 最早是為了檢測水中有無化學汙染所設計的，使用實驗室晶片（lab-on-a-chip）傳感器技術，比傳統傳感器系統敏捷 6 倍。它作為 24 小時全天候的水質監測系統，安裝方便，維修需求低，可與

無線網路、資料採集與監控系統（SCADA）串聯，能即時監控水處理廠、水域交叉連結的情況，確認水質的穩定性。

EventLab 另配有一款網路應用程式——EventLab Online，方便使用者用網頁即時監控水質、各感測器網路的概況。使用者可沿用或自行調整 EventLab 軟體中預設的事件演算法，事件會根據水質變化的數值設立警報範圍，為了讓系統能維持在最佳的汙染檢測狀態，降低誤報率，演算法和警報值會定期根據水體特性進行校準。

Optiqua 的總經理喬斯威廉‧韋爾赫夫（Jos-Willem Verhoef）表示：「我們在水質監測方面看到很大的潛力，這是智慧水管理的一個關

Optiqua 的 EventLab 系統能 24 小時監測水質。
（來源：Dutch Water Sector）

EventLab Online 方便使用者用網頁即時監控感測器網路。
（來源：Dutch Water Sector）

鍵支柱⋯⋯。人們越來越意識到，水的供應不僅關乎數量，還關乎水質。」

因緣際會之下，Optiqua 與新加坡的 ZWEEC Analytics 進行策略合作，把雙方的技術進行融合。ZWEEC 的智能生物監測系統 AquaTEC 和水下智慧魚道監測系統 FishWay Watcher，利用人工智慧監測特定魚類的行為，以檢測水質情況，譬如流速、溫度及整體生態狀況。當水被汙染時，魚會顯示出某些痛苦的行為，而 AI 能協助判別異常，讓水務單位提早防範。

看到了多國產業合作的未來性，荷蘭、比利時和新加坡的新興公司（Optiqua、Demcon Advanced Mechatronics、HAL24K、ZWEEC Analytics、De Water Group）組成 AQUA 聯盟，利用 AI 演算法來識別水質問題，攜手開發下一代水質監測技術。希望在不久的未來，能讓水處理系統實現全自動化管理，用最高的效能活用資源，積極迎戰氣候變遷帶來的水源危機。

12. 荷蘭 Netherlands：
泡泡打掃河川
The Great Bubble Barrier

河川打掃小能手，泡泡屏障伸縮自如又吸睛

SDG 涵蓋範圍：6, 9, 11, 12, 14, 17

泡泡屏障能 24 小時全天候的用泡泡捲起塑膠，掃入集水系統的籃子裡，水務局每三天會去清空籃子，並將塑膠廢棄物分類回收。幾次清理下，泡泡屏障順利為河川捕捉了 90% 的垃圾。

　　每年有 8 億噸的塑膠垃圾流入海洋，其中 80% 來自陸地。科學家發現，四處縱橫的河流，就像高速公路一樣，把人類的廢棄物送入海中，讓水域生物苦不堪言。

　　與其他歐洲國家相比，荷蘭格外特別。它有一半以上的土地位於海平面以下，易受洪水侵襲。但當地人對水的態度十分正面，認為人應當與水共存，而不是相互對抗。

泡泡屏障捲起塑膠，
掃入集水系統的籃子裡。
（來源：CNN）

泡泡屏障十分吸睛，形成一道特殊風景。（來源：I amsterdam）

當地居民不知道的是，荷蘭運河上許多的塑膠殘骸，其實來自他們放在門口的垃圾。每當垃圾袋遭受外力破壞，塑膠垃圾會隨著風雨通過水道，流入河海，傷害水中生靈。

為了改善環境，四位荷蘭年輕人，設計了一個能與水共生，十分天然的河川清潔系統，用泡泡攔截運河中的塑膠，防止它們侵害海洋。

就像許多偉大的創意一樣，這個有趣的發明，是在酒吧誕生的。幾個喜歡航海的好朋友，法蘭西斯・佐伊特（Francis Zoet）、安妮瑪莉克・伊芙琳（Anne-Marieke Eveleen）和薩斯基亞・斯圖德（Saskia Studer）邊喝著冰涼的啤酒，邊交換著彼此航海的故事。話題的交集，是他們在出海時總會遇到漂浮在海上的塑膠垃圾，讓人又厭煩又生氣。到底有什麼方法可以解決這個問題呢？酒過幾巡，杯中的泡泡引起了他們的注意，靈光閃爍，何不藉著壓縮空氣，利用綿密的泡泡來收集塑膠垃圾呢？冥冥之中想法相同，正在德國研究氣泡的菲利普・埃爾霍恩（Philip Ehrhorn），與他們一拍即合，手牽手創立了「The Great Bubble Barrier」。

經過五年研究測試，團隊成功研發了一款泡泡屏障系統。它能按河域需求，調整長寬，覆蓋整個河床，捕捉水中大於 1 毫米的塑膠。

團隊先將空氣泵放在一個多孔的長管中，再將管道斜放在要清理的水道底部，製造泡泡屏障（Bubble Barrier）。

由管道打上來的泡泡，能將垃圾推到水面上，再順著自然水流流

到河岸旁的集水系統中，形成天然的垃圾清理裝置，完全不會影響航行中的船隻與悠然游過的水中生物。

共同創辦人之一的安妮瑪莉克覺得，泡泡屏障是個有效而優雅的解決方式，她笑道：「這些泡泡的美妙之處，在於它們可以伸縮，當水位改變，運河寬窄改變的時候，它們會相應調整。」

除了捕捉垃圾，泡泡屏障還帶來了其他效益，增加水中含氧量，減輕魚兒缺氧負擔，阻止毒藍藻擴增，恢復生態系統；還能吸收聲音及波浪，減少船隻穿梭對環境的影響。

在荷蘭首都阿姆斯特丹市政府與水利局的支持下，團隊的第一個泡泡屏障設在阿姆斯特丹西碼頭（Westerdok）與愛塞河（Ijssel）的交口處，阻止塑膠流入海洋。

泡泡屏障能 24 小時全天候的用泡泡捲起塑膠，掃入集水系統的籃子裡，水務局每三天會去清空籃子，並將塑膠廢棄物分類回收。幾次清理下，泡泡屏障順利為河川捕捉了 90% 的垃圾。

團隊同時與阿姆斯特丹水務局及非政府組織「塑膠湯基金會」合作，分析從塑膠收集站打撈回來的塑膠，追溯來源，協助城市及政府加快擬定水道、河道的清理及塑膠廢棄物管理的新政策，彌補早期在政策及預算規劃上的空白，讓各地都能採取行動，減輕環境汙染。

團隊更意外發現，這個泡泡屏障與集水系統極為吸睛，形成一道特殊風景，附近的居民常常散步到一半便會停下腳步，站在不遠處觀看泡泡們在河上掀起細長的漣漪，討論籃子裡收集到了哪些垃圾。

現在除了荷蘭，The Great Bubble Barrier 也在其他地方設立了數個泡泡屏障，像是在由聯合國教科文組織保護的瓦登湖出口，以及葡萄牙波爾圖等地區，都設有泡泡屏障，防止塑膠流入大西洋。

在歐盟的協助之下，團隊正迅速將技術拓展到歐洲、美洲及亞洲的河流交界處，協助當地政府與企業，清理各大運河及河流中的塑膠汙染。

13. 香港 Hong Kong：
超聲波打撈廢水塑膠微粒 Acousweep

超強聲波回收機，塑膠纖維、微粒吸乾淨

SDG 涵蓋範圍：6, 9, 10, 11, 12, 13, 14, 17

Acousweep 特殊而實用的產品設計，2022 年榮獲日內瓦國際發明展銀獎，並於次年獲頒全球百大科技研發獎。香港紡織及成衣研發中心深受激勵，陸續研究其他 30 多項創新技術，希望為傳統紡織業帶來改變契機。

　　海洋、陸地及空氣中瀰漫的微塑膠，對生態系統、動物及人類的健康帶來極大的危害，成為全球隱患。塑膠微粒到底來自何方呢？它的來源十分廣泛，包括分解成小碎片的大型塑膠垃圾、去角質美容產品中的微珠或牙膏等清潔用品。根據統計，全球每年有 20 萬至 50 萬噸的紡織塑膠進到生態環境中，其中 35% 來自快時尚的大量合成纖維物。

　　根據聯合國環境規劃署及歐盟的定義，「微塑膠」指的是直徑小於 5 毫米的塑膠微粒，比芝麻更小。直至今日，廢水處理設施多用不同類別的過濾器來過濾微塑膠，但微纖維經常堵塞濾孔，降低淨水效率，需定期更換。對於這個問題，香港紡織及成衣研發中心（HKRITA）在知名時尚品牌 H&M 基金會（H&M Found）的支持下，為處理紡織廢水帶來新的解方。

　　他們開發出一款使用掃頻聲波分離塑膠微粒與纖維的辦法「Acousweep」，可採集到比定義標準小 250 倍、大於 20 微米（μm）的微塑膠纖維，在淨水過程中不使用任何化學品、溶劑或生物添加劑，對環境極為友善。

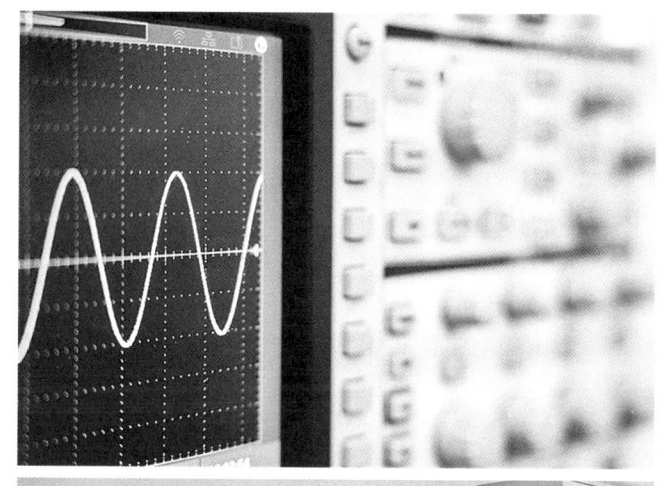

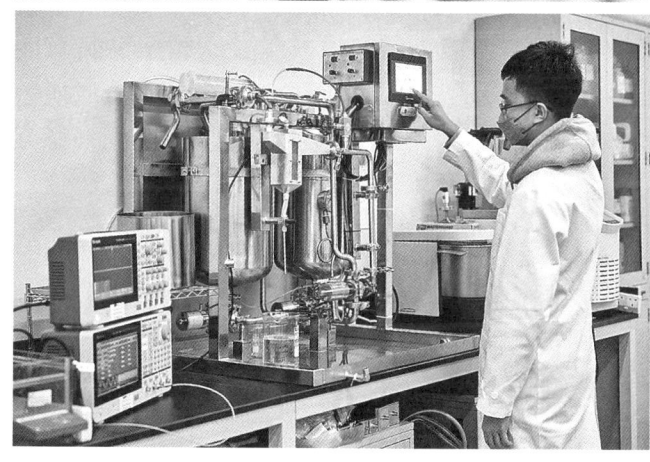

香港紡織及成衣
研發中心的研究員
使用 Acousweep 系統
來淨化汙水。
（來源：H&M Foundation）

　　Acousweep 在處理紡織與其他塑膠纖維廢水的過程中，藉由控制聲波，結合專利設計的分離艙，有效採集與回收微塑膠纖維，將水與塑膠分離，改善水質，並減輕對生態的影響。

　　這說起來很簡單，但 Acousweep 系統到底是如何操作的呢？該系統主要由一個聲學分離艙、換能器、針形閥口和感測系統所組成。換能器裝在分離艙的一端，反射器在另一端，當聲波啟動時，會透過反射形成駐波。駐波是由兩個相同波長、頻率的正弦波相互影響而成的合成波。當廢水流過設備時，聲頻的交互影響會困住液體中的微粒，再通過駐波將它們推往分離艙，當在艙口的監測系統感知到塑膠纖維的濃度達到一定程度，它將開啟針口，將分離出的塑膠微粒滴入收集槽中，好進一步做回收處理。

現在 Acousweep 系統每小時可處理 5～10 噸水。系統大小約在一個標準貨櫃內，是一款即裝即用的汙水處理設備，能輕易運輸且可與任何廢水處理設施進行連結。Acousweep 不單有效防止微塑膠與有害汙染物的釋放，同時能減少紡織業生產用水的需求。

香港科技大學環境研究院的首席發展策略師陸恭蕙（Christine Loh）認為 Acousweep 這項技術潛力無限：「綠色科技在香港邁出了重要的一步，Acousweep 將幫助服裝及其他產業遏止當前的汙染……。通過新技術去除微塑膠，防止它們進入海洋，並被海洋生物吞食，這些微塑膠甚至可能通過食物鏈進入人體。Acousweep 有能力顛覆整個行業。」

Acousweep 特殊而實用的產品設計，2022 年榮獲日內瓦國際發明展銀獎，並於次年獲頒全球百大科技研發獎。香港紡織及成衣研發中心深受激勵，陸續研究其他 30 多項創新技術，希望為傳統紡織業帶來改變契機。

H&M 近年立志成為快時尚的永續代表，持續在尖端科技中尋找能與產業接軌的無限可能，如今它與香港紡織及成衣研發中心攜手，希望將廢水「問題」轉換成「可行的解決方案」，改善生產製程，減少環境足跡，創造一個嶄新的時尚未來。

14. 美國 United States：
無限飲品循環販賣機 Kadeya

減塑販賣機，隨買隨還，塑膠瓶掰掰

SDG 涵蓋範圍：6, 9, 11, 12, 13, 14

全球每分鐘被購買的一次性塑膠水瓶超過 100 萬個，而 Kadeya 的無限自動循環販賣機改變了這個現象。根據統計，目前一台 Kadeya 販賣機每年可減少超過 10 萬個塑膠瓶。

慢跑完又熱又渴，若看見一台自動販賣機，通常會投幣購買一瓶飲料清涼一下，但是解渴後會發現，天啊！又製造了一個一次性塑膠垃圾。

根據美國國家海洋服務部的統計，塑膠飲料瓶是導致海洋 800 萬公噸塑膠垃圾的罪魁之一。專家們甚至預測，未來 15 年內塑膠垃圾的總量將翻倍。

來自美國的曼奴埃拉・佐尼恩（Manuela Zoninsein）在芝加哥創立了一家新創公司「Kadeya」，就是要減少所有一次性使用的塑膠水瓶。「Kadeya」在葡萄牙語中是「鏈」的意思，象徵改善供應鏈，啟動善循環的願景。

曼奴埃拉的起心動念很簡單，既然城市腳踏車（Citi Bikes）都可隨借隨還，為何自動販賣機的飲料瓶沒法退還呢？

她試著將這個想法導入她之前的辦公室，設立飲水補給站，並儲備可重複使用的瓶子，可惜同事不買單，也未改變使用習慣，她決定改弦易轍，重新塑造服務內容。

經過四年的努力，Kadeya 終於生產出全球第一款可自主運作、無限循環販賣飲品的自動販賣系統。曼奴埃拉笑稱，這款無限循環自動販賣機其實是一個迷你工廠、一個「封閉式補水站」。將飲料瓶裝廠、

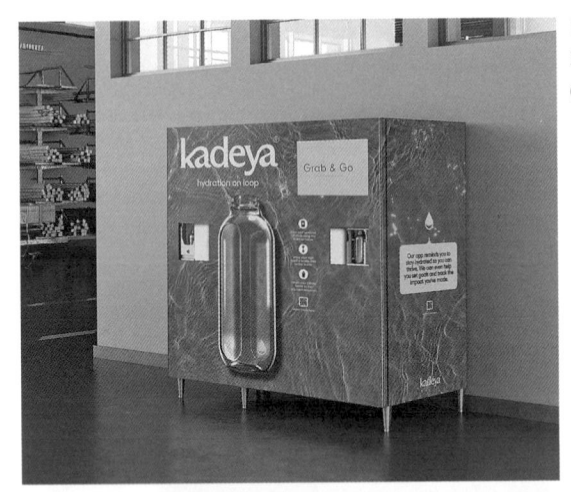

Kadeya 的無限循環販賣機
現已被廣泛使用於不同產業。
（來源：Kadeya）

只要掃描 QR Code，
完成付款後，即可在七秒內
從智能販賣系統中
獲得一瓶飲料。
（來源：Fast Company）

洗碗機與飲料機全部整合在一起。

　　Kadeya 的無限循環自動販賣機不大，僅占地 7.5 平方英尺，十分容易操作。消費者只要在機器外面掃描 QR Code，建立個人帳號，完成付款後，即可在七秒內從智能販賣系統中獲得一瓶過濾的純水、氣泡水或各大品牌的調味飲料。

顧客喝完後，可選擇將瓶子送回附近任一台販賣機進行回收，機器會自動清洗、消毒使用過的瓶子，確認 30 多種汙染物如各類細菌、微塑膠、鉛和汞等都去除後，再按需求重新添滿飲料，供應之後的顧客。消費者的 QR Code 可搭配官方的手機應用程式使用，每當一個瓶子回收，消費者可立即於軟體上看到個人資訊，如當日飲水目標、當前飲水量、回收量、減碳量同步更新；若使用企業版的，還可獲得更詳細的資訊，如成功減少了多少個廢棄塑膠瓶，以及當日為員工提供多少公升的水等。

「在 Kadeya，我們秉持著『在地飲用』的使命──我們從當地攝取水源，支持當地水系統，消除飲料運送產生的巨大碳足跡。」曼奴埃拉分享道。

通過彼此串聯的智能循環網路，Kadeya 的自動販賣機可識別玻璃或不銹鋼水瓶的使用情況，抵銷一次性包裝的需求，提供更方便、低碳且低成本的服務，讓既有材料得以無限重複使用。

全球每分鐘被購買的一次性塑膠水瓶超過 100 萬個，而 Kadeya 的無限自動循環販賣機改變了這個現象。根據統計，目前一台 Kadeya 販賣機每年可減少超過 10 萬個塑膠瓶。

Kadeya 的無限循環販賣機經過初期測試後，現已有 35 台被廣泛使用於不同產業，如一般商業辦公室、建設公司、製造業甚至軍用單位。2025 年，預計在一般主題樂園及娛樂場所中再增加 200 台自動販賣機。

相信 Kadeya 能為世界帶來改變，提升塑膠產品回收的速度，美國能源部與空軍透過「小型企業創新研究計畫」（SBIR）特別提供資金，協助 Kadeya 加快改善全球飲水供應和消費的方式。

15. 台灣 Taiwan：
智慧灌溉計畫
一指神功，搞定農田供水任務

SDG 涵蓋範圍：6, 9, 11, 13

現在只要一支手機和平板電腦，就能完成農田的供水任務。未來若全面使用，透過科技節水，預計嘉南灌溉區一期稻作的節水量可達 9,500 萬噸，相當於台南市三個月的用水量。

有時肚子不餓，撥著碗中的飯粒，愛吃不吃，父母看到了，會立刻訓斥：「這都是農夫辛苦種的米，不可以浪費！」

小時候以為種米最辛苦的是農夫，長大後才知道，辛苦的還有一群人，他們是默默守望嘉南平原大圳，被太陽曬得皮膚黝黑的前線英雄：「掌水工」。

嘉南平原早年是「看天田」，不利農耕，直到嘉南大圳完工後，整體灌溉面積大增，才躍升為台灣糧倉。

嘉南大圳圳路總長 1 萬 6 千公里，灌溉面積 15 萬公頃，受制於台灣地形及降雨不均的情況，從水庫放水，到農田順利吃水，都需要精準分配，掌水工也應運而生。

掌水工的管理制度源於日治時代，編制有數個工作站，由站長及掌水工負責管水，確保各區給水順暢、公平灌溉，每人平均管轄約 50 公頃。

掌水工由工作站指派或推舉當地的農民兼任，每到放水期，掌水工就要按照灌溉計畫進行配水，利用擋水板、塑膠塞把水源引到各家農田，確保管轄區的農地獲得足夠的水源。

掌水工的務農經驗及在地公信力是能否配水的關鍵，必須公正判斷供水量是否足夠稻田生長，若農民因供水差異發生爭執，需要出面調停。

第一章 生物圈：水資源

現在各區管理員不用立刻趕去現場，能在遠端解決供水問題。
（來源：Freepik）

　　以往水庫一放水，掌水工會騎著摩托車，到現場四處巡視，敏捷的在田間穿梭，掌握開關水門的時機，一年可節省20%～25%的水量。

　　遇上颱風，掌水工也得冒著風雨去關水門，過程中常發生意外。

　　這工作看似簡單，卻十分損耗精神體力。如今，掌水工多已年邁，平均年齡為70歲，該如何減少負擔、有效的分配水源呢？

　　為了解決這個問題，嘉南管理處推出「精進灌溉節水管理計畫」，於2018年與水利署、台積電，合作發展「智慧灌溉計畫」，讓工作站站長及掌水工能透過智慧灌溉與手機應用程式，掌握各處水位，動動手指即可開關水閘。

　　用科技顛覆百年灌溉系統，是一個空前絕後的大工程。

長年推廣節水行動的台積電絞盡腦汁，用外觀輕巧的「綠能智慧水閘門」替代傳統水門，由比陽傘還小的太陽能板供電，加裝感測器來偵測環境的溫度、濕度和風向。再用滑動式的水門替代傳統的擋水板，搭配流量監測設備確認供水量。

　　另外活用聯網監控設備，蒐集田間水路流量、各畝田的灌水量，連動氣象資訊，建立「田間水文觀測及自動灌溉系統」，方便站長跟掌水工隨時確認狀況，自動調整水閘門，精準控制水量，不用外出巡視。

　　更貼心的是，自動灌溉系統能根據當下及往年的雨量、風向和濕度等，換算出各畝田地的需水量，方便使用者加快決策。

　　嘉南農田水利會隆田工作站站長陳艷星表示，現在只要透過一支手機跟平板電腦，便能完成所有的供水任務。

　　螢幕上標示著各畝良田，藍色、紅色的線路縱橫交錯，清楚地列出各閘門、分水設備、給水路及水位高度是否正常等資訊。一旦系統跳出紅色訊號，警告水路的供水太多，掌水工可立即點開「閘門控制」，選擇水路關閉、打開、還是暫停，甚至可以調整閘門打開的高度。

　　陳艷星敲敲平板笑著說，現在他們只要看著系統螢幕就能立刻知道哪裡出問題、掌水工有無及時處理自己或他人的轄區，大幅降低各區管理員得立刻趕去現場處理的身心壓力。

　　團隊一開始在烏山頭大壩西方官田區八田路區域做試驗田，面積為 56 公頃，實驗相當順利。智慧灌溉系統開始施行後，每公頃用水量已從 13,000 噸減少到 8,300 噸，節水率高達 36%，創下史上最低用水紀錄。

　　現在只要一支手機和平板電腦，就能完成農田的供水任務。未來若全面使用，透過科技節水，預計嘉南灌溉區一期稻作的節水量可達 9,500 萬噸，相當於台南市三個月的用水量。

第二章
生物圈：極端氣候

SDG13 氣候行動：Climate Action
完備減緩調適行動，以因應氣候變遷及其影響

　　根據世界氣象組織（WMO）統計，全球平均氣溫上升約 1.45°C，遠超過了工業革命前的水平。現在極端氣候事件頻傳，不論是熱浪、洪水、乾旱、森林野火屢見不鮮，造成數十億美元的經濟與社會損失。

SDG13 氣候行動・細項目標&行為目標

SDG13 氣候行動細項目標

13.1	強化各國對氣候變遷浩劫、自然災害的抵禦和適應能力。
13.2	將氣候變遷因應措施納入國家政策、策略和規劃當中。
13.3	針對氣候變遷的減緩、調適、減輕衝擊和及早預警，加強教育和意識提升，提升機構與人員能力。

SDG13 氣候行動行為目標

13.a	履行已開發國家方簽署的《聯合國氣候變遷綱要公約》（United Nations Framework Convention on Climate Change）當中的承諾，2020 年前，每年從各方募得一千億美元，針對開發中國家需求，進行有意義且透明的減災行動，並盡快讓綠色氣候基金資本化以全盤運作。
13.b	在 LDCs、SIDS 提出有效機制，提高其能力進行有效的氣候變遷規劃與管理，包括聚焦於婦女、青年、在地與邊緣化社區。確認《聯合國氣候變遷綱要公約》是商議全球氣候變遷應對時，國際間、政府間主要的論壇。

SDG13 氣候行動・全球近況與問題

　　2023 年，氣候危機加劇，全球溫室氣體排放量不斷攀升。世界各地持續遭受極端天氣與日益頻繁的自然災害之苦。矛盾的是，同一時間，化石燃料補貼卻創下歷史新高。全球社會正面臨關鍵時刻，聯合國呼籲世界各國應緊急加速全方位的低碳轉型，傾力遏止全球氣溫上升到 1.5°C，不可繼續偏離氣候行動的軌道。

　　根據聯合國環境規劃署 2023 年的《排放差距報告》，2022 年全球溫室氣體排放創下新紀錄，達到了 574 億噸二氧化碳當量。86% 的二氧化碳排放來自全球的能源部門，多是由煤炭和天然氣所驅動。

　　在烏克蘭戰爭對全球能源市場的影響下，各國政府為了避免嚴重通膨，大幅增加了對石油、煤炭和天然氣等燃料補貼，延滯了 2010 年至 2020 年淨零排放的進展。▲附圖 1 各國政府計畫到 2030 年生產的化石燃料量已比當年限額多出了 110%。

全球化石燃料補貼估算（10 億美元為單位）

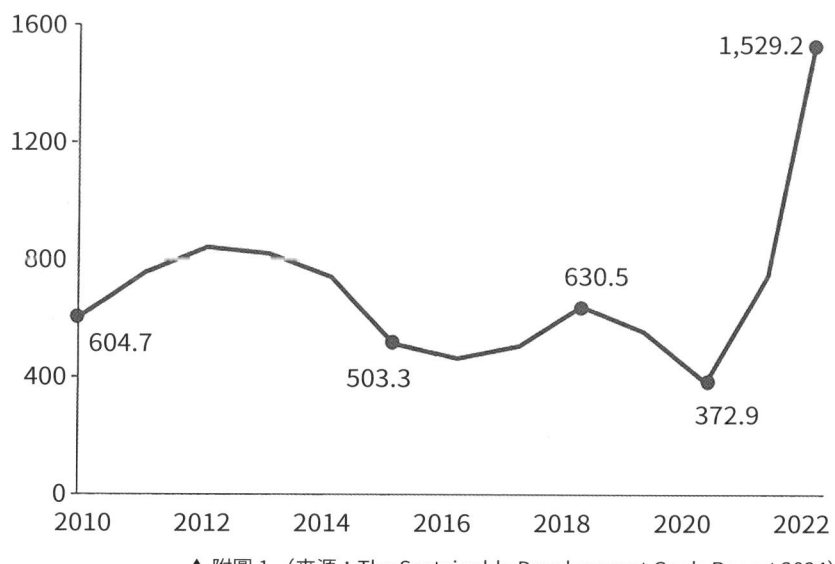

▲ 附圖 1 （來源：The Sustainable Development Goals Report 2024）

若各國再不調整當前的氣候政策，勢必讓世界迎來增溫 3°C 的風險。世界氣象組織（WMO）預估到了 2030 年，每年將發生超過 560 起大型災害事件，平均每天有 1.5 起天然災害。為有效控制溫度，不超過 1.5°C 的目標，全球必須於 2030 年前減少 42% 的溫室氣體排放，相當於每年下降 8.7% 的排放量。

　儘管各國在氣候上的進展讓人心慌，但在早期預警與疏散措施上，有顯著的進度，讓災害死亡率降低了三分之一。聯合國呼籲各國切勿掉以輕心，制定全面的抗災計畫，是減少天然災害對社會、經濟影響最核心的關鍵。

SDG13 氣候行動・國際案例分享

1. 印度 India：
空汙墨水 Graviky Labs
汙染變資源，汽車廢氣華麗變身
SDG 涵蓋範圍：9, 11, 12, 13

Graviky Labs 特殊的技術被《Time》雜誌評為 2019 年最佳發明之一。迄今，Graviky Labs 的公司業務已拓展至印度的班加羅爾和德里，並在雪梨、紐約、倫敦、芝加哥、新加坡和柏林設有分公司。

　　在印度，汽車廢氣是造成當地空氣汙染的關鍵。印度駕駛對汽油及柴油車輛的高度依賴，嚴重影響了人民的生活品質和健康。根據統計，這種汙染導致當地 140 多萬人過早死亡。

　　早在 2012 年，當阿尼魯德・夏爾馬（Anirudh Sharma）還是麻省理工媒體實驗室學生時，到印度旅行，他穿著乾淨的 T-Shirt 出門，回家後卻發現衣服上沾滿了髒兮兮的灰塵，仔細檢查，竟是汽車排放的煙灰。

　　煙灰是由化石燃料不完全燃燒所產生的微小黑色碳粒，對人體健康傷害極大。這讓阿尼魯德產生了靈感，就像美國先驅建築師 R・巴克敏斯特・富勒（R. Buckminster Fuller）的一句名言：「汙染只不過是我們尚未收穫的資源。」阿尼魯德發現了煙灰的「染色」潛力。

　　為了阻止更多的煙灰被吸入人體，阿尼魯德決心用另一種方式來解決問題。他與同學尼基爾・考什克（Nikhil Kaushik）及尼克什・卡狄恩（Nitesh Kadyan）共同創辦了「Graviky Labs」，開發出一種直接捕捉煙灰，製成墨水的方法。

Graviky Labs 的 Air-Ink
現已被更廣泛應用於不同類別的產品上。
（來源：Stir world）

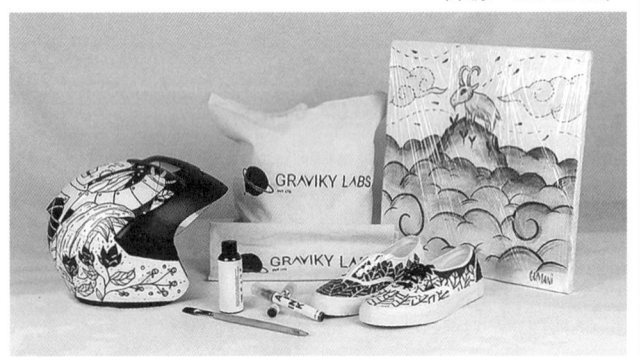

　　團隊首先設計出一款名為「Kaalink」的圓柱型排氣管改裝裝置，它能透過電壓與離子反應，即時捕捉車輛排放 95% 的煙灰。Kaalink 不單可安裝在汽車上，還可裝在重型卡車、摩托車，甚至發電機上。

　　團隊將收集好的煙灰帶回實驗室，經過幾道手續，將重金屬和致癌物質清除後，蒸餾成一款黑色的含碳顏料，命名為「Air-Ink」。根據團隊的計算，實驗室每生產 30 毫升的 Air-Ink 墨水，相當於一輛車持續排放廢氣 45 分鐘。

　　奇特的是，根據團隊的調查，黑色是工業生產中最常見的顏色。它所產生的碳足跡，將導致全球 420 萬人暴露於空氣汙染的死亡風險下。

　　與之相比，Air-Ink 能直接補足目前工業墨水的需求，甚至能減少 150% 可能產生的碳足跡、減少 700 噸碳排放。目前為止，Graviky Labs 已捕捉了大約 16 億微克的微粒物質，等於清潔了 1.6 兆公升的空氣。

團隊將這款黑色顏料製成各類墨水、油漆及顏料筆，不亞於市售產品的品質，讓藝術家們讚嘆。現已有來自 45 個國家的 10,000 多位藝術家使用了 Air-Ink 來作畫。

Graviky Labs 特殊的技術被《Time》雜誌評為 2019 年最佳發明之一。

迄今，Graviky Labs 的公司業務已拓展至印度的班加羅爾和德里，並在雪梨、紐約、倫敦、芝加哥、新加坡和柏林設有分公司。

除了畫筆之外，Air-Ink 現已被更廣泛的應用於產品包裝、報紙墨水、絲網印刷、噴漆罐、書法與油漆中。

Graviky Labs 進一步與永續品牌 Pangaia 推出聯名服裝，還幫助 Dell 和 MasterCard 等大企業製作永續文宣，更積極地與知名時尚品牌 Gucci 和 Calvin Klein 合作，一同尋找革命性的染布方案。

除此之外，Graviky Labs 還設立了一個充滿野心的目標，它將透過新技術把二氧化碳轉化成塑膠、燃料和布料。Graviky Labs 的首席執行官尼基爾感慨的表示，如果不讓日常消費更具永續性，將無法真正解決氣候變遷的問題。

他們真正做到了，將汙染做為回收的資源！

2. 墨西哥 Mexico：
過濾髒空氣的未來「藻」樹 BioMitech

城市淨化神器，一棵「藻」樹＝ 400 棵成樹

SDG 涵蓋範圍：3, 6, 7, 9, 11, 12, 13, 15

BioUrban 的人造樹體裡藏了一個秘密武器「微藻反應器」。微藻的功能就像微小的細胞工廠，吞食各類溫室氣體與汙染物，再藉由光合作用，淨化空氣，生成氧氣，有助於對抗溫室效應。

全球每年有 91% 的人口暴露於大氣汙染之中。

墨西哥人對於空氣汙染可是司空見慣。做為擁有超過 2,000 萬人口的都市，墨西哥長年忍受 500 多萬輛汽車、工業排放及波波卡特佩特火山的廢氣汙染，整個城市常在空氣警報下癱瘓。

城市中廢氣汙染日漸嚴重，居民健康也亮起了紅燈。到底有什麼方法能淨化城市空氣呢？來自維拉克魯斯大學（University of Veracruz）的生物學家卡洛斯・蒙羅伊・桑皮耶里（Carlos Monroy Sampieri）日思夜想找到了一個創新方案，他在墨西哥創立了「BioMitech」，矢志將森林的濾淨能力帶進陰霾的城市，去除髒汙空氣。

若城市中的森林面積增加，就能有效幫助人們減少氣喘、肺癌、中風、心臟病等疾病。BioMitech 決定在城市各種狹小的空間造林，它設計出一款約 4 公尺高、3 公尺寬，僅占地 1.8 平方公尺，有著金屬龍捲風造型的未來「藻」樹，命名為「BioUrban」。

這棵人造樹每小時可吸入 3,000 立方公尺的汙濁空氣與微粒（CO_2、CO、NO_2、VOC、PM 10、PM2.5）。一棵就能抵 400 棵樹的淨化效果，每年能淨化約 40 噸的二氧化碳。它可與城市內的真樹相

微藻淨化二氧化碳的速度比其他陸地植物快了 10 到 50 倍。（來源：Somos Mexicanos）

輔相成，裝置於人潮、車流及交通最密集的地方。

BioUrban 的人造樹體裡藏了一個秘密武器「微藻反應器」。微藻的功能就像微小的細胞工廠，吞食各類溫室氣體與汙染物，再藉由光合作用，淨化空氣，生成氧氣，有助於對抗溫室效應。

與其他陸地植物相比，微藻淨化二氧化碳的速度快了 10 到 50 倍，是自然界碳捕捉的超級明星。使用過後的微藻，還能作為生物燃料二次回收，對環境非常友善。

第一棵 BioUrban，被種在墨西哥普埃布拉（Puebla）市的中心，成功為大學附近交通汙染最嚴重的地區帶來了淨化效果。現在永續顧問公司 ClimateTrade 與 BioMitech 展開合作，將把這棵樹帶去西班牙。

ClimateTrade 的執行長弗朗西斯科・貝納狄托（Francisco Benedito）表示：「在結構上來說，大城市中汙染最嚴重的區域無法種植大量的樹木，多虧了這項新技術，二氧化碳的捕捉得以最大化，空氣品質也獲得了改善……。馬德里、巴塞隆納或瓦倫西亞等城市的空氣都汙染嚴重，我們希望能藉由這棵樹，改善空氣品質。」

團隊還推出了藻樹 2.0 版本——「BioUrban 2.0」，在樹枝中加

第二章　生物圈：極端氣候

一棵 BioUrban 就能抵 400 棵樹的淨化效果，每年能淨化約 40 噸的二氧化碳。（來源：El Universal）

裝了空氣品質感測器與太陽能板，讓使用者可通過網路監控即時確認、記錄當前空氣品質與二氧化碳淨化情況。

　　未來「藻」樹的技術其實可應用於多個領域，團隊也推出了小樹版本，尺寸高約 1 到 2 公尺，可用於學校、飯店或餐館等室內區域，提供相當於 37 棵小樹的淨化能力。

　　除了 BioUrban 系列，團隊更針對加油站、工廠設計了「BioCov」與「High Impact BioFilter」。BioCov 是更小型版的淨化器，可有效減少加油站釋出的揮發性有機化合物，降低地面產生臭氧的機會。而 High Impact BioFilter 則可協助過濾大型工業製程所產生的廢氣。團隊現正將這兩種產品分別於美國、墨西哥的加油站，及普羅旺斯的阿爾布瓦科技大學進行測試，目標在近幾年開始量產。

　　BioUrban 的淨化價值被南美 35 個城市聯盟（CC35）看中，決心在自家城市內分別種下 200 棵樹，改善當地嚴重的空汙。

　　迄今，BioUrban 的未來「藻」樹遍地開花，從南美一路延伸到哥倫比亞、巴拿馬、英國甚至土耳其。

3. 法國 France：
全球空汙地圖 Plume Labs

空汙在哪裡，數位地圖告訴您

SDG 涵蓋範圍：3, 9, 11, 13, 17

Plume Labs 透過 AI 將來自全球數千個環境監測站的資訊與自身的監測數據，整合成一個「全球空汙地圖」（World Air Map），供使用者用手機程式獲得最快最精準的即時空汙資訊。

每年，全球有 700 多萬人死於空氣汙染。這個致命的問題，一直未獲得根本解決。羅曼・拉孔布（Romain Lacombe）和大衛・利斯米爾（David Lissmyr）挺身而出，共同創辦了「Plume Labs」。他們堅信空氣汙染是一個資訊問題，若人們能在正確的時間獲得正確的資訊，智慧能取代恐慌，甚至帶來健康。

公司還在摸索階段時，為了喚醒群眾意識，Plume Labs 與 DigitasLBi 行銷公司合作，先在英國聘雇了十隻鴿子，並為牠們穿上小背包，成立了「鴿子空汙巡邏隊」（Pigeon Air Patrol），在尖峰時段從不同地點出發，飛行 30 分鐘，即時監測倫敦的空氣汙染。牠們的小背包，裝著輕薄小巧的感測器，可以偵測二氧化碳、臭氧和其他汙染物。

測試期間，倫敦居民若將自身的訊息位置發到 X 上，並 @PigeonAir，即可立即獲得巡邏隊員回傳的該區空氣質量，如「適中」到「極差」等，使用者能藉由數據資料決定移動方向。高達 93% 的參與者表示，他們決定認真看待空氣汙染這個問題，他們無法想像有些時段倫敦的汙染竟然比北京更糟。這是一個非常有趣的互動方式，大幅提高居民對環境汙染的認知。

實驗大獲成功，Plume Labs 從空中回到陸地，募集 100 位民眾仿效鴿子攜帶設備偵測空汙狀態，希望強化產品的功能。它與法國國家科學研究中心和英國帝國理工學院合作，最終設計出了一款尺寸小巧，方便攜帶的空氣質量追蹤器「Flow」，它能偵測室內外的空氣品質，並通過藍芽與手機串聯分享空汙資訊，進行實時監測。現在最新一代的 Flow 2 不單可追蹤溫度、濕度，甚至懸浮微粒（PM1、PM2.5 和 PM10）及汙染氣體（氮氧化物和揮發性有機化合物）。更配置了一個觸控按鈕和 12 顆彩色的 LED 燈，用以顯示過去 12 小時的汙染情況，讓使用者不用看手機也能知道大概情況。

接著，Plume Labs 推出了一款免費的手機應用程式——「Plume Air Report」，一款可預測及顯示城市空汙情況的實時地圖，幫助人們更了解空氣質量的即時動態。它藉由匯集多種數據來源，如 1 萬 2 千個監測站、多種衛星資料、大氣模型與用戶們的偵測資訊，再用特殊演算法來預測未來幾天的空氣質量。跟天氣預告一樣，它不單按時間軸顯示當下空氣質量指數（AQI），更用色彩線圖告知使用者當下或未來將暴露在高、中或是低等級的汙染之下。更酷的是，它能讓使用者結合街道地圖使用，更快的避開汙染熱區。

該程式已被下載超過 50 萬次。無論是一般通勤者還是運動員，超過七成的用戶表示這款程式幫助他們調整了日常移動路線，輕鬆避開了城市的霧霾。

Plume Labs 透過 AI 將來自全球數千個環境監測站的資訊與自身的監測數據，整合成一個「全球空汙地圖」（World Air Map），供使用者用手機程式獲得最快最精準的即時空汙資訊。地圖上以不同顏色的大小動態顯示空汙情況，顏色從淺藍到黑色以區分汙染程度。Plume Labs 的共同創辦人羅曼表示，團隊希望藉由提供全球的數據，提高各國減少碳排放的積極度。

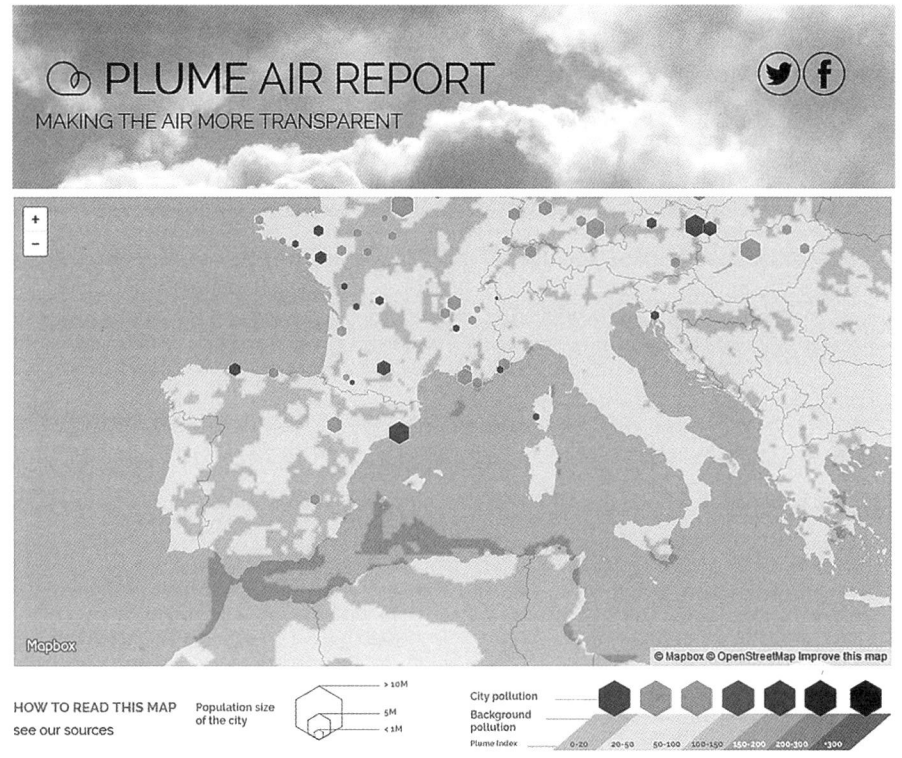

全球空汙地圖讓各區空氣汙染的情況一目了然。（來源：Plume Labs）

鴿子空汙巡邏隊，在尖峰時段從不同地點出發，即時監測倫敦的空氣汙染情況。（來源：New Atlas）

第二章　生物圈：極端氣候

看準了 Plume Labs 的潛力，2020 年，美國氣象預測公司 AccuWeather 收購了它，將既有的數據整合進氣象預測產品中。Plume Labs 現在成為 AccuWeather 氣候和環境數據中心，證明空氣汙染已成為重要指標。

　　帶著團隊加入 AccuWeather 旗下的羅曼表示：「之前我和大衛創立了 Plume Labs，旨在讓每個人都能夠獲得空氣品質資訊。……現在與 AccuWeather 聯手，是一次非凡的機會，能在全球範圍內擴大我們的影響力，幫助 15 億人避免空氣汙染。」接下來，Plume Labs 團隊將拓展他們的技術到其他環境風險領域，期望能幫助世界各地更好的防範氣候變遷問題。

4. 芬蘭 Finland：
二氧化碳「空氣肉排」
Air Protein & Solar Foods

不用修仙就能「吃空氣」，口味應有盡有

SDG 涵蓋範圍：6, 9, 11, 12, 13, 14, 17

當 Solar Foods 的 Solein 已在新加坡作為巧克力冰淇淋銷售、Air Protein 的空氣雞肉（Air Chicken）也正悄悄走向雜貨店貨架與餐桌，相信在不久的將來，這些由微生物製成的肉餅，將會像您喜愛的蔬菜、漢堡一樣普遍。

　　根據統計，地球每年新增人口約 7,300 萬。當土地持續貧瘠、水域汙染，森林被大量砍伐燒毀時，我們該如何產出足夠的糧食養活所有人？

　　古代中國道家以吸納大自然中的清氣代替穀物，這類傳說現在正由兩家知名新創公司「Air Protein」與「Solar Foods」帶入現實人生，我們真的開始品嘗「空氣」了。

　　第一家公司 Air Protein 由美國物理學博士麗莎・戴森（Lisa Dyson）和約翰・里德（John Reed）創辦，是一家致力成為全球第一個生產負碳肉品、為氣候變遷帶來解決方案的公司。它沿用 NASA 在 1960 年代進行的研究，用微生物將太空人呼吸的二氧化碳及其他物質轉換為蛋白質，為太空人製造養分。

　　Air Protein 將這個魔幻構想加以衍生，把微生物「嗜氫菌」（Hydrogenotrophs）培養在由太陽能與風能驅動的生物反應器中，藉由餵食氫氣、氧氣與二氧化碳生成蛋白質，再將之提煉、乾燥，變成可多功能使用的「高蛋白粉」。

Air Protein 生產 1 公斤蛋白質所需的土地比傳統肉類少 52 萬倍，用水量少 11 萬倍，且製作速度極快，能在短短數小時內大規模生產，再按需求加入調味料，讓味道跟口感更接近牛、豬、雞，甚至海鮮等肉品，做成「空氣肉排」（Air Meat），不再需要土地種植作物或飼養動物，為食品供應鏈帶來跌破眼鏡的革命旋風。

　　Air Protein 的肉排富含維生素、礦物質和營養成分，擁有 20 種以上的胺基酸，是大豆的 2 倍，重點是它不含任何基因改造、殺蟲劑、除草劑、成長激素、抗生素等化學成分。它的生長過程也不受限於環境，只要備好基本材料如二氧化碳、氫、水和電，即可在任何地點及條件下製作。

　　雖然 Air Protein 在測試階段使用的材料是商用的二氧化碳（可用於氣泡水的那種），但它的終極目標是通過空氣捕捉技術（Direct Air Capture），直接提取二氧化碳生產，達到減碳的作用。

　　目前，Air Protein 已推出一款富含高蛋白質的食品原料，不單可用在肉品上，更可活用於各類食品如蛋白質奶昔、運動營養品、營養棒、乳製品、穀物、義大利麵等。

　　另一方面，來自芬蘭的 Solar Foods，由帕西・瓦伊尼卡（Pasi Vainikka）與生物工藝科學家皮卡南（Juha-Pekka Pitkänen）所創辦，他們利用相似的方法，將從空氣和永續能源中製造出的蛋白質，命名為「Solein」（別稱「太陽蛋白」）。Solein 具有 70% 的蛋白質、10% 的脂肪、15% 的膳食纖維和 5% 的營養素，碳排放僅為傳統植物蛋白的五分之一。

　　皮卡南分享他們額外的配方來自一種依靠氧化氫獲取能量的微生物，這些生物經過發酵和乾燥處理後，會變成帶著堅果與奶油香氣的淡黃色的粉末，可直接作為食品加工，拿來做義大利麵或冰淇淋，效果出奇得好。

第二章 生物圈：極端氣候

Air Protein 的肉排富含維生素、礦物質和營養成分，擁有 20 種以上的胺基酸，是大豆的 2 倍。
（來源：Dezeen）

　　此刻，Solar Foods 已在芬蘭蓋好全球首座空氣蛋白質製造工廠，以五分之一公頃的土地面積，每年生產 160 噸 Solein 粉末，準備將產品推廣至海外市場。

　　眼看 Solar Foods 已在擴增產能，Air Protein 也不落人後，2023 年與全球最大食品貿易巨頭 ADM 簽訂策略合作，共同建立一座大型生產工廠。

　　隨著這場競爭白熱化，空氣蛋白質的技術正逐漸從實驗室走向主流市場，為人們即將面臨的糧食危機帶來新的解決方案。當 Solar Foods 的 Solein 已在新加坡作為巧克力冰淇淋銷售、Air Protein 的空氣雞肉（Air Chicken）也正悄悄走向雜貨店貨架與餐桌，相信在不久的將來，這些由微生物製成的肉餅，將會像您喜愛的蔬菜、漢堡一樣普遍。

5. 美國 United States：
二氧化碳奶油 Savor

驚世食譜，二氧化碳＋水＋化學式＝？

SDG 涵蓋範圍：2, 9, 11, 12, 13, 17

在比爾・蓋茲的大力支持下，Savor 開發出一種尖端技術，將二氧化碳與水結合，製成香醇奶油。它的口感及質地，與傳統奶油一模一樣。

　　猜猜看比爾・蓋茲（Bill Gates）最喜歡的食物是什麼？答案是乳香味十足，嚼起來香濃多汁，咔嗞咔嗞作響的起司漢堡。

　　起司漢堡好吃的秘訣，就在夾層中的動物脂肪，賦予食物獨特的「口感」，讓人回味再三。

　　不幸的是，這般動人的美味，帶來了不少的二氧化碳排量。根據聯合國糧食及農業組織（FAO）的調查，畜牧業，包含所有乳製品和肉類產業所排放的溫室氣體，占全球碳排放總量的 14.5%。

　　有沒有什麼法子，換個方式生產食品？好比直接把能源轉換成食物？凱瑟琳・亞歷山大（Kathleen Alexander）和伊恩・麥凱（Ian McKay）2020 年開始探討這個問題。

　　當伊恩打趣的反問：「好吧，不然我們來吃吃看化石燃料？」他們天馬行空的探討各種可行性，最後發現，根據化學結構，製作合成脂肪是可行的。

　　2022 年，他們一同成立了公司「Savor」，決定用合成科學來生產動物脂肪，減輕環境負擔。

　　在比爾・蓋茲的大力支持下，Savor 開發出一種尖端技術，將二氧化碳與水結合，製成香醇奶油。它的口感及質地，與傳統奶油一模一樣。

Savor 的二氧化碳奶油，口感及質地，與傳統奶油一模一樣。（來源：Savor）

　　那麼，Savor 到底是怎麼提煉奶油的呢？首先，它從空氣中捕捉二氧化碳，再從水中提取氫氣，最後將它們一起加熱、氧化，分離出脂肪酸後，按固定的化學程式配置脂肪，再將它們加工成類似傳統奶油的產品。

更酷的是，奶油只是 Savor 眾多以脂肪為基礎製造的產品之一。它還能製作起司與牛奶，甚至是香甜的冰淇淋。

Savor 其實不是世界上第一個嘗試用碳製造奶油的公司，早在第二次世界大戰期間，就有一位德國化學家為了解決糧食短缺問題，成功用煤研發出一款人造奶油，供給軍隊與民眾食用。

但 Savor 與眾不同之處，在於它能製造與動物產品完全相同的生物脂肪，卻不會帶來傳統畜牧業造成的環境損失，生產過程不需要用到耕地、肥料和大量的水。

傳統製作一公斤的奶油會生產 16.9 公斤的二氧化碳，但 Savor 的特殊奶油只會帶來 0.8 克，趨近於無，是極為環境友善且永續的替代方案。

Savor 的創新技術將對現在的生態環境帶來新的革命，它能有效減少畜牧業因生產乳製品產生的溫室氣體排放，也能減少我們對農場牲畜的依賴。

親自品嘗過 Savor 特製奶油的比爾·蓋茲，在自己的部落格上分享道：「我嘗過 Savor 的產品，無法相信我不是在吃真正的奶油……。改用實驗室製造的油脂，這個想法乍看之下很奇怪，但它們大幅減少碳足跡的潛力無窮。通過利用成熟的技術和工藝，我們離實現氣候目標又近了一步。」

但如何讓世界更容易接受這類產品，最終仍回到定價問題，因為跟環保的選擇相比，畜牧業成本更低廉，這也是 Savor 正在努力的地方。

Savor 的執行長兼共同創辦人凱瑟琳表示，Savor 目前還在為產品的上市做準備，尚在等美國監管單位的批准，預計最快 2025 年便能正式將這款特製奶油送進美國的餐廳及市場，供消費者品嘗。

團隊同時已迫不及待的在跟許多知名的主廚與烘焙師合作，研發各種用特製奶油烹調的美味食譜，讓民眾享受佳餚的同時，快樂的守護地球。

6. 冰島 Iceland：
二氧化碳煉化岩石 Carbfix
玄武岩是真愛，一生一世不分離

SDG 涵蓋範圍：7, 9, 13, 17

Carbfix 執行長阿拉多蒂爾博士（Dr. Aradottir）開心的表示，她們的實驗出乎所有研究人員的意外，本以為要花上十年甚至上百年才能完全礦化，沒想到僅在短短兩年內，95% 的二氧化碳徹底礦化成岩石。

每年，人類朝大氣至少釋放 350 億噸二氧化碳，讓地球灰頭土臉幾乎喘不過氣來。

近幾年，全球碳排放量來到歷史新高。當各國絞盡腦汁嘗試用各種方法減少二氧化碳排放時，北歐國家冰島採取了一個相對魔幻、粗暴，卻極有效果的辦法來減緩氣候暖化：將二氧化碳直接煉化成岩石。

隱藏於冰島西部雪山與蒸氣之中，有一座巨大的設施。它是赫利舍迪地熱發電站（Hellisheidi Power Station），是撐起冰島全國電力的地熱發電站，也是世界第三大地熱發電站。赫利舍迪利用火山將水加熱，帶動渦輪產生電能，同時也帶來大量的火山岩氣及二氧化碳。儘管跟火力發電產生的廢氣相比不值一提，但赫利舍迪地熱發電站仍想改善這個情況，他們推出了一個名為「Carbfix」的計畫，將二氧化碳送回地底封存。

Carbfix 項目由雷克雅未克能源公司（Reykjavík Energy）、法國國家科學研究中心（CNRS）、冰島大學、哥倫比亞大學及冰島總統本人共同發起，並於 2019 年成立公司，獲得歐盟資金支持。

Carbfix 與專門捕捉二氧化碳的新創公司 Climeworks 合作，藉

Carbfix 團隊將赫利舍迪
地熱發電站生成的
二氧化碳送回地底封存。
（來源：Reuters）

由強化「碳捕獲與封存技術」（CCS），將收集好的二氧化碳透過一台「大型蘇打機」液化，融入水中，將之變成碳酸水，再傳輸到 2 公里外一間彷若傳統冰屋的立方建築中，把水注入地下 3,200 英尺深的玄武岩裡。

玄武岩是地球上最常見的岩石之一，含有鈣、鎂、鐵等化學元素。只要幾個月的時間，這些元素將與碳酸水產生化學反應，形成固體碳酸鹽（Solid Carbonates），最後完成礦化，變成常見的方解石與鎂方解石。二氧化碳會被牢牢困在礦石的多孔結構中，封存百年，無法逃脫。

Carbfix 執行長阿拉多蒂爾博士（Dr. Aradottir）開心的表示，她們的實驗出乎所有研究人員的意外，本以為要花上十年甚至上百年才能完全礦化，沒想到僅在短短兩年內，95% 的二氧化碳徹底礦化成岩石。

這種創新方法可被活用於其他發電廠、重工業、或大量排放二氧化碳的地方。與傳統碳處理相比，一來減少對其他能源設備與化學添加劑的依賴，二來能直接複製於任何靠近水源與玄武岩層的地方，如西伯利亞、印度西部、沙烏地阿拉伯及太平洋西北地區。

看準 Carbfix 的潛力，目前全球已有 10 個地點正式啟用 Carbfix 的碳封存方法。

自 2012 年以來，Carbfix 已向下注入了超過 10 萬公噸的二氧化碳。在 Climeworks 的幫忙下，Carbfix 在冰島設立兩大碳捕捉工廠，分別為「虎鯨」（Orca）與「長毛象」（Mammoth），預計每年可捕捉、封存 3 萬 6 千多噸二氧化碳。Carbfix 渴望在 2030 年前，至少封存百萬噸的二氧化碳。

除了陸地上的突破，Carbfix 還有海下計畫。團隊目前積極與瑞士政府合作一項名為「CO2SeaStone」的研究計畫，將二氧化碳與海水混合，用以取代淡水，完成礦化。Carbfix 表示若實驗順利，將大幅拓展技術的應用範圍，幫助缺乏淡水資源的國家封存二氧化碳。

為了回應與日俱增的需求，在歐盟的支持下，Carbfix 展開「跨境二氧化碳儲存和運輸」計畫，預計於 2026 正式接受北歐其他工業場地的二氧化碳運輸。若這項計畫成功，將會是歐洲阻止氣候變遷上飛躍的一步。

7. 美國 United States：
餵牛吃紅海藻降低甲烷
Blue Ocean Barns

吃了紅海藻，連屁都是香的

SDG 涵蓋範圍：9, 11, 12, 13, 14

Brominata 是紅海藻的一種，透過控制海藻的生長條件培育而成，團隊用這款海藻與獨特配方製作紅藻補充劑。只要將它加入乳牛日常伙食中，不論是青草、乾草、紫花、苜蓿還是其他飼料，皆能有效降低乳牛的甲烷排放量。

清晨起床，享用一杯鮮醇牛奶，搭配煎蛋與吐司的美味早餐時，人們可能不知道，牛是製造溫室效應的禍首之一。

甲烷，在牛消化食物時產生，是一種特別強烈的溫室氣體，占全球排放量的四分之一。您知道嗎？一頭成年乳牛製造的排放量等同於一輛汽車。當全世界超過15億頭的牛一起排放時，該是多驚人的數字？！

加州是美國第一大牛奶生產地，更是乳牛排放甲烷最多的地方。州政府規定，該州必須在 2030 年將乳製品產生的甲烷量在 2013 年的基礎上減少 40%，才能實現氣候目標。

如何讓牛隻減少甲烷排放？2018 年前，大家都一籌莫展。直到近三年，加州大學戴維斯分校在科學期刊《清潔生產》（Journal of Cleaner Production）上發表了一項研究，證明只要在乳牛每日糧草中加入幾盎司的紅色海藻，即可減少甲烷氣體的產生。

這篇研究像暗夜中的一道曙光，引起了在牧場長大的瓊‧薩爾文（Joan Salwen）的注意。她與麥克‧布拉克（Mike Bracco）、馬特‧羅特（Matt Rothe）在史丹佛大學舉辦的一場社會創新解決方案論壇

Brominata 是紅海藻的一種，透過特殊的生長環境培育而成。（來源：Blue Ocean Barns）

相識，發現彼此都十分關注農牧業碳排放問題，便聯手在夏威夷成立了公益公司「Blue Ocean Barns」，以減少全球牛肉與乳製品行業產生的溫室氣體為己任。

他們花了數年時間對紅海藻（Asparagopsis Taxiformis）進行實驗，確認它對乳牛的影響及功效，終於研發出名為「Brominata」的產品。

Brominata 是紅海藻的一種，透過控制海藻的生長條件培育而成，團隊用這款海藻與獨特配方製作紅藻補充劑。只要將它加入乳牛日常伙食中，不論是青草、乾草、紫花、苜蓿還是其他飼料，皆能有效降低乳牛的甲烷排放量。

經過多個研究單位證實，Brominata 及其配方不會對乳牛造成影響，也不會改變牛奶或肉類的成分與味道。在美國農業部（USDA）和加州食品與農業部（CDFA）的允許下，Blue Ocean Barns 與加州代表性的乳製品公司 Straus Family Creamery 合作，在 Straus 的有機牧場展開迄今規模最大、時間最長的活體測試，乳牛三餐都餵食海藻補充劑。

甲烷，在牛消化食物時產生，
是一種特別強烈的溫室氣體。（來源：Blue Ocean Barns）

　　為期 50 天的實驗期間，Straus 在 24 頭乳牛每天 45 磅的糧草中加入了四分之一的紅藻補充劑，這些乳牛每天要接受 4 次甲烷排放檢查，好確定海藻補充劑的效果。根據調查，Straus 乳牛的甲烷平均排放量減少了 52%，最高達 90%。這 24 頭乳牛在七周內成功減少了 5 噸溫室氣體（二氧化碳當量）的排放。

　　實驗大獲成功，見證這一切的瓊充滿使命感的說：「紅海藻能徹底的降低乳牛腸道的甲烷排放量，這正是當下地球最需要的解決方案。」迄今，Brominata 已獲得加州食品與農業部的授權，可將公司調配的海藻補充劑作為美國牛隻的消化補助品進行商業使用。

　　Blue Ocean Barns 正積極與食品公司如 Ben & Jerry、Straus Family Creamery 和 Clover Sonoma 合作，幫助他們生產低碳的肉與奶製品。

　　與此同時，團隊也與加州的海藻工廠 Blue Evolution 展開策略合作，希望產量增加，能輸出國外，加快全球減碳的速度。

8. 英國 United Kingdoms：
無人潛艇製冰保護北極海 Real Ice
全自動海水製冰機，還給北極熊一個家

SDG 涵蓋範圍：8, 9, 10, 11, 13, 14, 15, 17

今日北極仍有 400 萬居民仰賴冰層捕魚、狩獵、交通。為減少住民因冰層流失而產生的經濟損失，Real Ice 正努力推動原住民理事會參與開發過程，希望當地社區學會使用產品，能於未來四年生成足以覆蓋北極海灣的海冰。

　　北極在維持氣候穩定方面，扮演著極為重要的「冷」角色。不幸的是，這個冰雪之地正以前所未有的速度融化。根據估計，到 2030 年，北極將面臨一個無冰的夏天，這將是一個災難性的「藍海事件」，影響地球上所有的生靈。

　　近十幾年來，北極暖化速度是全球平均的 3 倍。當地的溫度已比 1980 年高出 3°C，隨著溫度升高，95% 最厚、最古老、反照率效應（表面反射太陽光熱度的能力）最強的北極冰層正在加速融化。

　　儘管冬季冰層仍會凝結，但夏季的融冰力道太強，新冰層太單薄，反射能力弱，讓夏季的陽光直接照耀在海洋上，加熱海水，加快融冰。

　　可怕的是，北極的暖化讓永凍土層也開始融解。僅在阿拉斯加，就有 2 個原住民社區因海平面上升被迫遷移，另有 12 個社區瀕危。野生動物如北極熊、海象的棲息地大幅縮小，生態迎來新的浩劫。

　　「Real Ice」是一家新創公司，誕生於英國班戈大學（Bangor University），設計出一款「天然製冰機」來加厚海冰、恢復環境並保護北極動物棲息地。

　　這個靈感來自於天體物理學教授史蒂芬・戴茨（Steven Desch）。

Real Ice 的天然製冰機能加厚海冰、恢復環境並保護北極居民與動物的棲息地。
（來源：BBC）

　　他在美國地球物理聯盟的《地球的未來》雜誌上提出百萬水泵製冰計畫——將無數個風力水泵放到冰上，把海水製成新冰，通過加厚冰層減少反照率效應。

　　傳統的水泵製冰多用於各類休閒、商業場所如滑冰賽場、公共溜冰場等，這些水泵都是以柴油為動力。Real Ice 將計畫稍作調整，用更現代、創新的方式為冰原「製冰」。

　　Real Ice 使用再生能源如氫能、太陽能和風能作為動力，將造型像魚雷一樣的小小無人潛艇送到海冰底下航行，邊前進邊偵測上層海冰的厚度。當遇到厚度較薄的海冰時，潛艇直接朝上鑽洞，抽取冰下尚未結冰的海水，像花園灑水器般向周圍噴灑。在 -50°C 的空氣下，

最上層的海水會再度凝結成冰，加強既有海冰的厚度，撐過夏季，不至於融化。完成任務的潛艇會自行返回充電中心，充飽電，重新出發。

Real Ice 共同執行長安德烈・齊可里尼（Andrea Ceccolini）表示，在氣候變遷的情況下，炎炎夏季，北極海冰面積僅剩 400 萬平方公里。雖然困難，但他與團隊企圖心熊熊，目標是將海冰擴增到 700 萬平方公里，恢復到 1980 年代的面積。

這個行為雖然瘋狂，但 Real Ice 已獲得聯合國驗證，加入了「未來加速器」計畫（For Tomorrow）。Real Ice 的創辦人兼執行長西恩・謝爾文（Cian Sherwin）感慨的說：「如果我們的專案能成功，我們將為人類爭取到更多時間，讓人類在其他必要的氣候變遷緩解措施上，取得更多進展。」

今日北極仍有 400 萬居民，仰賴冰層捕魚、狩獵、交通。為減少住民因冰層流失而產生的經濟損失，Real Ice 正努力推動原住民理事會參與開發過程，希望當地社區學會使用產品，能於未來四年生成足以覆蓋北極海灣的海冰。

根據團隊的計算，1 噸二氧化碳能被 11.5 × 11.5 公尺的海冰抵銷。2024 年 1 月，Real Ice 於加拿大努納武特省劍橋灣進行為期 10 天的大規模製冰測試，並根據冰層增加的反照率冷卻效果出售「冷卻信用」。Real Ice 希望它可以像「碳信用」一樣進入市場，幫助北極住民藉由「製冰」獲得經濟與生存的權利。

製冰救北極之路，Real Ice 並不孤獨，來自荷蘭的 Artic Reflection 使用相同的方法，在保護北極冰的路上獻上心力。他們一同與劍橋大學氣候修復中心（Center for Climate Repair）展開合作，前往加拿大北極研究站（Canadian High Arctic Research Station）展開北極 100 平方公里造冰的實驗，希望全球致力減碳之餘，能加快恢復海冰的速度，阻止北極藍海的出現。

9. 巴西 Brazil：
聖洛都 + 3°C Los Santos + 3°C
親自體驗，升溫 3°C 的末日世界

SDG 涵蓋範圍：6, 9, 11, 13, 14, 17

直接體驗一個模擬世界帶來的感官震撼，比讓年輕世代看新聞報導更能引起共鳴，「聖洛都 + 3°C」強化了 Z 世代保護地球的行動意識，更為娛樂與科技產業帶來寓教於樂的創新示範。

氣候災變日益嚴峻，但對未曾居住在極端氣候帶的政府與居民而言，彷彿一則流言，無關痛癢。

綠色和平組織（Greenpeace）的巴西分部，為了與數位族群 Z 世代有更親密的接觸，在行銷公司聖保羅 YML&R 的幫助之下，把腦筋動到了遊戲上。他們需要一個知名又有代表性的虛擬城市，讓使用者親眼見證當溫室效應惡化，世界會面臨什麼樣慘狀？經過熱烈討論，團隊最後選上了聖洛都（Los Santos）——它是美國知名動作冒險遊戲《俠盜獵車手》（Grand Theft Auto Online）中，最富盛名的城市。

在綠色和平科學家的指導下，團隊與遊戲公司 Rockstar 創作出一款特殊版的《俠盜獵車手》，別名為「聖洛都 + 3°C」（Los Santos + 3°C）。這是一款用真實的科學推演數據，模擬聖洛都的溫度增加 3°C 會發生什麼狀況的世界。

團隊以此為核心，重新設計遊戲中 2,000 多個物件、增加 250 位非玩家角色、繪製超過 100 張模擬圖，並提供新任務給玩家體驗。最特別的是，它貫徹《俠盜獵車手》開放式的風格，讓玩家能在遊戲中「改變」一切，甚至能直接連署與捐款給他們所支持的氣候行動。

遊戲上市後，為了滿足大家的好奇心，團隊特別邀請 50 位巴西知

第二章 生物圈：極端氣候

玩家必須配戴口罩、面具避免空氣汙染，
協助當地居民到達安全所在。（來源：IGOR PONTES）

名遊戲玩家到直播平台 Twitch 上分享遊戲體驗。直播主展示了一系列氣候變遷帶來的災害，如酷熱的氣候、乾枯的河床以及崩壞的經濟體系。隨著磅礡大雨，高速公路與岸邊小鎮陸續淹沒，許多氣候難民出現，為了短缺的水與糧食你殺我奪，犯罪事件層出不窮。

103

在逼真的體驗過程中，玩家會親眼目睹聖莫妮卡碼頭（Santa Monica）被海水吞蝕、加州海岸消失、整個遊樂園泡在水中等等情境，他們必須配戴口罩、面具避免空氣汙染，協助當地居民遷移，駕駛直升機、快艇、潛艇運送物資，幫落難民眾到達安全所在。

執行任務時，玩家會在路邊看到大型廣告看板，上面寫著氣候浩劫、動物滅絕等資訊，還能收聽聖洛都的線上廣播，報導哪些區域無法通行、哪些地方出現械鬥以及瘟疫傳染……，讓玩家全方位體驗生活在極端氣候下的可怕。

整個活動還搭配了一個獨立的官方宣導網頁，講述目前氣候變遷將對聖洛都、巴西及整個現實世界的影響，接著他們會收到來自綠色和平的善意詢問：「您是否願意協助那些受到氣候事件影響的人們？」並一同請願呼籲市長、官員們加速行動應對極端氣候的到來。

「吸引人們參與的第一步是讓他們了解問題所在。這款遊戲讓玩家能親身體驗世界不同地區已經在發生的事情。」VML&Y 的首席顧客長拉斐爾・皮坦吉（Rafael Pitanguy）評論道。而綠色和平的發言人羅德里戈・赫蘇斯（Rodrigo Jesus）強調：「透過這個遊戲版本，我們希望年輕人意識到，如果政府不立即採取必要措施，我們將活在同樣的惡夢當中。」

結果，活動的第一周，就引發熱烈迴響，巴西與各地的直播主創造了超過 450 小時的直播內容，等於讓潛在玩家們在遊戲社群看了 800 萬分鐘的專案內容。同時，綠色和平在遊戲中安排的連署數量增加了 340%、捐贈成長了 40%，更獲得了高達 3,000 萬媒體播放量。

直接體驗一個模擬世界帶來的感官震撼，比讓年輕世代看新聞報導更能引起共鳴，「聖洛都 + 3°C」強化了 Z 世代保護地球的行動意識，更為娛樂與科技產業帶來寓教於樂的創新示範。

10. 美國 United States：
AI 智能系統防止森林大火
The Prevention Grid

搶先通報失火，AI 野火偵測系統屢屢建功

SDG 涵蓋範圍：9, 11, 12, 13

為了監測幅員廣大的面積有無野火蹤跡，團隊操作無人機以 360 度視角掃描拍攝數千張實時照片、影片供 AI 系統學習，讓它能即時透過攝影機辨別電線桿附近是否有乾燥植栽或星星火苗，任何導致失火的蛛絲馬跡。

近幾年，加州野火的範圍擴大了 500%！

2018 年知名的伍爾西大火（Woolsey Fire），燒毀了超過 96,000 英畝的土地，奪去了 3 條人命。2025 年 1 月肆虐的洛杉磯野火，更是全球矚目的大事件。

常年受野火問題攪擾，在加州服務面積接近一整個希臘國土約 5 萬平方公里的南加州愛迪生電力公司（Southern California Edison，簡稱 SCE），在歷經幾次火災事件後，決定認真迎戰「失火危機」。

為了保護火災高風險區的 30 萬根電線桿與 14,000 英里的電線，SCE 選擇先「加固電網」。安裝了超過 5,700 英甲的電鍍電線，塗上三層塑膠，防止電線燃燒起火。又將所有電線桿更換為防火桿，在上面覆蓋防火網。SCE 這些措施有效降低了八成以上的野火風險。

同時 SCE 與 Deloitte Digital 展開合作，運用科技的力量，彌補人工監測的不足，它們建立了一個智能偵測系統，防止火災。

為了做到這一點，SCE 大幅強化既有的地面監測程式，並將所有的拍攝影像標準化。接著，團隊按照偵查需求量身訂做了一款 AI 視覺

SCE 額外部署了
1,770 個氣象站，
好掌握最新氣象。
（來源：SCE）

根據加州消防局統計，
40% 的野火在收到
911 通報前先被 AI 發現，
及時阻止火焰蔓延。
（來源：CNN）

辨識程式，當收到新捕捉的影像時，它能先行判斷，快速檢查問題。譬如定義拍到的內容為何、電桿上有哪些物件及當下的營運狀態等。經初步測試，團隊發現新的視覺辨識軟體，可以大幅提高日常的檢查效率與正確率。

為了監測幅員廣大的面積有無野火蹤跡，團隊操作無人機以 360 度視角掃描拍攝數千張實時照片、影片供 AI 系統學習，讓它能即時透過攝影機辨別電線桿附近是否有乾燥植栽或星星火苗，及其他任何能導致失火的蛛絲馬跡。

日常偵查時，AI 系統會自動搜尋可疑現象，看到異常會立刻標以紅框，發現煙霧確認野火，將立即通報加州消防局與中央控制系統。根據加州消防局統計，40% 的野火在收到 911 通報前先被 AI 發現，及時阻止火焰蔓延。

迄今，該系統幫助 SCE 團隊分析了 20 萬支電桿，並及時發現 800 支電桿的問題，在 24 小時內通報團隊完成維修。

SCE 已在服務範圍內部署了 200 台高解析野火偵測攝影機，覆蓋近 90% 的高火災風險區域，所有的攝影機同時與加州防災系統 ALERTCalifornia 實時串連，讓消防機構及普羅大眾隨時確認野火情況。

SCE 更額外部署了多達 1,770 個氣象站，確保能及時掌握最新氣象，再利用 AI 演算法的優勢，提高天氣預報的準確性，好及時關閉公共電源，保護社區安全。

「目睹了極端天氣毀滅性的影響後，我們的野火緩解工作將為電力系統增添韌性，幫助我們應對千變萬化的氣候。」SCE 營運執行副總吉爾・安德森（Jill Anderson）說道。

吉爾欣慰的分享，根據統計，2023 年，該系統有效幫助 SCE 降低高風險電網的電力停工率約 70%，也降低野火傷害達 65%，居民獲得了更大的安全感，電力也比以往穩定。

現在團隊正積極開發新的檢視系統，希望能用機器運算預測設備故障的時間，提早防範，將意外與風險遠遠拋開。

11. 台灣 Taiwan：
3D 災害潛勢地圖

台灣災難知多少，颱風、地震、豪大雨

SDG 涵蓋範圍：4, 9, 11, 13

這個地圖有多厲害呢？它涵蓋了台灣所有可能發生的災害：淹水、土石流、斷層、地震、土壤液化、海嘯、核子事故及火山等。

對台灣影響最大的災害有三：颱風、地震、豪大雨。

颱風挾帶暴雨，釀成水災，家家門前有小河；地震液化土壤，地層下陷，五樓直接變二樓。

每當這三巨頭出現，大家會立即開電視上網路，擷取最新災情動向，確認次日是否上班上課。

各電視台新聞記者深入北中南，報導各地創傷：河溪暴漲道路塌陷、路樹斷裂招牌砸人、落石山崩家園淹沒、土石流襲捲偏鄉部落……，有時災情嚴重卻未達放假標準，民眾只能怨嘆地在颱風天出門，牽著機車在泥水中滑行。

國家災害防救科技中心的 3D 災害潛勢地圖，讓民眾能直接確認各類災害風險。
（來源：國家災害防救科技中心）

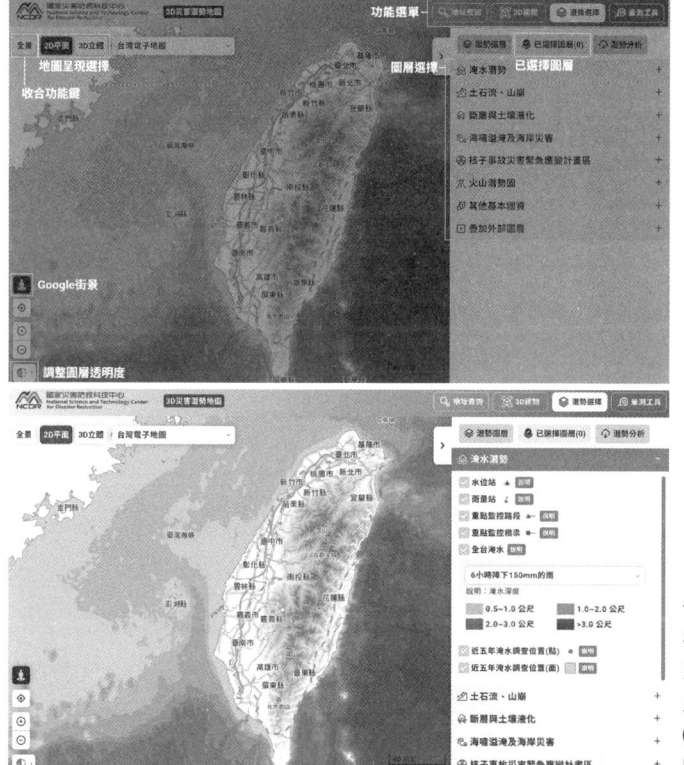

使用者只要進入網頁，在選單上選擇類別，即可獲得詳細的災害潛勢報告。（來源：國家災害防救科技中心）

與日本不同，台灣政府並未強制房產業者告知購屋者天災風險。普羅大眾該如何判斷住所附近是否潛藏危險，以免買到雷區？國家災害防救科技中心（National Science and Technology Center for Disaster Reduction）為此特別製作「台灣3D災害潛勢地圖」，讓民眾直接在網站上確認各類災害風險，避開危險區域。

3D災害潛勢地圖亦有助於政府、警消單位，針對高風險地區加強巡防，調度物資，派遣移動式抽水機清理淤泥、障礙物等，提早撤離民眾，減少災損。

這個地圖有多厲害呢？它涵蓋了台灣所有可能發生的災害：淹水、土石流、斷層、地震、土壤液化、海嘯、核子事故及火山等。

使用者只要進入網頁，輸入地址，在潛勢選單上選擇類別，按下分析，即可獲得詳細的災害潛勢報告。更酷的是，系統還提供模擬功能，讓使用者按天災類別，選擇不同的條件如雨量及時間（6、12、24小時）、調查影響範圍及傷害程度。

3D災害潛勢地圖如何應對三大巨頭呢？面對颱風、豪大雨，大家要擔心的是淹水及土石流。住在山下的民眾可在網站災害類別選擇淹水及土石流，了解是否處於低窪地段？可能淹水的深度？及落石、順向坡、岩體滑動等資訊，確認住家是否處於高風險地區。

至於近期多次出沒的地震，在頻繁的震動下，恐帶來土壤液化及海嘯。住在海邊的民眾可選擇土壤液化及活動斷層類別，搭配建築物檢查表（有無耐震設計、有無三層地下室、是否非液化層如黏土層等）來評估建物的安全性，進一步了解海嘯及海岸災害的溢淹範圍、深度，確認是否走為上策？

最後值得一提的，是3D災害潛勢地圖的火山風險分析。位於台灣北部的活火山大屯火山，人狠話不多，仍在安靜地進行火山運動。系統與大屯火山觀測站的監測訊息連動，使用者可隨時掌握最新情況，同步檢查其他火山群如小油坑、大油坑及七星山火山群可能造成的熔岩、碎屑範圍，搶在火山噴發前，全身而退。

網站所有的風險數據是根據團隊歷年收集的資料及科學推算，不代表災難必然發生，大家不用太過擔憂；同理，就算查詢的位置未顯示任何威脅，您也不能掉以輕心。

有了3D災害潛勢地圖，民眾能警醒地面對極端氣候災害影響，化被動為主動，做好萬全準備，安心迎接明天的到來。

12. 波多黎各 Puerto Rico：
颶風暴風眼追蹤器
The Eye Tracker

愛來不來好任性，超強 APP 掌握颶風動線

SDG 涵蓋範圍：9, 11, 12, 13

「暴風眼追蹤器」是第一個三維大氣可視化工具，它讓使用者能用第一人稱視角置身於颶風眼中⋯⋯，以 3D 的方式看清這些現象的危險性，做好充分的準備。

每當颱風來襲，尚未得知第二天是否上班上課，台灣人就會衝去超市掃貨：買青菜、泡麵、罐頭、零食⋯⋯，貯存食物準備防颱。

加勒比海地區有一個地方跟台灣一樣，當地居民對颶風十分敏感，只要一聽到颶風逼近，就會大肆進行非理性購物，這個地方就是波多黎各，它是大安地列斯群島四個大島中最小的一個島。

波多黎各每年有好多次颶風警報，雖然不見得都會登陸，但人們只要一聽到「颶風」，就直奔商店，造成許多商品囤積浪費，甚至讓真正有需要的家庭買不到物資。

一家在波多黎各十分知名的大型連鎖超市 SuperMax，對於這種情況十分苦惱，為了減少浪費，它與行銷公司 De La Cruz Ogilvy 展開合作，耗時兩年，終於設計出一款能幫助居民找回理智的手機應用程式「暴風眼追蹤器」（The Eye Tracker）。

這是一款很厲害的程式，它可以同時在手機與電腦介面上使用。它與波多黎各國家颶風中心（National Hurricane Center）、美國國家颶風中心（NHC）和美國國家海洋暨大氣總署（NOAA）的實時數據結合，搭配手機本身的衛星定位系統與可用來判別方位的陀螺儀和

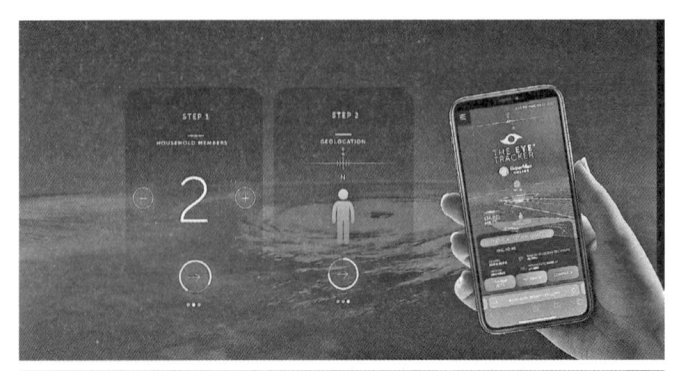

通過「暴風眼追蹤器」，
用戶只要滑動
或旋轉手機，即能找到
颶風的所在位置。
（來源：de la Cruz）

加速度計，讓使用者能直接在操作介面上，看到一個 3D 的小颶風。

　　只要滑動或旋轉手機，使用者能即時找到暴風眼的位置，程式將顯示颶風目前移動的路徑、與使用者的距離、會產生什麼影響、還有多長時間可以做防災準備等重要資訊。

　　「暴風眼追蹤器」是第一個三維大氣可視化工具，它讓使用者能用第一人稱視角置身於颶風眼中⋯⋯，以 3D 的方式看清這些現象的危險性，做好充分的準備。

　　若不方便使用定位系統，使用者也能自行勾選所在地，或是點選大概的方位，接著系統會詢問使用者家庭的人口數，推薦購買的必需品與數量。最酷的是，它內設類似 Uber Eat 的生鮮購買服務，會自行

選擇使用者就近位置的SuperMax線上商店（SuperMax Online），待使用者確認，系統會自行完成線上訂貨，安排配送。使用者不用到超市人擠人，只要安心在家等著，物資就會送上門。

活動尚未正式開始，團隊提早4個月，趕在颶風季前，積極教育普羅大眾如何使用這個應用程式，避免非理性採購等相關知識。團隊更邀請了波多黎各當地知名的氣象專家代言，並與多達50個SuperMax經銷的大品牌一起合作推廣。

活動起跑，颶風來臨的那幾天，手機版的「暴風眼追蹤器」獲得了當地多達6.2萬人次的互動，而電腦版的互動更多達75萬次，叫人意外的是，提醒群眾不要亂買的SuperMax銷售額，相較同年大幅成長了78.93%。

這個專案最棒的地方，在於幫助當地人獲得更精確的颶風預報之餘，能適切的建議每個家庭哪些用品該買、哪些不該買，確保社區所有人都能獲得足夠的食物與物資。

13. 台灣 Taiwan：
最強地震速報 APP

地震突襲，把握黃金逃難時間

SDG 涵蓋範圍：4, 9, 11, 13

得知爆紅地震手機應用程式的藏鏡人當時都是高中生，民眾紛紛獻上膝蓋，感謝團隊免費開放給國人使用，更建議開啟「贊助」功能，讓大家能用新台幣的力量，給予實質肯定。

記得紅極一時的災難片《加州大地震》中，科學家們抱著電腦緊張地盯著震波，尖聲吶喊強震來了、還有幾秒……，要同事快快躲到桌子底下，場面驚心動魄！如今台灣擁有了比影片中更快、更精準的系統，用手機就可以得知當下地震的距離和應變秒數。

繼 921 大地震後，2024 年 4 月 3 日花蓮 7.2 強震成為近 25 年來最大的地震。餘震不斷，人心惶惶，深怕下一秒又地牛翻身，為了更精準地掌握地震訊息，地震速報的手機應用程式需求大增。

繼知名，能倒數計時地震發生時間的「KNY 台灣天氣‧地震速報」，一款被網友評為地表最快，名為「DPIP 災害天氣與地震速報」的程式廣受好評，開發者還是一名高中生。

復旦高中畢業的林睿，是這款手機程式的開發者之一。身為學霸的他，對地球科學充滿熱忱，也是全國科展的榜上冠軍，早在 2018 年目睹強震造成大樓傾斜，便開始尋思有什麼法子能更快獲得地震資訊，讓民眾抓住黃金逃命時間。他一頭扎進地震減災研究，一鑽研就是好幾年。

在技術夥伴郭宸毓的協助之下，DPIP 這款程式不單同步更新氣象署的詳細資料、開放大眾查詢近期地震的分布位置，更能在地震發生的 5 秒內，顯示震波還有幾秒將抵達民眾所在地，對高樓環境的影響，讓

大家及時逃離。

林睿表示，團隊將自己研發的「現地型」地震預警與氣象署的「區域型」地震預警做結合，變成一種「複合式的預警系統」，縮短訊息通知時間，用比氣象局更快的速度，在地震發生後 3 秒，就傳送警報給民眾，告知規模、震源及深度等資訊。

「2022 年的池上地震，DPIP 地震預警第一波發出去後，台北大約有 50 到 60 秒的應變時間，人們可以及時疏散屋外。當時開發這套系統，就是想要減少地震對房屋的災損，讓人心裡有點準備。」林睿分享道。

他們研發的地震儀十分小巧，是一款體積小於一般行動電源的小型加速度傳感器模組。靠著 15 人的團隊，在全台 180 個地方建置、維護觀測站，確保預警系統能在全台各地獲得第一手訊息。

更酷的是，這些觀測站多數是熱心民眾花錢購買的，一組地震儀新台幣 800 元，團隊會到府安裝，讓居民能在自家感測地震、確認建築耐震程度之餘，回傳測量數據給團隊，成為重要的防災預警資料。

面對各方的熱烈肯定，團隊加緊腳步，不單與氣象局簽約合作，更準備將 DPIP 整合成涵括所有防災資訊的應用程式，從地震預警、天氣特報、土石流到停班課等訊息，供國人或外國遊客使用。

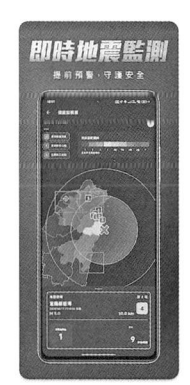

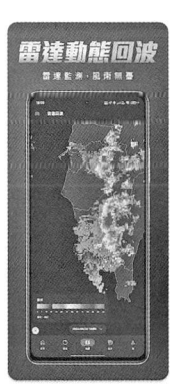

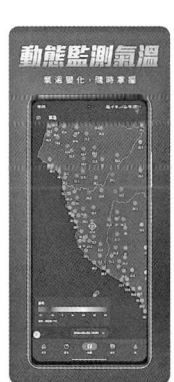

DPIP 災害天氣與地震速報能在地震發生的 5 秒內，顯示震波還有幾秒將抵達民眾所在地，讓大家及時逃離。（來源：DPIP 災害天氣與地震速報）

這麼優質的高中生不只一位，康橋高中的林子祐不約而同地開發了另一款與 DPIP 並駕齊驅，榜上有名的「台灣地震速報」手機應用程式，不單通報準確率極高，還能讓民眾自行選擇警報位置、震度警告標準，及時獲得倒數預警通知。

林子祐從小對天災預警就強烈關注，常在氣象署網站上看預報圖。有一次感受到大地震，下載地震預警程式使用，卻遲遲未收到通知，便興起了自己來做一個預警程式的想法。他用課餘時間上網自學程式碼，卡關了便到論壇諮詢高手，短短 1 年半，完成了他的地震速報手機應用程式，如今已有超過百萬人次下載，讓他受寵若驚，決心繼續強化功能，完善地震速報資訊。

得知爆紅地震手機應用程式的藏鏡人當時都是高中生，民眾紛紛獻上膝蓋，感謝團隊免費開放給國人使用，更建議開啟「贊助」功能，讓大家能用新台幣的力量，給予實質肯定跟支持。

其他值得留意的防災手機程式，除了大家耳熟能詳的「KNY 台灣天氣・地震速報」能提供上述服務外，還有中央氣象署的「地震測報」，當地震嚴重到可能發生海嘯的門檻時，會特別對民眾發出警訊。而消防署的「消防防災 e 點通」，則提供詳細的避難資訊，讓民眾能快速找到合適的避難場所，強化災害應變能力。

14. 英國 United Kingdoms：
全球洪水風險模型 Fathom

推演再推演，全面應戰洪水猛獸

SDG 涵蓋範圍：6, 7, 9, 11, 12, 13, 17

Fathom 已把全球包括美國、英國、日本的洪水地圖整頓到瑞士再保險的水文風險平台 CatNet 上，讓用戶能在單一平台上檢視多個洪水模型，查詢到最新的數據與洪水風險。

瞬間襲捲一切生命財產，洪水是全球最具傷害力的天然災害之一。

紐西蘭、香港、印度、德國、義大利、希臘、斯洛維尼亞、南非及許多其他國家地區，都曾遭遇過毀滅性的洪水襲擊。2023 年，全球洪水事件帶來的保險損失達到了 140 億美元，高於過去五年的平均值（約 100 億）。城市化的加劇以及氣候變遷的影響，將增加洪水的強度，使未來的損失進一步攀升。

有一天，兩位胸懷大志、在布里斯托爾大學（University of Bristol）拼讀博士班的研究人員安德魯·史密斯（Andrew Smith）和克里斯多福·史賓森（Christopher Sampson），探討該克服哪些重大阻礙，才能建立一個完整而全面的洪水模型，為資料稀缺的地區有效緩解氣候危機。他們在仔細地研究了各地的水文、水利情況後，終於在 2013 年成立了一家洪水模型公司，名為「Fathom」，以協助世界抵禦洪水侵襲為人生志業。

Fathom 最厲害的地方在它製作了一個全球洪水模型，涵蓋了即時降雨、所有沿海及河流通道的大小、寬度、深度和流量，更能按用戶需求調整數值，展示全面或局部的現場情境圖，進行模擬推演。

Fathom 最新的一款全球洪水風險模型——「Global Flood

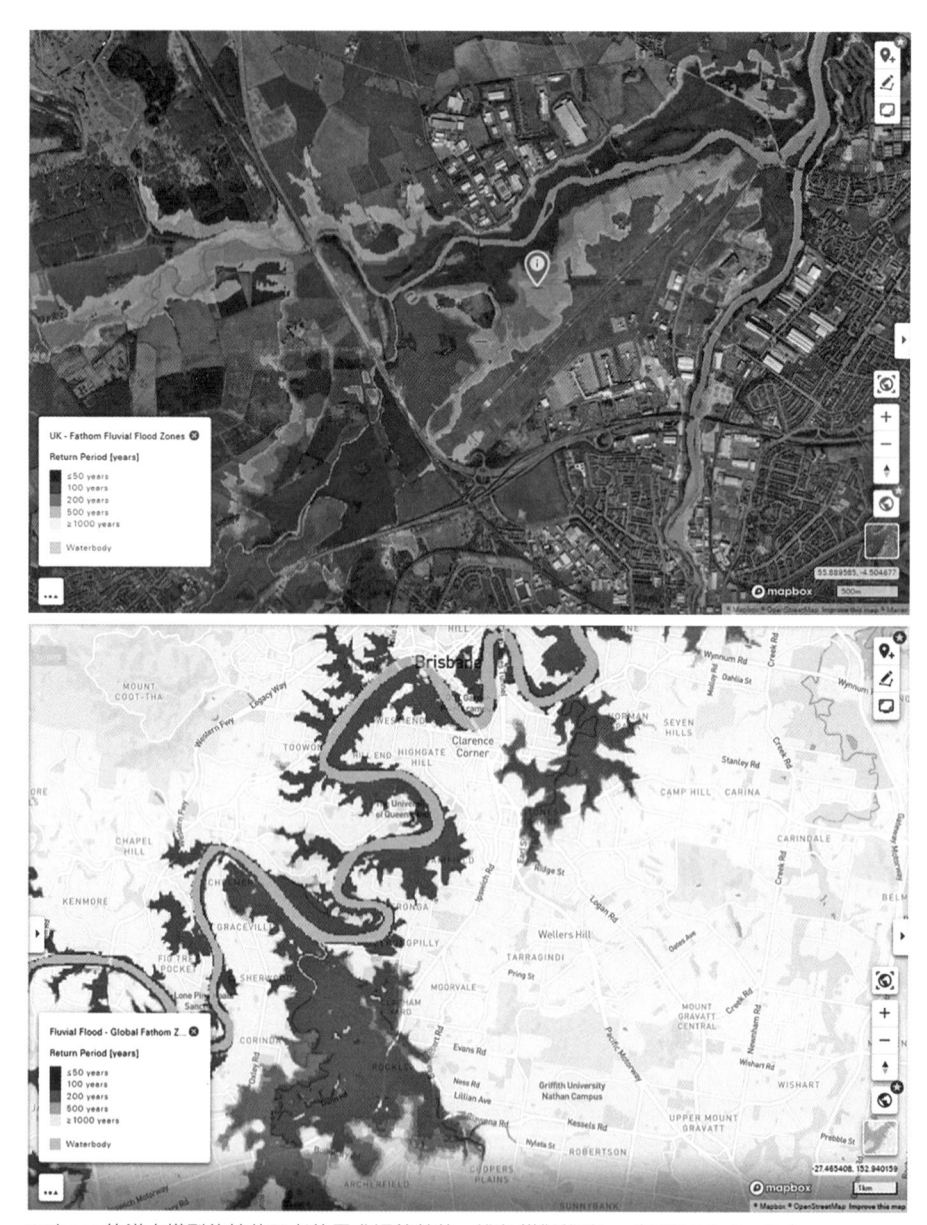

Fathom 的洪水模型能按使用者的需求調整數值，進行模擬推演。（來源：Swiss Re）

Map」是全球首個能計算主要洪水危險（包括由河流引發的河洪、由降雨引發的暴洪、由海平面上升及其他因素引起的沿海洪水），與全球洪水暴露數據（商業、工業、住宅建築等毀壞風險）的災難模型，有助於提供各國政府防災與保險單位，做好及時應對措施。

Fathom 的營運長兼創辦人之一的安德魯博士表示：「這款模型是我們為了讓全世界都能取得最高品質的洪水危害資料而邁出的一大步。它是目前最強大和最全面的洪水數據寶庫。」這款模型更為各國保險公司帶來新的曙光，因為在 Fathom 出現之前，各國皆未有完整的洪災數據能供他們參考。

迄今，Fathom 服務的對象從小型組織、政府機構到跨國企業，涵蓋各行各業如人道救援、國際發展、保育、工程和金融市場，像微軟與世界銀行都是它的用戶。

Fathom 不單用洪水地圖為世界銀行協調莫三比克（Mozambique）洪水後的應急救災工作，更支援非洲瘧疾 Malaria Atlas Project 的氣候風險計畫，研究洪水對偏遠社區醫療設施的影響、對於防疫瘧疾工作的破壞，以及水向走勢將如何影響蚊子繁殖等，為整個非洲大陸提供洪水資料。安德魯博士表示，Fathom 很高興能為這麼有意義的計畫做出貢獻，團隊將繼續精進研究並提供最精確的資料，好確保社區能遠離可怕的洪災。

2023 年底，Fathom 正式被全球知名的風險保險公司瑞士再保險（Swiss Re）併購，讓它預測、管理的範圍從人口老化到網路犯罪，再從自然災害到氣候變化。

Fathom 已把全球包括美國、英國、日本的洪水地圖整頓到瑞士再保險的水文風險平台 CatNet 上，讓用戶能在單一平台上檢視多個洪水模型，查詢到最新的數據與洪水風險，好及時防範。

15. 馬紹爾群島 Marshall Islands：
消失的球衣 No-Home Jersey 2030
海水上升，家園、球隊、球衣都將消失

SDG 涵蓋範圍：4, 9, 10, 13, 16, 17

球衣 No-Home Jersey 2030 用自身逐漸在消失的過程，顯示出馬紹爾群島正在發生的情況，也許在一個比我們想像更近的未來，美麗的島嶼將被不斷上升的海水淹沒。而馬紹爾足球隊的隊員們，將會無家可歸。

　　世界各地足球運動的狂熱粉絲，每隔四年都會引頸期盼世界盃足球賽（FIFA World Cup）的到來。

　　除了通宵觀看現場轉播，多達 2.2 億的瘋狂粉絲會早早買好機票，直撲現場，為自己最喜歡的國家與選手加油吶喊，例如 2022 年的卡達世界盃，現場觀眾就有 15 億人次。人們不知道的是，根據全球責任（Scientists for Global Responsibility）和新氣候研究所（New Weather Institute）發表的最新報告《Dirty Tackle》，全球足球產業每年排放的二氧化碳總量，高達 6,600 萬噸。這個數量到底有多大？相當於兩個奧地利一年的排放量。

　　恐怖的是，這個數據還在逐年增長。

　　全球氣候變遷的問題加劇，導致海平面上升，嚴重威脅到沿海居民的身家安全。而馬紹爾群島，便是首批的氣候災難戶。

　　馬紹爾群島位於太平洋上，由 29 個環礁和 5 個主要島嶼組成，它的平均海拔高度偏低，大部分的陸地僅高於海平面 2 公尺，對於海平面上升特別敏感。

　　另一件值得思考的事情是，馬紹爾群島其實擁有自己的足球員、

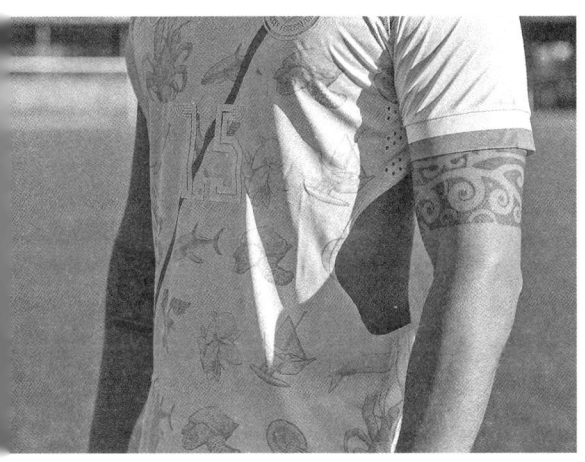

球衣 No-Home Jersey 2030 用自身逐漸消失的過程，顯示出馬紹爾群島迫在眉睫的問題。（來源：CREAPILLS）

設計師馬提亞斯・奧特洛（Matías Otero）在衣服設計上展現巧思，描繪出馬紹爾群島獨特的歷史與文化。（來源：BETC）

足球場，甚至還有一個完整的運動聯盟，但它卻是唯一一個在 193 個聯合國會員國中，未被正式認可的國家足球隊。申請之路漫漫，當他們終於獲准參賽時，可能國家已經被淹沒了。

為了引起世界關注，認識他們在地理上與國際上的處境，馬紹爾群島足球協會（MISF）與運動品牌 PlayerLayer 合作，創造出全球首款，一件獨一無二的球衣「No-Home Jersey 2030」，為馬紹爾群島及其足球隊代言。

馬紹爾群島足球協會表示：「我們想創建一支國際足球隊，不僅讓人民在觀看我們比賽時感到驕傲，更希望能藉著這項世界上最受歡迎的運動，引起人們對我們島嶼困境的關注。」

為了讓人們能更快的認識這個美麗的地方，設計師馬提亞斯・奧特洛（Matías Otero）展現巧思，以白色為基底，搭配橙色斜紋，模仿馬紹爾群島國旗上色帶的設計，他更在衣服的不同地方，描繪出當地獨具特色的歷史與文化，像是傳統的獨木舟、原住民的符號、代表自然環境的雞蛋花（Plumeria）、白腹鰹鳥（Brown Booby）及象徵力量的大白鯊（Great White Shark）。

在衣服的正中間，則寫著大大的「1.5」，標誌出全球暖化的臨界

第二章｜生物圈：極端氣候

值,也是《巴黎協定》中,世界各國誓言要遵守的氣候約定。

但這件球衣最引人注目的地方,是它正隨著馬紹爾群島,一起凋零。

通過官方影片,我們看到球衣的全貌隨著時間的推移在變化,一開始,身側的一個邊框消失了,接著,肩膀的位置,消失了一整塊……,直到球衣變得面目全非。

球衣 No-Home Jersey 2030 用自身逐漸在消失的過程,顯示出馬紹爾群島正在發生的情況,也許在一個比我們想像更近的未來,美麗的島嶼將被不斷上升的海水淹沒。而馬紹爾足球隊的隊員們,將會無家可歸。

「我們沒有推出球隊在客場比賽時會穿的傳統球衣,是想引起注意,當我們的主場消失時,我們將別無選擇。隨著 No-Home Jersey 2030 的消失,我們希望強調,現在就是採取行動的時刻,好讓我們的國家能繼續出現在地圖上。」馬紹爾群島足球協會的行銷總監馬特・韋伯(Matt Webb)感慨地說道。

這件奇妙的球衣吸引了全球網民的注意,看著它的變化,人們不禁紛紛留言詢問,消失的地方,去哪裡了?它是不是又有哪個地方不見了?他們親眼目睹了這些難以忽視的現實,藉由打上 #NoHomeJersey 標籤,主動在社群媒體上將資訊分享給身邊的朋友,造成轟動,成功提高了人們對於馬紹爾群島的認識,並認知到溫室效應已嚴重影響到數百萬人的日常生活,氣候行動迫在眉睫。

現在,這件 No-Home Jersey 2030 球衣已在馬紹爾群島足球協會官方網站上出售,所有收益將用於支持該國的復興工作及足球隊的運轉。

No-Home Jersey 2030 的創新設計讓人眼前一亮,也充滿了警示意味,若全球居民仍未採取對應措施,未來不單馬紹爾群島將成為首批被海洋淹沒的國家,其他太平洋的島國如密克羅尼西亞、馬爾地夫、吐瓦魯、玻里尼西亞等低窪的小國,也將面臨同樣的命運。

朋友,今日開始,立即展開您我的永續行動吧!

第三章
生物圈：海洋生態

SDG14 保育海洋生態：
Life Below Water
保育及永續利用海洋生態系，確保生物多樣性並防止海洋環境劣化

　　海洋正面臨極大的挑戰，日漸嚴重的海洋酸化、汙染氾濫，導致許多棲息地被摧毀、魚類資源下降、生物多樣性降低，在在威脅海洋生態系統的健康。保育海洋生態，迫在眉睫，這對多達 30 億傍海維生的居民來說，更是生死攸關。

SDG14 保育海洋生態・細項目標＆行為目標

SDG14 保育海洋生態細項目標

14.1	2025 年前，預防及大幅減少各類型的海洋汙染，尤其來自陸上活動，包括海洋廢棄物和營養汙染。
14.2	2020 年前，永續管理及保護海洋和海岸生態系統，避免產生重大負面影響，包括加強海洋恢復力，並採取復原行動，使海洋保持健康、物產豐饒。
14.3	減緩並改善海洋酸化的影響，包括在各層級加強科學合作。
14.4	2020 年前，有效規範捕撈活動，終結過度漁撈和非法、未通報、未受管制（IUU）和破壞性捕撈，並實施科學管理計畫，在最短時間內恢復魚群數量，至少到達依物種特性，可產生最大永續產量的水準。
14.5	2020 年前，依各國和國際法規，並基於現有的最佳科學資訊，保護至少 10% 的沿海與海洋區域。

14.6	2020年前，禁止導致產能過剩和過度捕撈的漁業補助，取消助長IUU漁撈的補貼，並避免再制定新的相關補助。同時承認世界貿易組織漁業補助談判協定中，須包含對於開發中國家和最低度開發國家（LDCs）合理、有效的特殊及差別待遇。
14.7	2030年前，提高海洋資源永續使用對小島嶼發展中國家（SIDS）與LDCs的經濟效益，包括透過永續管理漁撈業、水產養殖業與觀光業。

SDG14 保育海洋生態行為目標

14.a	加強科學知識、發展研究能力、轉移海洋技術，並考慮政府間海洋學委員會（Intergovernmental Oceanographic Commission）制定的海洋科技轉讓之標準與原則，改善海洋健康，促進海洋生物多樣性對開發中國家發展的貢獻，特別是對於SIDS和LDCs。
14.b	提供小規模人工漁撈業者取得海洋資源與進入市場的管道。
14.c	根據《聯合國海洋法公約》（UNCCLOS）針對海洋及海洋資源保育和永續利用提出的合法框架，制定國際法規落實保育和永續利用海洋資源，如同《我們希望的未來》（The Future We Want）第158段所述。

SDG14 保育海洋生態・全球近況與問題

　　面對日益嚴重的海洋問題，各國在各項關鍵措施如實施永續漁業、擴大海洋保護區、提高海洋監測能力等仍進展緩慢。

　　由於過度捕撈、環境汙染、管理不善等因素，全球永續魚類資源從1974年的90%下降至2021年的62.3%。▲附圖1 聯合國呼籲，過度漁獵將損害生物多樣性、破壞生態系統及影響漁業生產，各國應活用有效的漁業管理與監測系統來維護、觀測當地魚類資源，以支持全球及沿海生活供應。

生物永續與生物不永續的漁獲量比例，1974-2021 年（百分比）

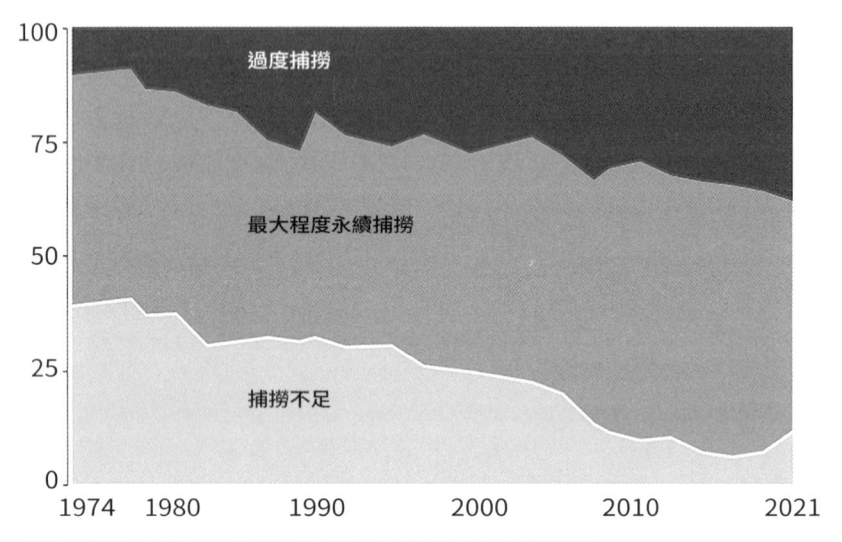

備註：捕撈不足和最大程度永續捕撈的漁獲視為生物永續漁獲量。
過度捕撈的漁獲視為生物不永續漁獲量。

▲ 附圖 1（來源：The Sustainable Development Goals Report 2024）

各海洋關鍵生物多樣性區域被保護區覆蓋的平均比例，2000 年、2015 年和 2023 年（百分比）

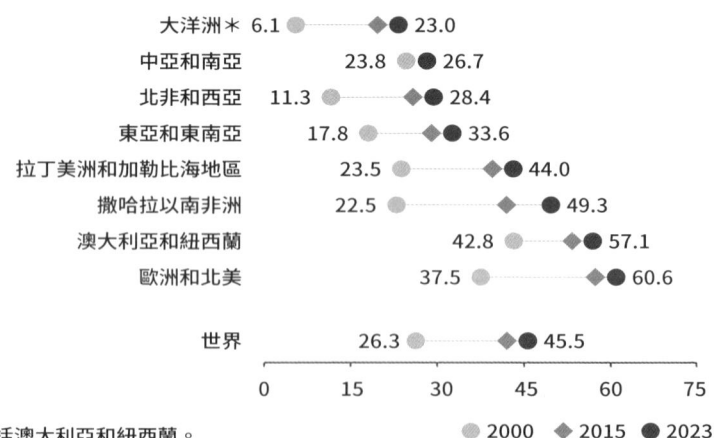

區域	2000	2015	2023
大洋洲＊	6.1		23.0
中亞和南亞	23.8		26.7
北非和西亞	11.3		28.4
東亞和東南亞	17.8		33.6
拉丁美洲和加勒比海地區	23.5		44.0
撒哈拉以南非洲	22.5		49.3
澳大利亞和紐西蘭	42.8		57.1
歐洲和北美	37.5		60.6
世界	26.3		45.5

＊不包括澳大利亞和紐西蘭。
備註：2015 年中亞和南亞的數字是 26.5%。

▲ 附圖 2（來源：The Sustainable Development Goals Report 2024）

2024 年，全球已有 18,200 個海洋保護區和 199 項小面積的海域保護措施，總涵蓋 2,900 萬平方公里，約占海洋總面積 8.12%。自 2000 年以來，海洋保護區覆蓋面積增長了 10 倍。特別是澳大利亞和紐西蘭外的澳大拉西亞地區的海洋關鍵生物多樣性區域，面積增加了 255%，其後是北非和西亞（128%）及撒哈拉以南非洲（86%）。▲附圖 2 但由 2020 年起，進展停滯，甚至倒退，若要在 2030 年前達成 10% 的永續發展目標，每年需額外管理平均 1.13 萬平方公里的重要海域。

　　真正讓人擔憂的是，根據世界氣象組織（WMO）的報告，2023 年，海洋熱度到達了 65 年來最高，全年超過 90% 的海洋達到了熱浪條件。截至 2024 年 4 月，全球海面溫度已連續 13 個月達到歷史新高。

　　珊瑚礁對海洋生態的健康與人類福祉至關重要，四分之一的海洋物種仰賴它維生，更為數百萬的沿海社區，創造每年數萬億美元的收入。

　　美國國家海洋暨大氣總署確認，世界正在經歷第四次全球珊瑚白化的事件，這是十年來的第二次。目前已有 53 個國家觀測到珊瑚白化的現象，包括整個熱帶地區、大堡礁、南太平洋、大西洋和印度洋盆地等。

　　聯合國政府間氣候變遷專門委員會（Intergovernmental Panel on Climate Change）警告，各國若再不嚴陣以待，立即行動，到 2050 年，升溫 1.5°C 的情況下，將失去 90% 的珊瑚，升溫 2°C，損失可能超過 99%，屆時大自然的反撲，難以想像。

SDG14 保育海洋生態・國際案例分享

1. 英國 United Kingdoms：
智能捕撈 CatchCam
不速之客退散，海豹退散，漁夫要準時下班

SDG 涵蓋範圍：1, 2, 9, 11, 13, 14

捕蝦船的漁民雖然早知道海豹會來搶魚貨，卻沒想到牠會在搶食前，拍打漁網，讓魚類全部逃脫。自從安裝了 CatchCam Deep 後，漁民能隨時確認海下狀況，不至於苦苦守候換來一場空！

　　漁民們常在捕魚時，打撈起不少不速之客，十分頭痛。

　　根據世界自然基金會（WWF）的資料顯示，全球的「附帶捕獲」（Bycatch）占所有漁獲的 40%。大約是 3,800 萬公噸，包括 30 萬隻小型鯨魚和海豚、25 萬隻瀕危海龜、30 萬隻海鳥和許多尚未成熟的魚類等，對生態環境帶來難以抹滅的影響。

　　英國的一家漁業科技公司「CatchCam Technologies」，繼承了 SafetyNet Technologies 早年的攝影與照明技術，將數據分析、遠程控制與人工智慧帶入市場，推出「精確捕撈」技術，希望藉由科技力量解決問題。

　　早在三年前，團隊推出名為「Pisces」的燈具裝置，大小像一個煙霧探測器，藉由調節不同的 LED 燈光（顏色、頻率、亮度和閃爍模式）吸引或斥退特定種類的海洋動物，減少附帶捕獲。

　　Pisces 在封閉水域運行良好，但在開放水域卻受制環境，漁民無法立即知道燈具吸引來的魚群是否及時進入或離開漁網。

CatchCam
體積小巧，是專為
商業捕魚設計的
水下智能攝影機。
（來源：Hook and Net）

CatchCam 能讓
使用者直接觀看
海中情況。
（來源：CatchCam）

　　根據反饋團隊調整了產品，加入了無線控制功能，讓漁民能及時調整燈光，更搭配推出了一款同名商品「CatchCam」。一款組裝容易，體積小巧，約 13.5 公分，專為商業捕魚設計的水下智能攝影機。它能根據捕撈條件調節鏡頭，可一次錄製超過 24 小時的影像，無需更換記憶卡與電池。更棒的是，使用者可直接在 CatchCam 的應用程式中觀看海中情況。

　　許多船長用過 CatchCam 後，開心地表示現在他們可以直接看到漁網在水中的表現，以更短的時間撈到漁獲，減少海上滯留。

　　團隊還在 150 位漁民的協助下，成功開發出一款 800 公尺以上深度使用的「CatchCam Deep」。它比原先版本稍大一點，採用了更厚

的鋁製外殼，依然能輕巧的安裝於各類漁具內。幫助深耕深海產業的漁民，快速掌握海下漁獲的情形。

　　克萊德（Clyde）的漁民伊恩・懷特曼（Ian Wightman）便分享道，他在自己的捕蝦船 Eilidh Anne 上安裝了 CatchCam Deep 後，能隨時確認海下狀況，不至於做白工。雖然早就知道海豹會來搶魚貨，卻沒想到牠會在搶食前，拍打漁網，讓魚類全部逃脫。若沒有攝影機的幫助，苦苦守候換來一場空，那是多大的折磨啊！

　　CatchCam 還可以搭配海洋監測感應「SeaSensor」使用，幫助漁民一邊監測海洋數據（水溫、鹽度和混濁度），一邊記錄漁業對海洋環境的影響。

　　團隊更創立了一個水下影片資料庫供用戶分享彼此拍攝的影片，有些影片視覺效果驚人，有些則提供了創意十足的裝備使用法，漁民們紛紛在此交換捕撈經驗。

　　團隊活用這些影片，開發出一套名為「SeaFrame」的智能視覺軟體，它能像小助手一樣幫忙整理影片並進行評分，方便漁民與科學家觀測漁網如何與海床接觸，以及特定區域的棲息地、生物多樣性及工業活動的情況，用數據監控海洋生態，進一步強化漁業管理模式。

　　CatchCam 的執行長湯姆・羅賽特（Tom Rossiter）表示：「我們的目標是將一切做得更好，無論是提高捕撈效率、減少環境影響，還是提升科學研究所需要的數據質量。像 CatchCam 這樣的產品，對於建立認知、推動改進至關重要。未來我們將迎來漁具嵌入機器的時代，這些機器能告訴我們捕撈了什麼，並精準控制捕撈的對象……CatchCam 擁有這項專業知識，我們熱衷於解決困難問題，同時讓工作變得更加輕鬆。」

　　CatchCam 不單在英國被漁民廣泛使用，也深受其他地區如福克蘭群島、白令海和澳大利亞等地漁民信賴。

2. 美國 United Sates：
不搞失蹤的智慧浮標
Blue Ocean Gear

海神想問，您不見的是金色浮標，還是銀色浮標？

SDG 涵蓋範圍：2, 9, 11, 12, 13, 14

智慧浮標「Farallon」能與衛星通信連動，讓使用者能遠端管理漁具，漁民就能「更聰明地捕魚」。

全球每年有超過 640,000 公噸的漁具遺失在波濤之中，造成嚴重塑膠汙染。漁民哭了，海洋哭了，直到智慧浮標問世。

寇特妮・歐普修（Kortney Opshaugy）早年在 NASA 工作，專注於水下機器人的研究。她熱愛海洋，曾在蒙特雷灣海洋保護區擔任導覽員，與當地的漁民感情良好。在聊天中她發現，漁民常常不確定

船長愛德華・普爾森（Edward Poulsen）表示有了 Farallon 幫忙，再也不怕搞丟漁具。
（來源：National Fisherman）

海裡的捕具有沒有捕到魚？漂到了何處？總是要等打撈起來才知道。很多時候，漁具會被海浪捲到遠方，甚至消失無蹤。

為了幫助漁民定位漁具，解除海洋汙染，寇特妮於 2019 年創立了「Blue Ocean Gear」。推出智慧浮標「Farallon」，與衛星通信連動，讓使用者能遠端管理漁具，漁民能「更聰明地捕魚」。

智慧浮標提供海面的溫度、深度和流速，比氣象局資料精準很多，幫助船員在視野模糊的暴風雨中，迅速做出是否轉移陣地的決定，更重要的是，Farallon 體積小，重量輕，耐用度高，又有彈性，可以直接丟入海裡或與螃蟹籠、龍蝦籠放在一起，方便漁民監控漁具漂流至何方。

Farallon 現在被活用在一些充滿挑戰的區域，如阿拉斯加的黃金帝王蟹、比目魚和新不倫瑞克（New Brunswick）的雪蟹漁場。

船長愛德華・普爾森（Edward Poulsen）負責管理阿拉斯加的螃蟹船隊，有時候得離開數日，去遠洋捕捉雪蟹，常常記不準漁具位置。有了 Farallon 幫忙，愛德華船長和船員能隨時追蹤漁具去向。

「這為我們省下了好幾個星期，不用浪費那麼多時間尋找浮標，這些浮標有時候甚至不在海面上，它們會被潮汐拖去別的地方。」愛德華船長超興奮的說。

捕魚與龍蝦的專家羅伯特・馬丁（Robert Martin），覺得 Farallon 是解決鯨豚魚線纏繞問題的救星，是無繩漁具的最佳夥伴，可以有效幫助漁民減少繩索的數量，降低魚線纏繞鯨豚造成的傷亡。

另一位船長艾本・尼歐克拉克（Eben Nieuwkerk）分享，若捕撈過程還是不小心纏繞到鯨魚或海豚，智慧浮標可以快速定位，告知救援單位。

Farallon 還能及時提供各個浮標在水中或離開水的時間，發生任何異常，如漁具擦撞或有人偷竊漁貨，都會立即反應，大幅減少財物損失。

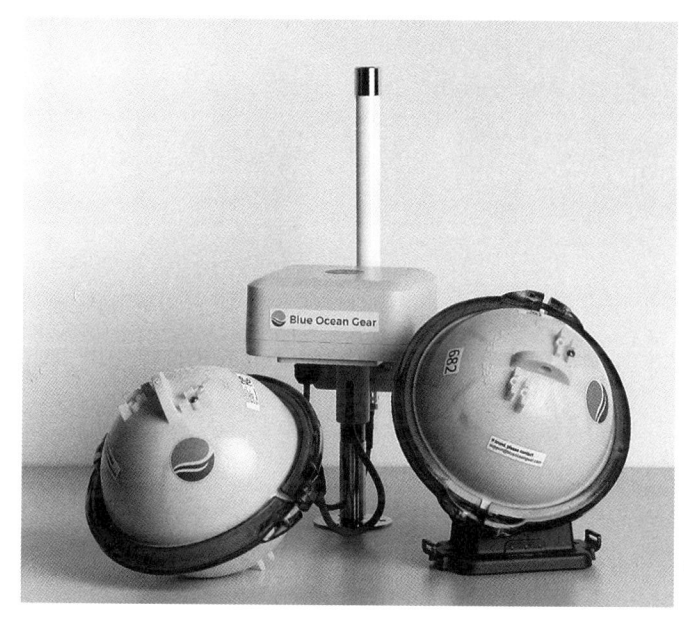

Farallon 體積小，重量輕，又有彈性，可以直接丟入海裡，方便漁民監控漁具去向。（來源：National Fisherman）

　　智慧浮標所有的數據資訊，通過 Blue Ocean Gear 的「TimeZero」軟體，經由網路整合進漁船的導航儀錶中，也可用新的「PlotterLink」系統進行無網連結，方便船長與附近船隻共享訊息，快速定位水中漁具，辨別各浮標的位置、移動速度及水溫數據，避免漁船互相干擾，導致漁網纏繞。

　　Blue Ocean Gear 的智慧浮標在全球漁業中均已合法使用，可以輕鬆地部署在捕撈網、延長線、刺網，甚至是各類捕魚的裝備上。

　　團隊目前已為美國、英國、加拿大、紐西蘭的漁民提供了超過 1,000 個浮標，避免了 17 噸塑膠成為海洋廢棄物，更節省了多達 100 萬美元的燃料與漁具更換成本。

第三章　生物圈：海洋生態

3. 美國 United Sates：
鯨魚之歌 Whale Songs

鯨魚加密聊天，想當朋友好難

SDG 涵蓋範圍：9, 11, 13, 14, 15, 17

鯨魚中最厲害的音樂家是座頭鯨，體長可達 15 公尺，重達 30 噸，常在遷徙、交配期前後頻頻唱歌。牠吟唱的每首歌長約 20 分鐘，由多種音樂元素組成，被科學家品評為最複雜的動物溝通方式之一。

作為海洋中最神秘的生物，鯨魚是許多傳說與文學故事中的重要角色。鯨魚最迷人的地方，莫過於牠的歌聲。作為海洋中的音樂家，鯨魚之歌的旋律與人類的音樂相似，能媲美古典音樂或爵士樂。

鯨魚在海底自在悠游時，會用歌聲與遠方的同伴溝通。這些極為聰明的大型哺乳類動物甚至能即興作曲，按心情與場合創造出由單一音節構成的短旋律，就像副歌一樣，它們會不斷重複吟唱，形成一首有著特定主題的歌曲。

鯨魚中最厲害的音樂家是座頭鯨，體長可達 15 公尺，重達 30 噸，常在遷徙、交配期前後頻頻唱歌。牠吟唱的每首歌長約 20 分鐘，由多種音樂元素組成，被科學家品評為最複雜的動物溝通方式之一。

羅傑・潘恩（Roger Payne）是一位美國的生物和保育學家，也是第一位發現鯨魚會唱歌的研究人員，早在 1967 年，他便追隨座頭鯨與藍鯨的身影，研究牠們的遷徙、文化、唱歌，特別是發聲方式。

羅傑將收集來的鯨魚歌聲製作成一張專輯，名為《座頭鯨之歌》（Songs of The Humpback Whale），於 1970 年發行，成為迄今仍高居自然聲音排行榜的暢銷專輯，也為「拯救鯨魚運動」打響了知名度。

多年來，在科學家不斷的觀察與研究下，發現雄性的鯨魚特別會

唱歌，每天能唱 10 小時，其中最靈活的座頭鯨能複製和學習來自不同鯨豚族群的歌聲，將之傳承。牠們的歌聲會隨著時間演變益形複雜，被其他的鯨魚學習吟唱。

為了保存鯨魚的歌聲，追上牠們的學習速度，了解牠們的演進過程，解碼牠們的對談內容，確保鯨身安全及移動方向，Google 與美國國家海洋暨大氣總署（NOAA）合作，在各國科學家、音樂家及教育家的幫助下，訓練 AI 成為生物聲學專家，過濾了專家們從 2005 年以來，在 13 個不同地區，收集長達 17 萬小時的海底聲音，整理出超過 8,000 小時的鯨魚之歌，並將之放在「Pattern Radio：鯨魚之歌」（Pattern Radio：Whale Songs）網站上，開放給世界各地的鯨魚迷及科學家免費使用，用群眾智慧強化鯨魚語言系統。

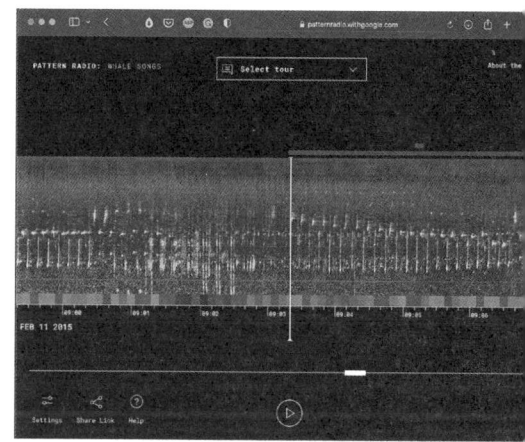

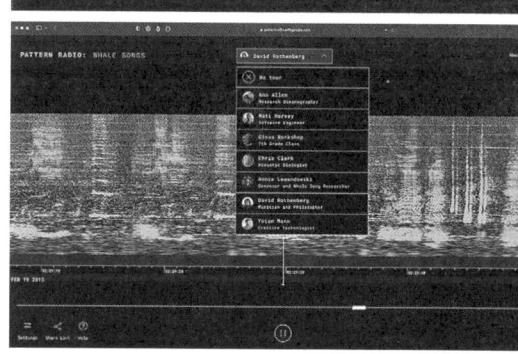

在「Pattern Radio：鯨魚之歌」網站上，有專家導聆，提供含金量十足的有趣內容。（來源：Abakcus）

在「Pattern Radio：鯨魚之歌」網站平台上，能聽到來自海洋世界的眾多聲音，如海面移動的船舶聲、魚兒們的呢喃，甚至人類未知的聲音……。透過線上 AI 輔助工具，使用者能在眾多音頻中快速找到鯨魚之歌，圖示化的聲譜有助於識別每首歌的旋律結構，從開始、副歌到結束，就像認識蕭邦和貝多芬的音樂作品一樣。

聆聽曲目時，使用者還能從聲譜上，橫條圖的明亮程度，看出鯨魚高歌的心情，顏色越亮代表鯨魚越有自信。科學家指出，在冬季十二月到四月的時候，較易看到頻繁而明亮的橫條圖，那時節鯨魚大多在溫暖的水域繁殖，心情及狀態極佳。

鯨魚中最厲害的音樂家是座頭鯨。
（來源：The Wire）

若鯨粉想了解更多，網站體貼地提供了專家的導聆，如美國國家海洋暨大氣總署的海洋學家安・艾倫（Ann Allen）、生物聲學家克里斯多福・克拉克（Christopher Clark）及康奈爾音樂教授安妮・萊萬多夫斯基（Annie Lewandowski），他們會特別指出鯨魚之歌中值得關注的段落，提供含金量十足的有趣內容。

這項創新技術對美國國家海洋暨大氣總署的海洋學家來說，是一個飛躍性的突破，畢竟鯨豚雖大，卻極難追蹤，早年團隊只能透過聲音來監測太平洋群島區域的鯨魚和海豚，所有錄製的鯨魚之歌，要靠人工解碼拼湊，團隊一次只能處理幾小時的錄音，如今，在 AI 的幫助下，能在極短的時間識別出鯨豚物種及歌聲，快速完成以往就算常人日以繼夜 24 小時工作、也得耗費 19 年才能完成的任務。

現在團隊設計的智能模型，已能透過歌聲推測座頭鯨是否會出現在特定區域。

鯨魚之歌目前雖然還無法百分之百解讀，但透過跨界合作和資源共享，科學家及各國的鯨豚保育單位，已經能更快地掌握全球鯨魚的語言基礎、區域分布、遷徙路線、數量及健康情況，在人類與鯨魚之間跨躍了很大的一步。

4. 日本 Japan：
扇貝安全帽 Shellmet

扇貝七十二變，粉末、帽子、建築材料

SDG 涵蓋範圍：6, 9, 11, 12, 13, 14, 17

一頂扇貝安全帽重量約 400 公克，外觀採用仿生設計，模仿扇貝殼特殊的脊狀結構，生動的紋路不但美觀，還增加了 33% 的強度及耐用性。正式發售的第一年，團隊已回收高達 24 噸的廢棄扇貝殼。

　　喜愛海鮮的人幾乎都吃過肉質細嫩的干貝，不論是小火慢煎或炙烤，都鮮美異常。干貝是扇貝的閉殼肌，每取出一個干貝，就產生一個廢棄的扇貝殼。

　　日本最北部的北海道猿府村（Sarufutsu Village）以干貝知名，每年扇貝的出口額高達 7 億美元，產量日本第一，但也因此，每年製造了約 4 萬噸的扇貝廢棄殼。

　　2021 年前，廢棄的扇貝殼還能運到海外處理，但國際條例更新，不再允許扇貝殼出口，無奈的干貝業者，只得將大量的扇貝殼傾倒在村莊附近的沿岸。看似無害的扇貝殼在分解過程中會釋放重金屬，不但傷害土地，還會汙染下水道及海洋，甚至危害村民的健康。

　　長此以往不是辦法，他們得想一個方案解決岸邊的扇貝殼山才行。日本東京廣告公司 TBWA\HAKUHODO 主動請纓，向北海道猿府村政府提案，表示他們能讓這些扇貝殼「再生」，為當地社區創造新的循環經濟。

　　團隊找來了強大的輔助夥伴，近期熱衷於開發生物塑膠（bio-plastic）的甲子化學工業（Koushi Chemical Industry）、大阪大學宇山研究室及 QUANTUM INC 公司，從無到有，共同構思，一起開

第三章　生物圈：海洋生態

一頂扇貝安全帽重量約 400 公克，生動的紋路不但美觀，還增加了 33% 的強度及耐用性。
（來源：D&AD）

發出極具創意的「扇貝安全帽」（Shellmet）。

甲子化學工業企劃開發主管南原哲也（Tetsuya Nambara）表示：「在新材料大量生產的同時，每年有十萬噸的廢棄物被焚化或填埋，這些廢棄物仍然可以使用啊！為了促進社會的永續發展，必須回收比以往更多的廢棄物……。我們很高興能與猿府村的居民合作，協助解決當地的社會問題。」

扇貝殼的主要成分其實是碳酸鈣。團隊把扇貝殼中提取出來的材料，與回收塑膠混合後，統稱為「Shellstic」，嘗試製作各類不同的副產品，其中最先開發成功的就是扇貝安全帽。

團隊設計這款安全帽的初心，是希望為猿府村的漁民提供更多的頭部保護。這款扇貝安全帽是如何製作的呢？團隊先將扇貝殼煮沸、消毒，磨成粉末，與其他回收塑膠、特殊黏合劑混合，再倒入模具中，等成形、冷卻，便大功告成。

一頂扇貝安全帽重量約 400 公克，外觀採用仿生設計，模仿扇貝殼特殊的脊狀結構，生動的紋路不但美觀，還增加了 33% 的強度及耐用性。

扇貝安全帽正式發售的第一年，
團隊已回收高達 24 噸的廢棄扇貝殼。
（來源：Enki）

第三章　生物圈：海洋生態

除了將扇貝安全帽提供給在猿府村工作的 270 名漁民，2024 年初已在官方網站熱賣。安全帽用特別又柔和的礦物染料，設計出五種顏色供消費者選擇，分別是日落粉、海洋藍、沙灘奶油、珊瑚白和午夜黑，目前一頂售價約 37 美元（4,800 日幣）。

正式發售的第一年，團隊已回收高達 24 噸的廢棄扇貝殼。

TBWA \ HAKUHODO 的創意總監宇佐美雅俊（Masatoshi Usami）分享道：「扇貝是日本人最常食用的貝類，同時也是產生最多廢棄物的貝類。如果將扇貝殼視為資源，作為一種可持續材料帶來全新可能，扇貝安全帽跨出了第一步。曾經用來保護自身免受外敵侵害的貝殼，如今可以用來保護人類的生命。我們希望這個專案廣泛推廣，成為一種解決海洋廢棄物問題，並保護漁業的新型環保方式。」

因為使用回收塑膠，與一般的塑膠安全帽相比，扇貝安全帽所產生的二氧化碳排量更少，具備回收再利用的能力，所有使用過、廢棄的扇貝安全帽，都能重新製作成一頂新帽子，或作為建築材料。

迄今，這頂扇貝安全帽不單用於自行車騎行、漁業、各類工地，還能在自然天災如地震、暴風雨等情況下為大家帶來保護。它的實用性及安全性深受全球肯定，不單海外 16 家公司引進，更被大阪市政府選為 2025 年大阪關西世博會的官方防災安全帽，潛力無窮。

5. 台灣 Taiwan：
「蚵」學潮衣

當年嫌棄的蚵繩，今日高攀不起

SDG 涵蓋範圍：9, 11, 12, 14, 17

全球只有三家公司能回收尼龍，台化正是其一。它決定與嘉義縣政府及海洋保育署攜手合作，執行不「蚵」能任務，將蚵繩變成紡絲材料，製成獨一無二的海洋廢物再生衣！

愛吃海鮮的老饕們一定知道，嘉義東石的牡蠣特別美味。

每年二到六月，蚵農會將一串串的牡蠣打撈上岸，多達 9,000 公噸，產值超過十億台幣。

大家不知道的是，這背後有著數量驚人的蚵繩。

嘉義外海有 750 公頃的蚵棚，每公頃能掛一萬條蚵繩；還有一萬棚浮筏式蚵棚，每棚有 1,000 條蚵繩，全部加總起來，足以繞台灣十多圈。

這些硬的像鐵絲的繩子用完後，不是堆在岸邊，就是留在海裡，造成的海洋汙染比塑膠微粒還嚴重。

嘉義縣長翁章梁一直把這個問題放在心裡，直到 2019 年，他找上以紡織原料享譽國際的台灣化學纖維股份有限公司（以下簡稱台化），拿出一段蚵繩問：「這可以回收嗎？」剝去堅硬的外皮，台化拿去實驗室一測，發現它是品質良好的尼龍，很適合再生利用。

全球只有三家公司能回收尼龍，台化正是其一。它決定與嘉義縣政府及海洋保育署攜手合作，執行不「蚵」能任務，將蚵繩變成紡絲材料，製成獨一無二的海洋廢物再生衣！

台化活用之前處理廢棄漁網的經驗，用最先進、乾淨的「化學回收法」回收蚵繩，把之前人人厭棄的海廢材料，變回尼龍原料，聚合成束，

再生成比頭髮還細的環保絲，其輕薄舒適、強韌耐磨的特性，被知名的戶外運動潮牌巴塔哥尼亞（Patagonia）相中，製成高級機能運動衣；也被國際品牌 H&M、愛迪達及 Nike 等品牌指名，製成永續服裝。

不單如此，台化纖維部以環保絲為基底，開發出多項新品如抗菌、涼感、發熱絲等。其中在抽絲階段，搭配色料，完成上色的染絲，能直接跳過染布製程，大幅節省用水與能源。

現在每 100 公斤的蚵繩，台化能產生 94 公斤的回收尼龍及 6 公斤的燃料，達成百分之百回收。

為了讓漁民養成習慣，把蚵繩拿回暫存場回收處理，嘉義縣政府採用獎勵政策，以高於市價，每公斤 15 元收購廢料，成功在三年內回收多達 300 噸蚵繩。

嘉義縣政府的成功，引發了其他縣市的跟進。台灣各地回收的蚵繩、漁網數量不斷增加，台化台灣及越南兩地的工廠，每月回收尼龍的產量幾達 1,750 噸，創造價值破億的經濟規模。

在台灣政府及企業的努力下，廢棄蚵繩及牡蠣殼重獲新生，成為新的紡織材料。
（來源：Creative Tech Textile Co.,Ltd.）

每 100 公斤的蚵繩，台化能產生 94 公斤的回收尼龍及 6 公斤的燃料，達成百分之百回收。
（來源：Lee Lin photoshop+AI）

除了蚵繩，另一個重點回收的資源是牡蠣殼。台灣每年產出的牡蠣約有 20 萬噸，製造了多達 16 萬噸的廢棄牡蠣殼。

誠佳科紡公司（Creative Tech Textile）的創辦人王葉訓，自小在雲林長大，因緣際會下，發現當地居民會回收牡蠣殼，做為房屋的隔熱建材，帶給他改良公司既有產品，回收塑膠纖維的靈感。

王葉訓主動與研究機構洽談合作，在過程中，發現由碳酸鈣組成的牡蠣殼，若磨成奈米級粉末，與回收寶特瓶製成的紗線混合，可製成保暖透氣又不含化學藥劑的新型紡織材料——「海毛紗」（Seawool）與「保暖棉」（Smawarm）。

更厲害的是，他研究出質地類似羊毛布料的配方，把海毛紗製成特殊毛衣，還能用保暖棉替代動物羽絨，做成抵擋風雪，禦寒力十足的羽絨外套。

誠佳科紡的特殊製程榮獲海內外多項大獎，成功抓住歐美、日本國外一線戶外服飾品牌的目光，成為指定供應商。

如今，王葉訓的工廠每年可處理 100 噸的牡蠣殼，生產 900 噸的海毛紗。

看準了永續商機，除了誠佳科紡外，台灣已有數家廠商正積極投入牡蠣殼纖維的研發，設計出各類獨具特色的創意產品，如 DYCTEAM 的防曬機能衣、力麗企業的低靜電飛機毛毯及台糖的潛水衣等。

讓我們繼續期待，在不遠的未來，台灣能在循環經濟及技術上，成為各國的指標！

6. 澳大利亞 Australia：
3D 列印珊瑚礁 Reef Design Lab

海底房價飛漲，新屋落成先搶先贏

SDG 涵蓋範圍：6, 9, 11, 13, 14

用 3D 建模、列印與鑄造技術，為海洋生物建造「海底別墅」。不單新珊瑚快樂成長，也吸引貽貝和牡蠣開心入住。

　　氣候變遷加劇，珊瑚面臨多重威脅。持續升溫的海水迫使珊瑚排出體內的共生藻，加速死亡，只留下蒼白的珊瑚骨骸。海底的珊瑚礁陸續白化，許多海洋生物逐漸失去了生長的聚落……。

　　艾力克斯·戈德（Alex Goad）是一位對海洋修復極有使命感的工業設計師，他有一個遠大的願景，用 3D 列印技術製作珊瑚礁，加快海洋修復。他於墨爾本成立了一家非營利的創新機構「Reef Design Lab」（簡稱 RDL），專門用 3D 建模、列印與鑄造技術，為海洋生物建造「海底別墅」。

　　RDL 為我們帶來了兩項極具代表性及革命意義的產品。

　　第一項是能防止海水侵蝕，提供海洋物種長期居住的「侵蝕緩解單元」（Erosion Mitigation Units，簡稱 EMUs）。它由形似蓮藕的模具，填入混合牡蠣殼的混凝土製作而成。這種半天然的材質不單加強結構的穩固性，更為海洋生物提供了熟悉而理想的生存環境。

　　這些有著孔洞造型的 EMUs 海底別墅，被固定在澳大利亞的菲利浦港灣（Port Phillip Bay）和大吉隆市（Greater Geelong）的沙灘附近，它的有機結構成了貝類、章魚、海綿生物的避風港。而它背上的脊狀空間，則吸引了管蟲、貽貝和牡蠣等造嬌客入住。六個月後，一個充滿生機的水下社區已然成形。

RDL 團隊可以根據使用者實驗或復育的需求，客製獨一無二的珊瑚模型。
（來源：REEF DESIGN LAB）

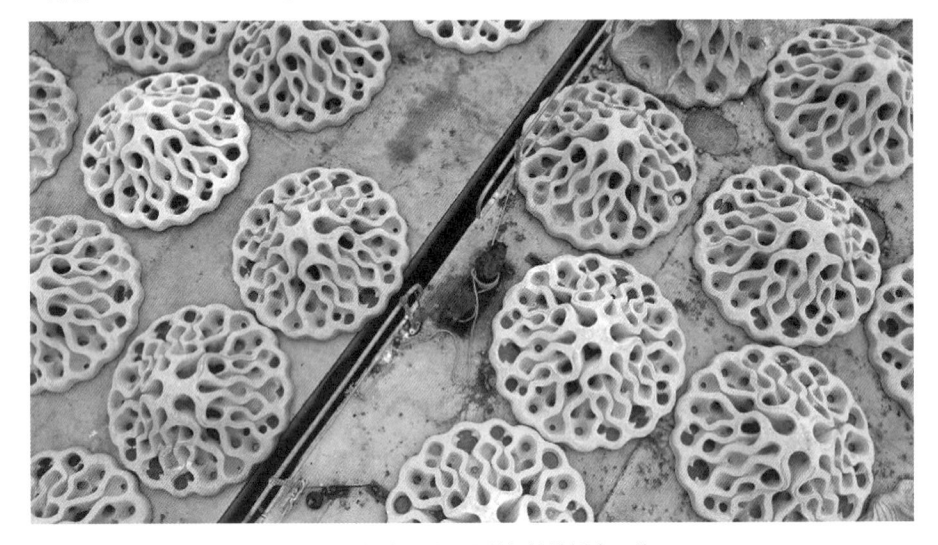

這些有著孔洞造型的海底別墅吸引了管蟲、貽貝和牡蠣等造嬌客入住。
（來源：Designboom）

　　RDL 的第二項產品，是為復育珊瑚礁所設計的「模組化人工珊瑚礁結構」（Modular Artificial Reef Structure，簡稱 MARS）。它能複製現有珊瑚礁錯縱複雜的造型給小珊瑚當作攀爬的橋樑，幫助新珊瑚生長，增加韌性，加快修復速度。而它模組化的設計，讓使用者可以輕鬆的按當地珊瑚礁成長的情況調整結構，進行組裝。

馬爾地夫度假村為了修復當地珊瑚礁，與 RDL 展開合作。團隊用電腦建模來設計、製造類似馬爾地夫地區的珊瑚礁，以構建新的珊瑚生態系統。團隊將設計好的 220 個陶瓷模具，送至馬爾地夫，在當地填充海洋混凝土，讓潛水員像是玩積木一樣在七公尺深的水中進行組裝，形成一個穩固的結構。接著，學者們將真的珊瑚碎片移植到陶瓷模具上，讓它們自由生長。幾分鐘之內，魚群與海洋生物已經好奇地游近，打算提包入住。

如今，這些珊瑚礁已成為新珊瑚生態系的一部分。海洋生物學家會定期去觀測這幾座人造珊瑚礁成長、恢復的情況。度假村的發言人阿米塔布．紹納（Aminath Shauna）讚嘆道：「這些由 3D 列印而成的珊瑚礁，成功模擬了自然珊瑚礁的模樣，新珊瑚附著得更好，這哪裡是一般結構可以做到的啊！」

MARS 為珊瑚復育提供了一個新的平台。艾力克斯分享道，團隊可以根據實驗與復育需求，特別訂製人造珊瑚模型的結構及填充材料，幫助珊瑚碎片更好地固定在礁體上，加快生長速度。

RDL 不單專注於珊瑚復育，也持續在為其他物種設計新的居住地。它分別與澳大利亞、荷蘭世界自然基金會合作，用石灰岩與砂岩設計、製作，可用於不同海域的人工牡蠣礁，復育牡蠣生態圈。

進入 2025 年，RDL 不單持續與世界各地的研究機構及政府單位合作復育海洋生物，更開始研究如何使用 3D 模組設計一款能抗浪、防止風暴損害和淹水的產品，強化人類應對氣候變遷與海洋變化的能力。

7. 澳大利亞 Australia：
捍衛珊瑚寶寶的搖籃
Coral Seeding Devices

寶寶苦寶寶不說，生存率終於突破 1%

SDG 涵蓋範圍：9, 11, 12, 13, 14

全球珊瑚礁快速白化，澳大利亞的科學家終於找到方法，將珊瑚寶寶 1% 的存活率提高到 50%。

每年有 12 次的滿月，其中有一次最特別，大堡礁（Great Barrier Reef）的珊瑚們會在銀白的月光下集體產卵，將無數的珊瑚精子與卵子釋入海中，牠們會在閃閃發光的海面上漂浮、受精、孕育成幼蟲，數天後才會返回娘家定居成長。讓人扼腕的是，能順利回家，活到一歲的珊瑚寶寶不到 1%。在全球珊瑚礁快速白化的情況下，澳大利亞的科學家們抓耳搔腮找方法，幫助珊瑚寶寶存活率提高再提高！

您能想像珊瑚寶寶為了存活得歷經多少劫難嗎？首先，它是海星、鸚鵡魚、螃蟹和海洋蠕蟲追逐的珍饈美味。其次，周圍的大型藻類會搶奪空間，讓珊瑚寶寶無法獲得足夠的陽光，如果移動得遠一點，又會被海底的碎石跟海流捲得東倒西歪，最後力竭而亡。

澳大利亞海洋科學研究所（Australian Institute of Marine Science，簡稱 AIMS）傾力維護及改善澳大利亞熱帶海洋棲息地的健康，從西部的寧格魯礁（Ningaloo）一直到大堡礁，保護珊瑚礁免受氣候變化的影響。在各學術組織與政府的支援下，AIMS 的研究人員藉由精密的國家海洋模擬器（SeaSim），幫珊瑚播種，再放入特殊的搖籃裝置上培育，等長出新的珊瑚寶寶，小心翼翼送回海底的珊瑚礁復育，增加新生珊瑚的存活率。

特殊的珊瑚寶寶搖籃
裝置成功提高了
珊瑚寶寶的存活率。
（來源：ECO）

搖籃裝置的外觀就像
一個大海星，配有向外
伸長的手臂，可與多個
搖籃裝置連結在一起。
（來源：AIMS）

　　這整個過程是怎麼執行的呢？科學家會先從大堡礁上收集準備繁衍的野生珊瑚，觀察幾個晚上等待牠們產卵，在自動化水族系統 AutoSpawner 的幫助下，珊瑚的卵子與精子會進行受精，一晚上可生產超過 700 萬個幼體，接著送進「育幼室」仔細照顧，等長成小幼蟲，即放到有珊瑚藻的小瓷磚上，為小珊瑚創造一個完美的成長環境。當小幼蟲長成一個合格的珊瑚寶寶，研究人員會將珊瑚移至特殊搖籃裝置上送回娘家，回到海底的珊瑚礁中。

　　AIMS 的首席水族學家兼珊瑚礁恢復計畫的負責人安德烈雅・賽維拉提（Andrea Severati）主要負責這款搖籃裝置的設計與研發，他與團隊花了兩年時間研發材料、形狀，終於完成夢想。他吐露：「任務

第三章　生物圈：海洋生態

147

不易啊！搖籃的形狀要能與天然的珊瑚礁銜接，不被海浪捲走，還要能捍衛珊瑚寶寶遠離獵食者。」他們得設計一款特殊的搖籃，減少魚類與珊瑚近距離接觸。

「像鸚鵡魚這類食草魚整天都在啃食珊瑚礁。雖然這對保持珊瑚礁的清潔和健康有益，但就珊瑚寶寶來說，往往意味著一整株珊瑚都有可能被吃掉。」正與 AIMS 合作調整搖籃裝置的詹姆斯庫克大學博士生泰勒・惠特曼（Taylor Whitman）慨嘆地說。

團隊最後選擇用陶瓷做為搖籃材料，減少沉積物與藻類堆積，有助於維持珊瑚寶寶需要的光照和水流。它的外型像一個大海星，表面有突起物，配有向外伸長與連結的手臂，可與多個搖籃連在一起，具有保護與固定功能，防止珊瑚寶寶在成長過程中被食草魚類吞食。

2021 年初，AIMS 底棲生態學家卡利・蘭德爾（Carly Randall）博士與研究員凱西・佩琪（Cathie Page）博士，在沃帕布拉（Woppaburra）人所居住的凱佩爾島（Keppel Island）進行首次的珊瑚播種復育實驗，在當地受到白化影響的珊瑚礁上，放置了 300 個裝著珊瑚寶寶的保護裝置，就在十個月後，驚喜的發現，超過九成的裝置中至少有一個珊瑚寶寶存活下來了，成功將原先只有 1% 的生存率提高到了 50%。

AIMS 團隊持續在培育珊瑚寶寶，於 2023 年把十萬株寶寶軍團重新種到大堡礁不同區域的珊瑚礁上，每三個月去監測生長情況。團隊現在也在吉貝爾群島高度退化的珊瑚礁上嘗試進行嫁接，以模擬各類嚴峻的復育環境。若實驗成功，團隊在未來三年，會陸續將百萬株珊瑚寶寶移植到海中。

除了強化既有搖籃裝置與調整培育區域之外，團隊更開發出可直接在海床著根的搖籃裝置，讓珊瑚寶寶未來可培育到新的環境，不用固定在既有的珊瑚礁上，在其他沒有珊瑚礁的區域也能自由成長，實現大規模珊瑚礁復育。

8. 台灣 Taiwan：
台灣珊瑚諾亞方舟

高級珊瑚育嬰中心，一年長高 10 公分

SDG 涵蓋範圍：4, 9, 11, 13, 14, 15, 17

在台達集團創辦人鄭崇華率領下，潮境珊瑚保種中心目前可養殖 6,000 株珊瑚苗，年齡從幾個月至 3 年不等，若加上海底珊瑚苗圃，總量可達萬株。方舟團隊矢志三年內復育超過 10,000 株珊瑚。

美麗的島，福爾摩沙台灣，曾是珊瑚王國。

2020 年夏天，全球升溫，台灣周遭的珊瑚出現嚴重白化，有近四成的珊瑚在死亡邊緣徘徊，就連緯度較高的東北角，也難逃大規模白化的命運。

直至今日，台灣有 107 種珊瑚瀕臨滅絕。

為了阻止珊瑚凋零，台達電子文教基金會（以下簡稱台達）與國立海洋科技博物館（以下簡稱海科館）攜手合作，投入千萬資金，在基隆成立「潮境珊瑚保種中心」，用綠電、智慧環境控制系統搶救瀕危珊瑚，保存多樣基因，打造「珊瑚諾亞方舟」。

基隆位於山海交界，在熱帶與亞熱帶之間，擁有豐富的浮游生物。一旁的潮境海灣資源保育區（八斗子潮境公園內），海洋生態多元，十分適合復育珊瑚。

保種中心從國際自然保護聯盟（IUCN）瀕危及易受害珊瑚名冊中，挑選出 20 種指標珊瑚為首要保護對象，分別為腎形盤珊瑚（Turbinaria reniformis）、星形棘杯珊瑚（Galaxea astreata）、繡球雀屏珊瑚（Pavona cactus）等。

走進百坪大的保種中心，空間寬敞，排列整齊，數量驚人又吸睛

的大水缸裡，放著三角、四角形的基座，插著各類形狀的珊瑚苗。

台達活用電源管理、自動工廠的技術，打造智能溫室。保種中心 24 小時營運，全年無休。系統仿造陽光、氣溫、海水變化，自動調節能源與燈光，營造出最適合珊瑚生存的環境。

隨著日照時間拉長，搭配適量 LED 藍光與自動造浪系統，珊瑚成長茁壯，一年可長高 10 公分，比野生珊瑚還高，效率提升 40%。

長大後的珊瑚寶寶會被團隊種在蚵殼製成的復育磚上，等待健康檢查。

保種中心使用台達微米級電腦斷層掃描儀（Micro CT），檢查珊瑚切片，確認珊瑚寶寶的碳酸鈣骨骼健康，從中挑選適合的品種及足以抵禦海浪的優等生，移植到海底的珊瑚苗圃中。

每個珊瑚苗圃可種 30 株珊瑚，志工及研究人員會定期下海用牙刷為珊瑚刷「藻」、採集珊瑚精卵，並透過水下影像及感測設備，監控水下溫度、鹽度、氧氣濃度、酸鹼值及沙塵暴等環境資訊，判斷是否影響珊瑚成長，適時介入。

2024 年，潮境的海溫已達 25 度，讓對溫度十分敏感，大多生活在 20 至 28 度海域的珊瑚，膽顫心驚。若當天再熱一點，太陽再大一點，它們會呼吸困難，直接休克。研究人員緊盯數字，必要時全體動員下海救珊瑚，把它們移回岸上養殖，待海溫回穩再放回。

在台達集團創辦人鄭崇華率領下，潮境珊瑚保種中心目前可養殖 6,000 株珊瑚苗，年齡從幾個月至 3 年不等，若加上海底珊瑚苗圃，總量可達萬株。方舟團隊矢志三年內復育超過 10,000 株珊瑚。

鄭崇華退而不休致力推動環境保護，擔心腳步一慢就來不及了。他決心把台達集團精益求精、追求卓越的產品開發精神，應用在生態保育上：「珊瑚復育攸關人類未來的存亡，我們很幸運能與海科館合作，選址基隆，配上台達的服務，我們會用盡全力把事情做好。」

台達活用電源管理、自動工廠的技術，打造智能溫室，讓保種中心 24 小時營運，全年無休。
（來源：台達電子文教基金會）

第三章　生物圈：海洋生態

　　團隊積極與國際接軌，向外取經，不僅參加國際珊瑚礁倡議組織 ICRI 的研討會，學習最新的分株與取卵方式，還向經驗豐富，復育多達 22 萬株珊瑚的美國莫特海洋實驗室（Mote Marine Laboratory & Aquarium）討教如何搶救白化珊瑚。

　　因應升溫，保護原生珊瑚之餘，團隊迫切尋找更耐熱的珊瑚。研究集中在兩個方向，一是評估改良原生珊瑚的可能性，二是尋找其他適合本土培育的耐熱珊瑚，強化國內珊瑚的生存韌性。

　　在團隊不懈努力下，潮境海域的珊瑚復育十分成功，存活率高達八成，吸引許多海棲類生物定居。2024 年的監測結果顯示，人為破壞的跡象減少，活珊瑚的覆蓋率達 53%，每 100 平方公尺範圍內觀測到 10 隻鰈魚，數量比往年要多。

　　為了拉近大眾與珊瑚的距離，團隊推出不少活動及講座，希望藉著參與保種中心的珊瑚復育、種植課程，大家能了解珊瑚生態對台灣海域的重要，一起成為「種珊瑚的人」。

151

9. 加拿大 Canada：
AI 智能養殖系統 ReelData AI

魚兒心情有誰知，壓力山大沒胃口

SDG 涵蓋範圍：9, 11, 12, 14, 17

ReelData AI 的自動餵食系統——「ReelAppetite」，專為強化餵食方式設計，只要將它放在水箱的出水管上，它能精確識別魚群的數量、食量、提供適量的飼料，確保魚兒吃得足夠，減少浪費。

　　健康意識抬頭，全球超過 30 億人將海鮮作為主要蛋白質來源。人們對陸域養殖場的海鮮需求不斷翻高，如何增加更多產量，成為各國養殖場的首要目標。

　　傳統的漁產養殖，缺乏完備的監控能力，無法掌握水下世界。就像中國經典的濠梁之辯，兩位知名思想家莊子和惠施，臨溪辯論水中的魚是否快樂？這段故事流傳千古也沒有答案。忙碌的養殖戶更沒有閒情雅興，在乎魚快不快樂？餓不餓？反正該餵魚的時候餵魚，一勺勺飼料灑下去，魚一定會吃的。

　　是這樣嗎？事實上，根據研究，魚在不餓的情況下，只會靜靜的看著飼料落入水底，既浪費又汙染水質。錯過餵食時間，空腹的魚會虛弱、病懨懨，降低生產值，而養殖戶從頭到尾，都不知道到底發生了什麼事？

　　兩位來自達爾豪斯大學（Dalhousie University）化學工程系及電腦科學系的學生馬修・齊莫拉（Mathew Zimola）和侯賽因・薩利米安（Hossein Salimian）知道該如何解決這個問題。他們於 2018 年在加拿大成立了「ReelData AI」，志在通過智能系統提高陸上水產養殖業者的永續性及獲利能力。

ReelData AI 設計的人工智能系統及監測相機具備自動餵食、生物數量與重量估算,及健康和壓力系數分析的能力。

ReelData AI 的自動餵食系統——「ReelAppetite」,專為強化餵食方式設計,只要將它放在水箱的出水管上,它能精確識別魚群的數量、食量、提供適當的飼料量,確保魚兒能吃到最多的飼料,減少浪費。

同時,ReelAppetite 系統能協助檢查,看水箱中有無水質問題、魚兒是否健康?是否食慾不振?讓養殖業者能及時介入,穩定水產養殖的情況。

ReelData AI 所推出的生物攝影機,搭配「ReelWeight」與「ReelCount」智能系統,在數以千計不同種類的魚兒游過時,能藉由人工智慧及電腦視覺辨識個別魚類,並在短短數小時之內,輕鬆獲得特殊魚種的生物分布與數量,並迅速量測每隻活魚的重量、大小,編制樣本。

目前 ReelData AI 的智能攝影機不單能防水、防腐蝕,配有強韌的電纜功能,還具備在高密度放養、水域混濁的環境,提供精確的計算結果。它有量測 25 公克到超過 7 公斤鮭魚品種及識別 2 毫米飼料、顆粒物的能力。

ReelData AI 智能餵食與監測系統最大的優勢,在於非侵入式的檢測能力,減少了傳統養殖業者需要靠手動秤重來確認魚類狀況的物理處理,讓魚群的壓力降至最低。舒適又放鬆的魚兒更健康有活力,解決了排泄物增加、食慾低落甚至死亡的問題。

養殖業者及管理者只要登入系統,便能立即獲得檢測報告,了解魚類的生長狀況,調整魚量,掌控生產力。

用 ReelData AI 智能系統進行商業測試後,十分滿意的冰島北極紅點鮭魚養殖廠商 Samherji fiskeldi ehf,決定將它拓展到冰島其他

ReelData AI 智能餵食與監測系統最大的優勢，在於非侵入式的檢測能力。
（來源：ReelData AI）

三個陸域養殖場；而來自荷蘭的 Kingfish Company 也不落人後，驚豔於 ReelData AI 系統的便利性，決定將這項創新系統擴增至位於歐洲、北美和智利的大西洋鮭魚和北極蝦的養育場。

為呼應世界銀行的預測，2030 年水產養殖所提供的魚類總量將超過 9,360 萬噸，許多國家都積極輔助當地的水產養殖業，增加它們在環境及財務上的永續性，好帶動整個產業的數位轉型。

迄今，ReelData AI 的服務已遍及全球，除了冰島及荷蘭外，更為英國的 Cermaq Canada、美國的 Atlantic Sapphire、挪威的 Salmon Evolution、丹麥的 Danish Salmon 鮭魚養殖業者服務，甚至在智利、澳大利亞的塔斯馬尼亞也有養殖據點使用他們的系統。

10. 美國 United States：
浮動生態實驗室
Buoyant Ecologies Float Lab

全新生態海綿，保護陸地不受騷擾

SDG 涵蓋範圍：4, 6, 9, 11, 13, 14

當大量的無脊椎動物與海棲生物附著於浮動生態實驗室生活時，將成為一種新的「生態海綿」、新的海洋屏障，削弱波浪作用，減輕海岸侵蝕，緩解沿海城市對海平面上升的焦慮。

面對因氣候變化而日漸短縮的海岸線與瀕臨滅絕的多元生物棲息地，各國學者絞盡腦汁，希望設計出一款能擁抱海浪，抵禦侵蝕，又能讓海洋生物悠游安居的新天地。

加州藝術學院（California College of the Arts）的建築生態實驗室（Architectural Ecologies Lab）與海洋研究機構 Benthic Lab 和莫斯蘭丁海洋實驗室（Moss Landing Marine Laboratories）以及奧克蘭港的專家，經過五年的實驗與驗證，夢想成真，合力將科學研究與浮動建築融為一體，設計出了一個貌似小型冰山島的白色浮體船，名為「浮動生態實驗室」（Buoyant Ecologies Float Lab）。

這座結合了視覺美觀、數位製造和海洋生態學的浮動生態實驗室，以應對新氣候環境，抵禦海浪與海岸侵蝕為目標，整個船體大小為 4.2 x 2.4 公尺，接近一輛轎車那麼大，由環保的纖維聚合物所製成，重達 227 公斤。

這座浮動實驗室，由太陽能板和電池發動。整個船體結構根據海洋生物棲息需求設計，船體上部設有山峰與谷地，凹槽處形成潮汐池。底部則設置了多樣的地形，好吸引各種無脊椎動物如苔蘚蟲、管蟲、

浮動生態實驗室的整個船體結構乃根據海洋生物棲息需求所設計。（來源：Dezeen）

實驗團隊跨出革命的一步，開始構思人類也能居住的大型浮動生態實驗室。
（來源：Future Architecture）

海綿、海蛞蝓、被囊動物、甲殼類軟體動物及海膽等。水下更設有特殊的「魚類公寓」。團隊希望它能像顛倒的珊瑚礁一樣，召喚其他浮游生物，豐富生態，穩定浮力。

當大量的無脊椎動物與海棲生物附著於浮動生態實驗室生活時，將成為一種新的「生態海綿」、新的海洋屏障，削弱波浪作用，減輕海岸侵蝕，緩解沿海城市對海平面上升的焦慮。

這座浮動實驗室於2019年起在奧克蘭中港岸公園（Middle Harbor Shoreline Park）停泊五年，方便科學家仔細調查船上、船下海洋生物生活的情況，及周邊環境如水體溫度、光線變化、水域濁渡、海鳥覓食和季節變化。2024年，浮動實驗室搬遷到珍寶島（Treasure Island）繼續進行研究，評估是否在各種環境之下，只要提供合適的結構，即可強化各類族群的生存條件，維持一定程度的生物多樣性。

搬家前，這座浮動實驗室作為奧克蘭港的環境示範項目，積極參與奧克蘭港的公共教育和社區活動，協助當地居民理解海洋保育的重要，為海岸基礎建設的永續發展設立了一個創新的典範，讓莘莘學子們對未來充滿想像空間。

雖然浮動實驗室還在研究階段，但它已為人類與海洋生物共生的未來創造了一個全新的願景，現在實驗團隊跨出革命的一步，開始構思人類也能在上面居住的多功能大型浮動生態實驗室，希望它創新且能自給自足的結構，不單為海洋生物、也為人類提供更多的棲息地。

11. 澳大利亞 Australia：
船體打掃機器人 Hullbot

客人買票了嗎？艙底不得入座喔

SDG 涵蓋範圍：9, 11, 13, 14

根據研究，嚴重的生物汙垢，將導致船運業者多排放 90% 的二氧化碳。若業者能定期清理船身和螺旋槳，可幫助一艘典型散貨船減少 22% 碳排量，節省 650 萬美元的燃料成本。

　　長時間在海上航行，船底容易積累生物汙垢，不同海棲生物帶來的黏液、海藻及扇貝等過客的寄居附著⋯⋯，使得船體重量不斷增加。

　　根據研究，嚴重的生物汙垢，將導致船運業者多排放 90% 的二氧化碳。若業者能定期清理船身和螺旋槳，可幫助一艘典型散貨船減少 22% 碳排量，節省 650 萬美元的燃料成本。

　　長久以來，航運公司與漁業多使用防汙塗料降低船身損害，導致有毒物質與塑膠微粒滲入海中。即便已出現海洋友善的無毒塗料，仍是海洋的負擔，需要時間消化。

　　澳大利亞的一家海洋科技公司「Hullbot」，開發出一款「船體打掃機器人」，為船體清潔帶來革命性的服務，能在無人操作的情況下自行檢查、清理船體，防止生物汙染，降低化學塗料的使用。

　　Hullbot 研發的打掃機器人，從軟體到硬體全都一手包辦，讓這台僅有 12 公斤的打掃小尖兵，藉由水下攝影機、微型電腦與感測器，擁有檢測、報告、繪圖，並在水下穿梭清理的功能。讓各類船舶、遊艇在最短時間內恢復最佳狀態，提高航速縮短航程。

　　Hullbot 的創辦人兼發明者湯姆・洛夫勒 (Tom Loefler) 表示：「試想一下，將遊艇留在水中，就能乾淨如初，恢復性能⋯⋯。這對環境的

現在有 12 艘 Hullbot
船體打掃機器人在澳大利亞
的船隊中穿梭。
(來源：BoatTEST)

Hullbot 船體打掃機器人
可以直接在水下清理，
不會影響航運公司的營運。
(來源：Hullbot)

效益多麼可觀，它可以降低燃料消耗、減少碳排放、減少微塑膠塗層、減少毒害海洋生態系統的生物殺蟲劑，並減少破壞生物多樣性的海洋入侵物種。」

那麼，這台打掃機器人是如何執行任務的呢？首先，它會先潛至水下，利用攝影機記錄船體的幾何形狀，建立 3D 模型。當機器人開始打掃時，會掃描船身，與模型比對，檢查船體，標示出需要清理的地方。

第三章 生物圈：海洋生態

打掃時，打掃機器人會揮動手臂與輪子上的刷子，清潔船體、螺旋槳和軸心，洗刷掉黏液、水草與一些外來的海棲物種。為了因應大小船艇需求，專案團隊特別開發出不同類型的刷子供使用者替換。

清理過程中，航運公司可以照常運營，不會影響日常收入。使用者能在全球範圍內通過 Hullbot 的管理平台遠端遙控，或是幫小尖兵設置打掃任務，確認打掃次數、速度及運營情況。Hullbot 目前已證明能為渡輪船隊節省 21% 的燃料，提高船體效率 50%，漂亮降低碳排放。

此刻，已有 12 艘船體打掃機器人在澳大利亞的船隊中穿梭。其中以租船業者為大宗，基於環境保護，政府規定船體需定期維護，往昔得花大錢請專人檢查、拜託潛水夫協助清理，如今全部交給自家打掃機器人，輕鬆搞定。

Hullbot 可以根據船隊或漁民的需求提供機器人租賃和銷售服務。使用中有任何狀況，技術團隊都會協助操作，解決問題。

團隊的願景是能在多個港口和交通樞紐建立業務，派遣機器人為世界各地的船舶完成清理任務。湯姆充滿使命感的說，降低航運汙染刻不容緩，減少任何化學物品的使用，就是對海洋與生態最好的守護。

12. 美國 United States：
魚形水下機器人 Aquaai

魚隊長不要走，這邊有新兵入伍

SDG 涵蓋範圍：2, 6, 9, 11, 13, 14

機器人 Nammu 不單外型、游動方式神似魚類，身體跟尾巴也會隨著水流擺動。魚群跟其他海洋生物均將它視為同類，讓它能貼近探索、觀察環境。

全球的海洋、湖泊和河流正承受著氣候變化與城市汙染的極大壓力。

隨著洪水暴雨的增加，海洋與河流被汙染的速度與程度超出人類的想像。聽到學校老師講述海洋日漸面臨的危機，讓西蒙·彼得科斯基（Simeon Pieterkosky）的女兒十分緊張。

她回家向正為恐怖電影做動畫設計與機器人的父親懇求，希望他能做一款保護海洋的機器人。女兒的願望，成了西蒙設計海洋機器人的契機。他開始思考，若有一種水下機器人，能悠游水中，監測並保護環境，還能靈活地避開障礙物，不是一件很棒的事嗎？

根據西蒙的觀察，全球幾乎每條水道都受到汙染，讓生態系統難以恢復。為了釐清汙染情況，西蒙與夥伴麗安·湯普森（Liane Thompson）一同在美國成立了「Aquaai」，決定使用魚形機器人來收集資料，判別水域是否健康？

Aquaai 團隊所設計的魚形機器人以海洋女神「Nammu」為名，模樣很像動畫電影《海底總動員》的主角——小丑魚尼莫。擁有橘白黑相間的橡膠外皮、魚鰭、尾巴，長約 1.3 公尺，重約 30 公斤。它的電池續航力高達九小時，特殊的專利設計，讓它可以在水中穿梭十個月，性價比十分高。

西蒙與團隊設計的魚形機器人
Nammu，貌似知名的小丑魚尼莫。
（來源：CNN Business）

　　機器人 Nammu 不單外型、游動方式神似魚類，身體跟尾巴也會隨著水流擺動。魚群跟其他海洋生物均將它視為同類，讓它能貼近探索、觀察環境。

　　Nammu 配載攝影機與感應器，在水中跟著魚群巡遊時，能同時監測水中的含氧量、鹽度、酸鹼值等指標。也能按使用者需求透過視覺軟體與 AI 演算法檢查魚類尺寸、外觀，提供餵養與治療建議。

為了方便資料收集，Aquaai 還開發了一套搭配機械魚使用的智能網路平台。使用者能在平台上即時收集、確認水域中的視覺和環境資料，並分享給其他夥伴。共同創辦人之一的麗安笑稱，市面上有「軟體即服務」（Software as a service），而他們有「有魚即服務」（Fish as a service），除了銷售，也提供租賃服務供小型研究機構與養魚場使用。

現在，Aquaai 與知名通路如 Whole Foods、Fulton Street Market 和挪威鮭魚養殖廠 Kvarøy Arctic 合作，取代傳統的固定感應器來檢查水質和魚群的狀況。麗安解釋，不論是在海水或是淡水的巨大養殖場中，用固定感應器監測的效率較低，因為魚群常會游離監測範圍，而隨著魚群自在游泳的 Nammu 沒有這個問題。根據調查，Nammu 每年幫助使用者提升 5% 產量，減少飼料浪費，確保水域環境的健康。

除此之外，Aquaai 的機器魚可從自動模式切換成手動模式，讓使用者可經由遠端操作，執行人們無法獨力進行的特殊任務，如潛入海底深處檢查汙染情況，將塑膠垃圾及廢棄漁具打撈上岸，或是追溯水中的汙染源、檢查洪水與暴雨後的水道系統，確認汙染情況等。為了加快海域保育、保護海洋生物、回收廢棄漁具二度使用……，Aquaai 的技術團隊正在積極準備量產魚型機器人。

現今，Aquaai 特殊的技術已在美國加州與挪威掀起熱潮，更榮獲歐盟頒發卓越獎章與頂尖水產養殖創新獎。未來 Aquaai 將把技術用在美國、挪威及中東地區的水資源管理、永續水產養殖、偵測廢棄漁具及監測珊瑚健康上，希望進一步守護當地的水域環境。

13. 台灣 Taiwan：
海上「湛」鬥機

真相只有一個，港口機器人告訴您

SDG 涵蓋範圍：9, 11, 13, 14, 15, 17

一台靠電力發動，形似小遊艇的湛鬥機，應用面廣，適用於各類水域，能用輸送帶收集海上漂浮的垃圾，再運到後方的收集袋，每月可清除 2 千公斤，每年預估可清理 2 萬 6 千公斤的垃圾。

海洋與陳思穎的生活密不可分。

在台東長大的她，喜歡大山大海，從小就對環境科學充滿興趣，一路從海洋環境工程系念到海洋環境化學與生態研究所，並在海洋研究船海研二號與海洋學門資料庫工作過。

在幾次打掃海廢，參與淨灘的過程中，看著不管如何清理，總會不斷長出垃圾的海岸，她覺得不能長此以往，清除垃圾如果動員有限，何不讓機器代勞？

懷抱著為海洋做點什麼的想法，陳思穎開始進行調查，發現相對於卡在沙灘上寶特瓶這類固定式垃圾，對海洋造成更大影響的，是隨波逐流的漂浮性垃圾，例如人們隨手丟棄的塑膠袋，若不即刻處理，它就像蒲公英一樣，隨風飛散。

2017 年，陳思穎拉著熱愛浮潛的好朋友曾鈺婷、陳亮吟，一同成立了「湛・Azure」團隊，幾個人土法煉鋼，靠著文獻資料與手邊的材料，製作出一款能打掃海洋垃圾的機器人：「初代湛鬥機」，並於 2020 年透過群眾募資「為湛而戰，海洋垃圾移除計畫」，完備湛鬥機的重要元件如電動螺旋槳、機電系統、攝影系統及堅固的防鏽外殼，正式向海漂垃圾宣戰。

一台靠電力發動，形似小遊艇的湛鬥機，每月可清除 2 千公斤的海洋垃圾。
（來源：台灣湛藍海洋聯盟）

　　一台靠電力發動，形似小遊艇的湛鬥機，應用面廣，適用於各類水域，能用輸送帶收集海上漂浮的垃圾，再運到後方的收集袋，每月可清除 2 千公斤，每年預估可清理 2 萬 6 千公斤的垃圾。

　　台灣四面環海，共有 220 座港灣，其中超過九成的港口鮮少被清理。海洋廢物在港邊堵塞，最後碎成塑膠微粒，成為魚蝦餌食，至終進入人的身體。

　　「假如，台灣各個港口都有一台湛鬥機，海洋恢復湛藍的夢想將越來越清晰。」擔任「湛・Azure」團隊執行長的陳思穎笑著說。

　　團隊努力強化現有的湛鬥機，從初代進階到第三代，克服了早期只能待在定點的限制，最新款的湛鬥機能根據季節風向、水流開啟自動巡航。相信在不久的未來，它不單能用 AI 辨識垃圾所在，還能遠程操控打掃方式、行動航線，同時清理數個港口。

　　最重要的是，湛鬥機不單只是「海上 Dyson」，它還能分析垃圾找出汙染癥結點。

第三章　生物圈：海洋生態

最新款的湛鬥機能根據季節風向、水流開啟自動巡航。（來源：台灣湛藍海洋聯盟）

　　陳思穎分享了在八斗子漁港測試的經驗，眼前塞滿港口的垃圾，本以為是隨著潮汐從外海流進來的，但是調查發現，退潮時垃圾非但沒有隨波而去，甚至比漲潮還多，這才發現垃圾來自當地。

　　細看數據資料，夏天的寶特瓶量比冬天多，真正製造垃圾的兇手是不能出海、在岸邊打工、猛灌飲料解暑的移工。

　　團隊帶著真相與港口管理員討論，如何落實垃圾不落地？請他們立即擴增垃圾桶，教育移工，從根本上解決汙染問題。

　　團隊不只讓湛鬥機在八斗子漁港、竹圍漁港、鼻頭漁港等地「下海」示範，也以半年清除超過 5,000 公斤垃圾的速度打掃海洋。

　　這群熱血年輕人，深深打動了港口的漁民，看著他們抱著湛鬥機在海裡測試，隨浪翻滾模樣狼狽，忍不住大喊：「太辛苦啦！垃圾清不完啦！」隨即轉頭提醒其他漁民：「別再亂丟垃圾了！」

　　團隊希望讓大家知道，台灣有一群人非常努力的在為環境奉獻，有心的朋友請一同加入「湛鬥機」行動：「垃圾不落地，海洋變乾淨」！

14. 美國 United States：
海港打掃機器人 Clean Earth Rovers

上山下海都行，超強海陸兩用機器人

SDG 涵蓋範圍：3, 6, 9, 11, 13, 14

Rover M1 可像遙控汽船一樣遠端驅動，Rover AVPro 則能完全自動運行，它會根據預設程式，自行移動至定點工作。Rover 系列在滿電的情況下可工作 20 小時，收集約 40 公斤的廢棄物。

海洋的健康長期受到忽視。

根據聯合國教科文組織（UNESCO）的資料，光是塑膠汙染（約 50 兆件）就占海洋汙染的 80% 左右。然而前景並非一片黑暗，世界各地，正不斷有人努力發想解決方案。

麥可・阿倫斯（Michael Arens）就是其中之一。他在高中最後一年，第一次意識到海洋塑膠汙染的嚴重性。畢業時，他懷抱著幫助海洋擺脫塑膠汙染的夢想，到辛辛那提的澤維爾大學（Xavier University）就讀，在那兒遇到了同學大衛・康斯坦丁（David Constantine），相同的願景，讓他們成了夥伴，攜手創辦了「Clean Earth Rovers」。

麥可與團隊原本專注於研發海洋清潔產品，但經由創業單位輔導，他們轉移目標，將焦點放在陸地與海洋的銜接點──港口、遊艇碼頭及其他沿海地區。開發出數款兩棲通用的小型監控、打掃無人機如 Rover（M1、AVPro）等。

Rover 是一款海陸兩用的船型機器人，尺寸只有 5x5 英尺，可用拖車拖運，移動方便，內設有 GPS 定位與 LiDAR 掃描感測器，會自行感測身邊物件避免碰撞。

Rover 可在海洋與河道內打掃、收集塑膠、死魚、浮游物、海藻或是油汙等化學有害物質。Rover 的濾袋經過特別設計，能防止小型海洋生物受困其中。Rover M1 可像遙控汽船一樣遠端驅動，Rover AVPro 則能完全自動運行，它會根據預設程式，自行移動至定點工作。Rover 系列在滿電的情況下可工作 20 小時，收集約 40 公斤的廢棄物。

　　除此之外，Rover 還能進行特殊任務，像是去暴風雨過後的海堤區檢查，藉由內裝的攝影機，記錄環境情況，及時收集垃圾與碎片，避免堆積汙染水質。

　　產品正式推出前，團隊在不同港口進行測試，像是加州杭廷頓海灘（Huntington Beach）就是其一。它也是第一個願意使用機器人清理水道的城市。該市環境服務經理吉姆．梅德里（Jim Merid）表示，這款機器人能夠清理那些傳統工具無法觸及的區域如港口隱蔽處、死水區和漩渦中，有效減少環境汙染。在計畫結束前，Rover 已協助清理 500 多公斤的廢料。

　　為了強化無人船隊的操作，Clean Earth Rovers 與 Advanced Navigation 合作，將 CGCConnect 導入產品中。CGCConnect 是一個尺寸如信用卡大小的隨插即用微型數據機，能在 4/5G 蜂巢式網絡上運作，可輕易的將每輛 Rover 無人船連接到雲端地面控制（Cloud Ground Control）平台上，讓使用者能及時遠端遙控、儲存當前資料、查看機器人的情況。這套雲端系統讓 Rover 無人機的功能達到另一個高度，讓客戶能通過網頁存取機器人的視訊資料，控管船隊的任務路線。

　　更酷的是，該平台還提供資料分析與自動化作業管理功能，協助簡化作業流程，使用者能隨時編輯、存取所有無人船的任務路線，將其套用在新舊船隻上。當有天然災害的地區需要無人船支援時，能幫使用者快速派出救援船隊。相較以往，當汙染事件發生，部署清理工作要 4 到 6 小時，現在只要 40 分鐘就搞定，也更安全。

Rover 是一款海陸兩用的船型機器人，能按需求執行不同任務。
（來源：The Robot Report）

使用者能及時遠端遙控、查看機器人的情況。
（來源：The Robot Report）

麥可分享了公司的願景：「我們致力於幫助市政府與沿海社區，做出對沿海水域健康而明智的決策，我們相信每一位遊客都應在下水前了解水質狀況，通過建立全面的水質監測網路，我們正在實踐一個未來：在海灘度過美好、充滿回憶的一天，而不是驚悚的健康冒險。」

目前，Clean Earth Rovers 不單與加州橘郡的碼頭與海濱企業簽下清潔服務協議，更順利拓展至洛杉磯、聖地牙哥、佛羅里達州等地，深受當地政府與社區的好評。

第三章　生物圈：海洋生態

15. 西班牙 Spain：
海上無人偵察機
Marine Instruments

新世代勞模無人機，邊打擊犯罪、邊打掃海洋

SDG 涵蓋範圍：9, 13, 14, 16, 17

西班牙海軍把 M5D-Airfox 系統安裝在海上行動艦「Meteoro」上，這艘巡邏艦專門執行海上安全管制，打擊非法捕獵、毒品走私、非法移民及恐怖主義。而海上救援隊則延伸 M5D-Airfox 的功能，用它探測西班牙沿海的海域垃圾，為淨海出一分力。

科幻電影中許多像紙飛機一樣的無人機，咻一下騰空，展開各式偵察任務。這個技術看似離我們尚遠，卻已是西班牙海岸的日常，這兩年也出現在台灣。

來自西班牙的「Marine Instruments」業務十分多元，專注於開發製造因應海洋環境的新科技設備，推動智慧海洋與永續漁業的發展。Marine Instruments 設計鮪魚智能感測浮標打下知名度，它與生物學家合作，用海洋學、衛星圖像、聲納偵測與人工智能開發出兩套智能解決系統，分別是「MarineView」和「MarineObserve」。

MarineView 是一套能搭配智慧浮標使用的整合性平台，幫助使用者即時分析海洋條件（洋流、溫度），感測魚量並識別最佳捕魚區域。更酷的是，系統會推算漁具的漂移方向，建議最佳部署地點，減少燃料消耗。MarineObserve 則是一套電子監視系統，幫助使用者用影片和影像記錄船隻所有捕魚活動的位置、操作、速度，方便業者掌握全方位數據訊息。

Marine Instruments 的執行長加布列爾・戈麥斯・賽拉亞

M5D-Airfox 出色的偵查能力吸引了西班牙海軍與水雷行動部隊的目光。（來源：Infodron.es）

（Gabriel Gómez Celaya）表示：「我們正在將工業 4.0 轉移到海洋上，我們稱之為『智慧海洋』，這是一個非常有趣的概念。我們將擁有更多的資料和資訊，做出更正確的決策。」

Marine Instruments 接著把目標轉到海上偵察，它為公海上的鮪魚培養學校設計了一款小型太陽能巡邏機，名為「Tunadrone」。它只有 2 公斤重，配置攝影鏡頭，能航行 8 小時，在公共海域上進行偵查、即時定位、有效打擊非法捕魚。

Tunadrone 的成功，讓 Marine Instruments 決定做一個放大版。它開發出一款中型的太陽能無人機「M5D-Airfox」，外形像大型紙飛機，重量僅有 4 公斤，羽翼總長為 2.5 公尺，可用人工投射或弓弩發射台發射，並用網子回收。360 度高清的攝像頭，有即時傳輸功能，有效進行漁業環境監視、追蹤和目標偵測任務。隱蔽而安靜的設計，減少

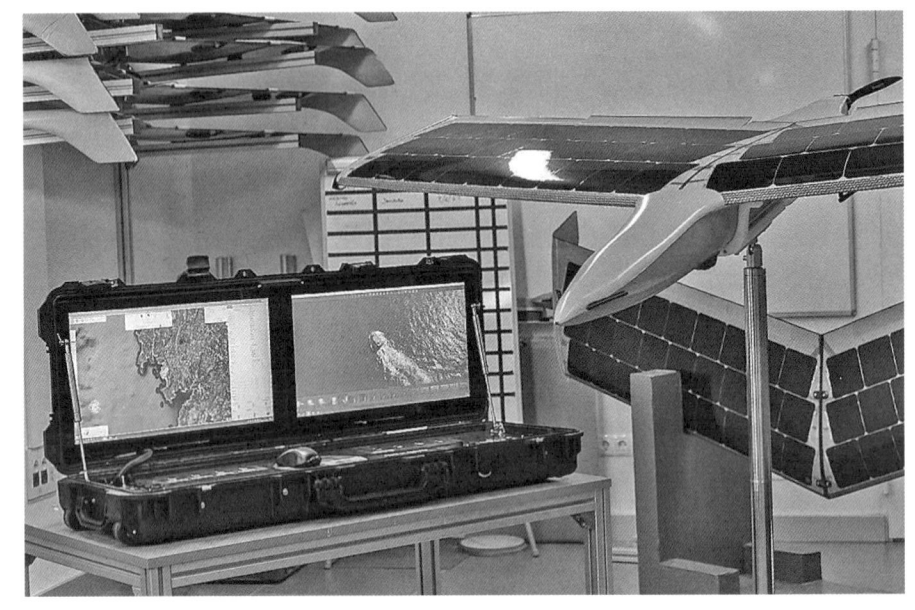

M5D-Airfox 能進行漁業環境監視、追蹤和目標偵測等任務。（來源：Marine Instruments）

了對海洋生物的影響，具有 10 小時續航力，可飛行 18 海里之遙。

西班牙政府的農業、漁業和食品部與 Marine Instruments 簽了兩年合約，讓 M5D-Airfox 能盡情在西班牙 6,000 多公里的海岸上飛行，即時與地面合作單位通訊，發送照片和影片，協助海上飛機與直升機的執法單位進行特殊區域的偵察，並在任務結束前生成結案報告。

完成了 750 小時的飛行，M5D-Airfox 出色的偵查能力征服了西班牙海軍與水雷行動部隊，正式與 Marine Instruments 展開合作，把 M5D-Airfox 系統安裝在西班牙海軍的海上行動艦「Meteoro」上，這艘巡邏艦專門執行海上安全管制，配合國家安全部隊與海上機構，打擊非法捕獵、毒品走私、非法移民及恐怖主義。

這麼優秀的偵查能力是否也能用於探測淺海垃圾呢？西班牙海上救援隊（SASEMAR）除了救人，更多時間在清理海中的塑膠垃圾，但西班牙的海岸線太長，管理十分困難，靈光乍現，他們從漁業部門借來了

M5D-Airfox，測試它是否能掃描大面積的海域，找出塑膠垃圾所在。

Marine Instruments 為了讓 M5D-Airfox 能有效進行測試，調整、強化了自動檢索與識別系統，讓它學會更快速的辨識超市塑膠袋、箱子、防水布、瓶子及其他小塑膠物品。

海上救援隊派出 M5D-Airfox 在馬拉加海岸、阿爾梅里亞各偵查 2 天，效果良好。M5D-Airfox 甚至在阿爾伯蘭海偵測到一個塑膠集中的區域，大幅提升海上救援隊的清理效率。

目前，Marine Instruments 已為多達 30 個國家服務，創新的技術不單榮獲歐盟頒發「商業創新獎」，還因幫助西班牙漁業有效降低碳排放，榮獲「漁業技術卓越獎」，表彰 M5D-Airfox 無人機系列在永續海洋管理與環境保護上的卓越貢獻。

Marine Instruments 相信隨著 M5D-Airfox 的功能日漸增加，未來可直接替換海上直升機、巡邏機與其他安全部隊，大幅降低全球海岸區域的二氧化碳排量，還給海洋生物一個清新美好的環境。

從西到東，台灣跟上潮流，2024 年環境部運用無人機 AI 辨識技術巡檢台灣 1,990 公里的綿延海岸，成功辨識、通報海廢位置，清理超過 582 公噸海岸廢棄物，大幅縮短工時，守護寶島藍海。

16. 英國 United Kingdoms：
AI 打擊海上犯罪 OceanMind

「幽靈船」也逃不過，超強 AI 海洋監控系統

SDG 涵蓋範圍：2, 8, 9, 13, 14, 16, 17

魚市每售出五條魚，就有一條來自非法捕撈。非法漁業的產值高達 235 億美元。過度捕撈導致海洋生態失衡。幸虧有 OceanMind，可以打擊海上犯罪！

海洋是人類的另一個母親。

它提供了氧氣與食物，透過豐富的生態系統，維持地球氣候的穩定。

魚市每售出五條魚，就有一條來自非法捕撈。非法漁業的產值高達 235 億美元。過度捕撈導致海洋生態失衡。幸虧有 OceanMind，可以打擊海上犯罪！

您知道嗎？許多非法捕魚並非專業罪犯所為，他們多半是普通漁民，刻意闖入國際海域大肆捕撈，以迴避各國規範。國際海域不歸單一國家，無法監管，造成大量海洋生物的悲歌。

尼克‧懷斯（Nick Wise）熱愛潛水，著迷各類可愛的海底生物。目睹非法漁獵猖獗，開始思考該做些什麼來保護這片美麗的海洋？他仔細調查各國執法情況，發現問題核心，在相關單位缺乏足夠的能力與資源監控公共海域。

在衛星應用推進中心（Satellite Applications Catapult）、皮尤慈善信託基金會（Pew Charitable Trusts）與英國政府的幫助下，尼克與夥伴共同創辦了「OceanMind」。

作為英國的非營利組織，OceanMind 利用衛星監測、雲端運算和人工智慧來打擊非法漁業，推動海洋執法，守護海洋生態。

第三章　生物圈：海洋生態

OceanMind 通過 AI，及時判斷海上的漁船是否符合當地規範，有無合法申請。（來源：Microsoft）

OceanMind 的智能漁業監測平台，可以監測全球船隻的海洋活動，即時打擊犯罪。（來源：OceanMind）

　　OceanMind 開發了一個特殊的智能漁業監測平台，可以透過分析衛星、無人機及航運資訊，監測全球船隻的海洋活動，甚至跟蹤潛在的非法漁船，提供即時訊息給海岸巡邏和漁業管理機構。

因數據極為龐大，團隊訓練 AI 當小幫手，判斷哪些地方、哪些漁船正在捕魚，即時比對捕獵物種是否符合當地規範、有沒有合法申請？評估後系統會清楚標示，提供建議事項，並在漁船回到港口前完成檢查報告，幫助執法單位快速釐清、及時處理，專注於證據收集、案件設立、進行起訴等重要行為上。

為了有效提升全球的執法能力，OceanMind 與各國政府及海岸警衛隊合作，利用現代技術捍衛海洋保護區。

OceanMind 幫助泰國皇家漁業部監控國內漁業問題、改革漁業法規、重新建立新的漁業管理中心，大幅增強對泰國漁船的控制，讓泰國漁業部在短短三年內，解除了原先因非法捕撈而被歐盟拒絕進口的威脅。

OceanMind 更參加了英國政府主持的「藍帶」（British Blue Belt）計畫，透過 AI 系統檢測英國附近海洋保護區（MPA）中有無非法捕魚行為。另外，在衛星影像的追蹤下，甚至可以辨識躲避監視的「隱形船隻」，成功幫印尼政府將惡名昭彰的非法漁船 STS-50 逮捕歸案。

在大量的數據累積與學習之下，OceanMind 演算法的準確率已高達 99%，能精準判讀漁民使用 19 種不同漁具捕魚的順序與方式。它還能仔細分析船員的情況，查看船員是否超時工作，違反勞動法、人口販賣甚至奴役等行為。

更酷的是，團隊受到了英國海事考古信託（Maritime Archeology Sea Trust）的委託，幫助他們保護海底文化遺產，特別是第一次和二次世界大戰的沉船遺址。沉船中有許多油料與軍火設備，若未妥善處理，將造成嚴重的海洋汙染。團隊目前在全球檢查與守護這些沉船遺址，協助信託公司監看是否有未申報的船隻在遺址上移動，防止非法「回收」發生。

為全方面監管漁業與航運公司的運作情況，OceanMind 與氣候

TRACE 聯盟合作,對全球船隻的即時排放量進行實時評估,協助航運業檢查自身的碳排量是否合格,該如何改善?

截至今日,OceanMind 已為多達 500 名合作夥伴提供培訓與技術轉移,並為英國、泰國、智利、哥斯大黎加等政府單位、其他國際漁業公會和英國零售商,提供漁業監測服務與永續捕魚的保證,有效打擊非法捕漁業。

OceanMind 已監控了超過 500 萬平方公里的海洋保護區,分析了多達 4.6 億平方公里,約 1.2 倍全球海洋面積的衛星影像、驗證了超過 800 萬噸鮪魚的合法性,保障永續漁業的發展。

17. 挪威 Norway：
海洋流動氣象站 Syrenna
上浮下潛隨意，全能型海底偵查機器人

SDG 涵蓋範圍：9, 11, 13, 14

Syrenna 的海下機器人 WaterDrone 成本低，易於部署，通用性高，能監測海底管道、電纜及基礎設施、捕捉二氧化碳含量、確認水產養殖中有害海藻的繁殖情況、協助標示非法捕魚與垃圾傾倒⋯⋯。

海洋充滿了神秘！人類對海洋的了解，遠不如陸地與宇宙。

為了揭開海洋的「潘朵拉之盒」，學術單位派遣船隻、智能浮標或水下機器人進行調查，但大多的設備只能進行表層測量，無法深入。直至今日，也僅有 20% 的海域被探索過。科學家常想，若海下有一個可移動的水象氣象站，能自行移動到他們想要探測的地方，就像哆啦A夢的任意門，那有多好？

艾利克斯・艾爾可瑟（Alex Alcocer）聽到了他們的願望。他發現他在挪威奧斯陸都會大學氣象海洋實驗室研究四年的成果，在協助海洋數據收集方面具有巨大潛力。

艾利克斯與埃斯特・斯特羅門（Ester Strømmen）和貝基・懷特曼（Becky Wightman）攜手創辦了「Syrenna」，整合市面上多種海洋探測方法，設計出一款多功能、能自主控制深度並固守位置的海下機器人，一個「海洋流動氣象站」，可以對地球最大的液態資產進行即時、精準的監測。這款能夠自由漂浮、潛水、完成監察任務的海下機器人「WaterDrone」，大小接近一個床頭櫃，重達 20 公斤，身材瘦長，就像一個放大版的海洋溫度計。完全密封防水的專利設計，讓它不會受到生物汙垢影響，維護需求甚低。

第三章　生物圈：海洋生態

Syrenna 團隊整合市面上多種海洋探測方法，設計出一款多功能的海下機器人「WaterDrone」。（來源：Kystens Næringsliv）

WaterDrone 可以獨立完成任務，無須多台儀器或機器人協同。（來源：Kystens Næringsliv）

除了配載採樣、觀察水源與周遭環境狀態的感測器外，WaterDrone 穿上游泳圈，能自由的垂直移動，升降到需要的深度。

WaterDrone 獨一無二之處，在於它可以獨立完成任務，從海面到海床，無須多台儀器或機器人協同。可通過軟體預設航線，或是讓系統自行判斷該如何前進。它由電池驅動，能持續運行一年。Syrenna 正努力更新它的設備，希望它浮出水面傳輸資訊時能同步充電，減少離開崗位的時間。

為了應付洶湧的海浪以及強勁的洋流，WaterDrone 有一條特殊的繩索，能把它固定在目標位置，也能急速下沉海底避開極端天氣。

團隊目前與挪威的海洋研究機構 NIVA 和 IMR 合作，於奧斯陸峽灣與西岸海邊 180 公尺深處，進行長期野外實驗。艾利克斯表示：「WaterDrone 能安裝市售所有的感測器，檢測水下噪音、溫度、溶氧量和鹽度等，我們很高興能在它身上安裝更多功能，提高它的堅固性和耐用性，還能按客戶需求量身訂做。它能停泊在海床上，並在水中上下游動，收集數據。升上海面時，它可以通過衛星連線將數據傳輸至雲端，讓使用者通過數據平台即時觀看、存取監測情報。」

Syrenna 的海下機器人 WaterDrone 成本低，易於部署，通用性高，能監測海底管道、電纜及基礎設施、捕捉二氧化碳含量、確認水產養殖中有害海藻的繁殖情況、協助標示非法捕魚與垃圾傾倒……。

今日，Syrenna 主要為離岸風能業者服務，WaterDrone 將在指定區域中收集所有關於海洋健康的情報，供業者做出正確而環境友善的決定。

艾利克斯表示，隨著全球海洋保護區（MPA）控管的需求上升，各產業的利害關係人都需要獲得詳細的海洋周邊資料，等 WaterDrone 系列產品更成熟後，一切收集到的海洋資訊如溫度、汙染及其他趨勢數據，都將直接開放，幫助更多團隊，強化海洋守護。

18. 美國 United States：
繪製海床地圖的無人帆船機器人 Saildrone

工作狂的天花板，真正的航海科學家

SDG 涵蓋範圍：9, 13, 14, 17

隨著科技進步，科學家透過機器人開始探索人類無法觸及之境。理查德・詹金斯（Richard Jenkins）設計出來的無人帆船，超越了人類的想像。

　　自古以來，海洋觀測對全球氣候預報及藍色經濟的發展至關重要。海洋研究船出海一趟常常耗時數年，成本高昂。有些海域地形凶險，無法深入探查。

　　隨著科技進步，科學家透過機器人開始探索人類無法觸及之境。理查德・詹金斯（Richard Jenkins）設計出來的無人帆船，超越了人類的想像。

　　在英國海港城 ── 南安普敦（Southampton）長大的理查德，從小就對工程學十分感興趣。17 歲那年，他到港口附近打工，練習建造賽艇。拿到機械工程學位後，他活用航海知識，設計出一款風力快艇 Greenbird，以每小時 126 英里的速度創下全球最快的紀錄。

　　理查德覺得自己準備好了，他要用最新的技術探索海洋的秘密。2012 年，他與志同道合的夥伴創辦了「Saildrone」，決心用無人帆船代替他，到地球最偏遠的海域收集生態資訊。

　　Saildrone 的無人帆船本身備有自動識別（AIS）、衛星定位（GPS）、雷達反應器與電腦系統，能按預設航線配合風向與水流航行。

每一艘無人船皆由位於加州總部的任務中心全天候監控,確保它不會丟失或誤入歧途。

2021年,Saildrone上了頭條新聞。團隊開發的無人帆船「探索者號」(Explorer),成功穿越50英尺高巨浪和時速120英里狂風,勇闖四級颶風山姆(Sam)的核心,用攝影機與感測器即時分析數據,協助科學家與氣象專家了解山姆增速的過程與走向,好及時對沿海社區發送撤離警告。

Saildrone的無人帆船能到地球最偏遠的海域收集生態資訊。(來源:Siemens)

Saildrone的創新技術與貢獻被《Time》雜誌選為2024最有影響力的公司。(來源:TIME)

迎來爆發性的關注後，Saildrone 推出新的船款。第二款無人帆船——「測量者號」（Surveyor），身長 7 公尺、高 4 公尺，搭配 AI 系統，船體由玻璃纖維複合材質製作，它由風帆和太陽能驅動，能自行穿越海洋，航行 16,000 海里，續航力長達一年。

「測量者號」符合國際海道測量組織（IHO）的標準，能測量深達 7,000 公尺的海下。它能透過各類特殊感測器及回聲探測儀、碳氫化合物監測儀、標籤魚類追蹤儀與甲殼動物聲波接收器等，收集氣候、海洋及生物情報如風速、氣壓、溫度、葉綠素、鹽度、波高及 DNA 採樣。這些資訊大大幫助科學家，了解氣候變化對於海洋生態的影響。

2023 年，Saildrone 帶著「測量者號」參與了聯合國海洋科學永續發展計畫的「海床2030」（Seabed 2030）專案，利用最先進的技術，繪製全球海床地圖，免費公開分享。

全球的海底地圖會是什麼模樣？這不單滿足人類好奇心，更能幫助學者們識別海底山脈的生態熱點、沉積物與營養物質的分布、洋流的走向……，它還能協助學者預測海嘯、計算波浪能源、規劃電纜與管線路線，為新的離岸風電廠提供海底數據，好避開海下峽谷或珊瑚區。

Saildrone 的創新技術與貢獻被《Time》雜誌選為 2024 最有影響力的公司。創辦人理查德表示，未來，全球對海洋觀測的需求不論在規模、複雜性，還是品質方面都會提高，他的無人船能同時提供海上與海下的高解析度資料，準確度比衛星資訊還高，Saildrone 已然成為未來生態系統中不可或缺的一環。

迄今，已有 30 艘 Saildrone 的無人帆船在海上執行任務，它們分別在北極、南極、大西洋、北海、熱帶太平洋和墨西哥灣上，追蹤特殊魚類和哺乳類、偵查二氧化碳排量、觀察海洋酸化問題、追蹤石油滲漏以及勘測北極冰緣範圍等，為危機四伏的未來做萬全準備。

19. 美國 United States：
大型遠洋無人探測艦 Ocean Infinity

機器人強強聯手，執行百日搜查任務

SDG 涵蓋範圍：8, 9, 11, 13, 14, 17

自 2017 年以來，Ocean Infinity 使用無人艦隊與水下機器人進行數次大規模、具有歷史代表性的搜查任務——尋找在南非海岸沉沒的 Stella Daisy 貨船，以及在大西洋上失去訊號的阿根廷海軍潛艦 ARA San Juan，並成功結案。

　　狂風暴雨的夜晚，一艘大型綠色的遠洋艦在挪威峽灣與海浪搏鬥，甲板上燈光昏暗，仔細看，駕駛艙卻空無一人，沒有船員，也沒有乘客。這不是一艘幽靈船，而是從科幻小說中駛入真實世界的「大型遠洋無人探測艦」，它正在與其他無人艦隊一起深入險境執行任務。

　　遠洋無人探測艦乍看像一般船艦，但靠近觀察，會讓人驚喜的發現，它其實配載了完整的高科技裝置，各種衛星通訊、定位設備、攝影機、雷達、感測器、遠端遙控器、燃料電池推進器、海底鑽機、自動化甲板設備，及各類水面、水下機器人等。這是美國新創公司「Ocean Infinity」的創舉。

　　Ocean Infinity 是一家年輕且發展快速的海洋科技公司，它用機器人、人工智能及自動化設備，改變了傳統海上運輸與海底資料獲取的方式。自 2017 年以來，Ocean Infinity 使用無人艦隊與水下機器人進行數次大規模、具有歷史代表性的搜查任務——尋找在南非海岸沉沒的 Stella Daisy 貨船，以及在大西洋上失去訊號的阿根廷海軍潛艦 ARA San Juan，並成功結案。

遠洋無人探測艦乍看像一般船艦，其實配載了完整的高科技裝置。
（來源：OE Digital）

Ocean Infinity 的營運總部就像電競中心，操作員坐在高背倚上，盯著數台螢幕，進行遠端遙控。
（來源：Workboat）

　　Ocean Infinity 的技術長喬許・布魯薩德（Josh Broussard）表示，這對團隊來說也是史無前例的行動，他們派出無人艦在深海、惡劣多變的氣候下，操控數台水下探測機器人，在數百天仔細的搜尋行動中，覆蓋了 125,000 平方公里的海域，超過了所有水下機器人兩年的偵查量，在在顯示自動化系統作業的威力。

　　Ocean Infinity 的另一個創新，是建立了「Armada」艦隊，由 23 艘無人艦組成，這是全球最大的遠端遙控無人艦隊。每艘艦長約 78 公尺，除了執行特殊地理探索與救援任務外，主要為離岸風電營運商、石油及天然氣產業勘測海床、水下基礎設施。

　　這類大型勘查任務，一般需要搭配至少 40 名船員，但在這次任務中，破天荒地只用了 16 人，其他工作則委由遠在數百英里外的線上操

第三章　生物圈：海洋生態

作員在陸地上完成。

拜訪 Ocean Infinity 位於南安普敦的營運總部，就像來到了電競中心，燈光昏暗的房間，十分寬敞，每個操作員坐在高背椅上，同時盯著數台螢幕，操控觸控面板、調整控制器，平台上顯示著各艦隊的營運情況、攝影機與感測器回傳的即時畫面。操作員將按任務需求，指揮艦上的水下探查機器人從甲板上下降到海底，進行海底掃描，並於結束時進行回收。

除了強大的系統整合能力，Ocean Infinity 團隊同時在研發新的數據分析能力，讓人工智能協助選擇、匹配航線，在控制遠航無人艦的同時，協助水下機器人整理聲納數據、校正導航問題。並在船艦返航的 24 小時內，整理完所有的勘察與數據報告，供研究、營運人員使用。

國際海事組織（IMO）目前正努力解決與海上自主規章有關的所有問題，期盼在 2028 年前能推陳出新。直至今日，大型船艦若要在海上航行，仍需一名船長或大副（Chief Officer）在船上掌舵。IMO 正在評估遠端船長的可行性。

Ocean Infinity 現任的船長西蒙・麥考利（Simon Macaulay）充滿雄心壯志地說：「我可以預見的情況是，船長可以遠端管理一艘至多艘船。這需要立法改變，我們在此建立的是知識與安全的案例。我們把控制器和衛星送往地球的另一端，這是可以做到的。」

Ocean Infinity 的大型無人船隊對全球的海運帶來革命性的突破，為業界帶來全新而永續的解決方案。

它目前主要為各國政府、能源組織、科研機構如英國 BP、殼牌集團（Shell）、埃克森美孚（Exxon Mobile）、挪威石油局（Norwegian Petroleum Directorate）、美國國家海洋暨大氣總署（NOAA）與美國海洋能源管理局（BOEM）提供服務，並訂下目標：於 2040 年前減少所有範圍的碳排放，改善全球海運情況。

第四章
生物圈：陸域生態

SDG15 保育陸域生態：Life on Land
保育及永續利用陸域生態系，確保生物多樣性並防止土地劣化

最新的調查顯示，從 2017 年以來，截獲的非法野生動物貿易數量仍在攀升。聯合國呼籲各國加速強化國境內的執法行動，有效保護陸域生態。

SDG15 保育陸域生態・細項目標&行為目標

SDG15 保育陸域生態細項目標

15.1	2020 年前，根據國際協議的義務，確保陸地與內陸淡水生態系統及其功能運作，獲得保護、復原和永續利用，尤其是森林、濕地、山脈和旱地。
15.2	2020 年前，促進落實各式森林的永續管理，終止毀林、恢復退化森林，以及大幅增加全球造林和再造林。
15.3	2030 年前，對抗沙漠化、恢復退化的土地與土壤，包括受到沙漠化、乾旱及洪水影響的土地，致力實現沒有土地破壞的世界。
15.4	2030 年前，確保山區生態系統的保育，包括其生物多樣性，以加強其對永續發展提供至關重要的益處。
15.5	採取緊急且大規模的行動，減少自然棲息地的破壞，以及遏止生物多樣性喪失，並在 2020 年前，保護及預防瀕危物種滅絕。

15.6	根據國際共識，確保公平公正地分享使用基因資源創造的利益，並促進獲取基因資源的適當管道。
15.7	採取緊急行動，終結盜採、盜獵與非法走私受保護物種，並處理非法野生動植物產品的供需問題。
15.8	2020年前，採取措施防止外來物種入侵，大幅減少其對土地、水域生態系統的影響，並控制或根除須優先處理的物種。
15.9	2020年前，將生態系統與生物多樣性價值，納入國家與地方的規劃、發展流程、脫貧策略和預算規劃中。

SDG15 保育陸域生態行為目標

15.a	動員並大幅擴增財源，以保護及永續利用生物多樣性與生態系統。
15.b	動員來自各地方、各層級的大量資源，資助永續森林管理，並給予開發中國家誘因推動森林管理，包括保護與造林。
15.c	加強全球支持，努力打擊盜採、盜獵和販運受保護物，包括增加地方社區追求永續性生計機會的能力。

SDG15 保育陸域生態・全球近況與問題

由於農業擴張，全球的森林面積持續減少。

2000年至2020年間，全球森林覆蓋率從31.9%降至31.2%，造成一億公頃的森林面積損失，加劇了土壤侵蝕，下游山崩和洪水的風險。

根據2000年至2018年的全球數據顯示，1.6%的山地開始退化。最嚴重的區域位於歐洲和北美的高山區（2.29%），其次是中南亞的山地區域（2.22%）以及東南亞的低山區（2.17%）。山地系統退化將影

按生物氣候帶劃分的退化山地比例，2015年和2018年（百分比）

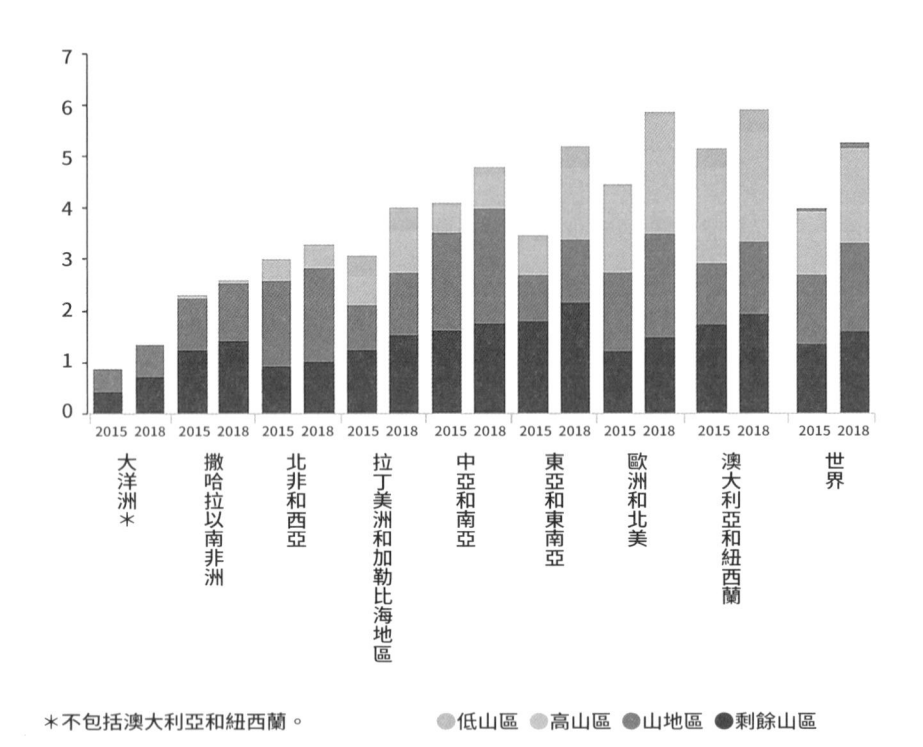

（柱狀圖，X軸由左至右分別為：大洋洲＊、撒哈拉以南非洲、北非和西亞、拉丁美洲和加勒比海地區、中亞和南亞、東亞和東南亞、歐洲和北美、澳大利亞和紐西蘭、世界；每組含2015與2018兩年資料）

＊不包括澳大利亞和紐西蘭。　●低山區　●高山區　●山地區　●剩餘山區

▲附圖1　（來源：The Sustainable Development Goals Report 2024）

響下游水源供應，削弱了保護陸地和淡水生態的能力。從2015年起，每年至少有一億公頃的生產性土地開始退化，這對全球的糧食安全與水源安全帶來了負面效應。▲附圖1

　　與此同時，全球僅有三分之一的山地關鍵生物多樣性區域受到保護，其他範圍仍持續面臨威脅。從1993年起至2024年，國際自然保護聯盟瀕危物種紅色名錄指數（IUCN Red List Index of Threatened Species）下降了12%，但仍有超過4.4萬物種，面臨滅絕風險，牠們包含70%的蘇鐵類與41%的兩棲動物。▲附圖2

瀕危物種紅色名錄生存指數，1993 年和 2024 年

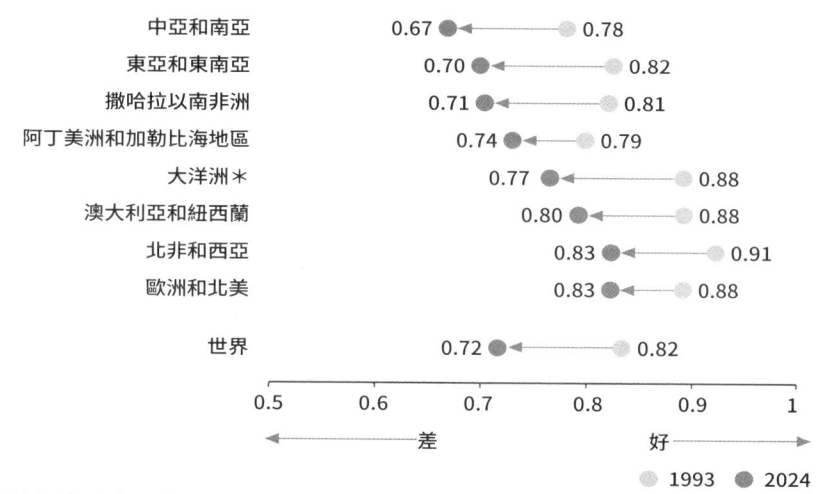

地區	1993	2024
中亞和南亞	0.67	0.78
東亞和東南亞	0.70	0.82
撒哈拉以南非洲	0.71	0.81
阿丁美洲和加勒比海地區	0.74	0.79
大洋洲＊	0.77	0.88
澳大利亞和紐西蘭	0.80	0.88
北非和西亞	0.83	0.91
歐洲和北美	0.83	0.88
世界	0.72	0.82

（0.5 差 ← → 好 1）

＊不包括澳大利亞和紐西蘭。

備註：紅色名錄數值為 1.0 意味著所有物種都被歸類在「最不被關心的物種」，因此牠們將在不久的未來滅絕。值為零代表所有物種都已滅絕。

▲ 附圖 2（來源：The Sustainable Development Goals Report 2024）

　　布克利玻璃蛙被評為瀕危物種之一，僅棲息在厄瓜多安地斯山脈。在農業、畜牧擴張、真菌疾病和氣候變化等問題的影響下，倖存率大減。而在其他區域如中亞、南亞、東亞和東南亞的陸域物種，也正瀕臨縮減，急需各國加快保護速度，阻止特殊物種殞落。

　　聯合國呼籲各國針對陸域生物多樣性喪失、土地汙染、荒漠化和森林砍伐部分盡快採取行動，解決緊迫的環境問題。

SDG15 保育陸育生態・國際案例分享

1. 澳大利亞 Australia：
紫色蜂巢計畫 Purple Hive Project

蜜蜂高級社區，禁止攜伴進入

SDG 涵蓋範圍：9, 11, 15, 17

這套蜜蜂保全系統有多厲害呢？它的 AI 攝影機搭配特別訓練過的電腦視覺辨識系統，每秒拍一張影像，一天之內能拍完上千萬隻歸巢蜜蜂，並在一個小時內偵測到蜜蜂身上千分之一的瓦蟎感染率，準確性高達 98%。

大家知道蜜蜂在自然界的地位有多高嗎？

我們日常享用的糧食，每三種食物中就有一種是由蜜蜂協助授粉製造的。

然而，在氣候變遷的影響下，全球的溫度、濕度，甚至植被都在改變。日漸頻繁的乾旱與洪水，大幅侵蝕了蜜蜂攝食的場域，導致蜂群日漸減少，生存面臨前所未見的危機。

除了外患，全球蜜蜂正面臨瓦蟎（Varroa destructor）的威脅。

瓦蟎是一種喜愛黏附在蜜蜂體外的寄生蟲，繁殖速度極快，嗜吃蜜蜂幼蟲及成蜂身上的脂肪體。

蜜蜂的脂肪體類似脊椎動物體內的肝臟，能分解蜜蜂體內的毒素，產生抗氧化劑，活化並調節各種重要激素及免疫系統。

被瓦蟎寄生的蜜蜂營養不良，缺乏足夠的免疫力，幼蟲的翅膀因發育不全而變形，無法飛行，使整個蜂群的採集力大幅下降。

紫色蜂巢由太陽能供電，可獨立運轉，不需外接網路。（來源：ABC News）

一旦系統發現蜜蜂被瓦蟎纏上，會警鈴大作，立刻傳送訊息給附近的養蜂場。（來源：Xailient）

　　一旦抵抗力差，蜂群容易感冒，病毒與細菌相互傳染。病懨懨的蜜蜂紛紛倒下。少了壯丁採集花蜜，許多蜜蜂撐不過寒冬、見不到春天。

　　深知蜜蜂的重要，為了穩定澳大利亞的糧食作物，澳大利亞知名的貝加乳酪公司（Bega Cheese Limited）在 2020 年進軍蜂蜜市場，與行銷公司 Tinkerbell 共同成立了一個新的蜂蜜品牌「B Honey」，傾力守護蜜蜂的生存環境。

第四章　生物圈：陸域生態

澳大利亞農業部更將紫色蜂巢納入國家生物安全監控系統，確保瓦蟎不會入侵國境。
（來源：Food & Beverage Industry News）

　　瓦蟎生命力頑強，幾乎攻破全球的養蜂場，只剩澳大利亞這片淨土苦苦抵擋。澳大利亞政府、當地養蜂場以及 B Honey，面對瓦蟎如臨大敵。

　　蜜蜂一旦感染，便無法挽救，只能用殺蟲劑，連蜂帶蟎一起銷毀。澳大利亞政府統計過，一旦境內的蜜蜂被傳染，養蜂產業的損失至少 7,000 萬澳元，不可小覷！

　　澳大利亞當地的養蜂人依恩・坎恩（Ian Cane）一想到瓦蟎有可能入侵澳大利亞就頭皮發麻，他說：「這真是嚇壞了我們，瓦蟎對蜜蜂的健康，以及牠們在世界各地為糧食作物授粉、生產蜂蜜上，造成了毀滅性的影響。」

　　在 Tinkerbell 的指導下，B Honey 團隊把用來宣傳蜂蜜產品的行銷預算，全數轉投到與科技及創意公司 Xailient、Vimana Tech

和 Honest Fox 合作開發的新專案「紫色蜂巢計畫」（Purple Hive Project）上，矢志用科技的力量與瓦蟎一決勝負，守護蜜蜂到底。

紫色蜂巢計畫，顧名思義，是用一個由 3D 列印機製作出來的紫色蜂巢來保護蜜蜂。它在入口處加裝了嚴密的保全系統，配置兩台 360 度的 AI 微型攝影機，所有採集花蜜回來的蜜蜂，會先由人工智能驅動的攝影機從上到下仔細檢查一遍，一旦系統發現某隻蜜蜂被瓦蟎纏上了，會警鈴大作，立刻傳送訊息通知附近所有的養蜂場，即刻對蜜蜂進行隔離，讓牠們遠離病源。

紫色蜂巢由太陽能供電，可獨立運轉，不需外接網路。AI 保全全天候運行，讓蜜蜂們像是入住頂級公寓，若未獲得身分認證、不健康，或刻意攜伴回家者，皆不得其門而入。

這套蜜蜂保全系統有多厲害呢？它的 AI 攝影機搭配特別訓練過的電腦視覺辨識系統，每秒拍一張影像，一天之內能拍完上千萬隻歸巢蜜蜂，並在一個小時內偵測到蜜蜂身上千分之一的瓦蟎感染率，準確性高達 98%。

紫色蜂巢計畫的成功，讓澳大利亞政府及當地的養蜂場大受鼓舞，澳大利亞農業部更將之納入國家的生物安全監控系統，與目前設於澳大利亞入境港口處，主要由人力監控的「哨兵蜂巢」一同使用，確保瓦蟎不會用別的方式入侵國境。

團隊表示，透過這次與當地養蜂人的密切合作，未來將逐步建立一個遍布全澳大利亞的蜂箱網路，協助蜜蜂產業應對全球環境帶來的挑戰，保護國內的糧食安全。

2. 西班牙 Spain：
微生物土壤健康監測方案 Biome Makers

土壤健康嗎？微生物細說分明

SDG 涵蓋範圍：2, 9, 13, 15, 16, 17

根據統計，單在 2023 年，Biome Makers 已幫助使用者提高了 10% 的投資報酬率，促進 15% 的碳封存，並在世界各地減少了 20% 的農藥影響。

過去 40 年來，全球人均肥沃土壤流失近三分之一，在全球糧食面臨嚴峻挑戰的當下，一畝地能創造多少糧食？必須認真面對！

農業技術日漸發達，農民每季可選擇耕種的產品不斷增加，對於有選擇困難症、又對土壤情況不甚了解的土地使用者來說，十分頭疼。

來自西班牙萊昂地區的阿德里安・費雷羅（Adrián Ferrero）和阿爾貝托・阿賽多（Alberto Acedo），他們有著扎實的科學背景，曾在人類基因領域創立了一家新創公司，專門治療癌症突變。一天晚上，他們與同事、釀酒師共進晚餐，探討到關於葡萄酒中發酵的微生物及其對環境的影響之類的知識，人們對此所知相當匱乏，只能從錯誤中找出路，阿德里安忽然心中一動，也許他們可以用現有的基因技術，解決土壤貧瘠與糧食匱乏的問題。

阿德里安指出：「對人類來說，進食不僅僅是咀嚼與吞嚥，而是在腸道中發生的過程。關鍵在於如何分解營養素，使其成為可用物。在土壤中，植物的『內臟』是根部，而土壤中的微生物則負責調動不同的營養素。牠們在保護並刺激植物，然而農民並沒有足夠的工具，深入了解土壤中正在發生的事情。」

Biome Makers 的數位平台 BeCrop 系統，能同時顯示多個區域。
（來源：Biome Makers）

Biome Makers 會先請使用者提供樣本，供團隊分析土壤健康情況。
（來源：Farm Progress）

第四章 生物圈：陸域生態

　　阿德里安與阿爾貝托為了填補農業技術上的空白，決心跨足農產業，一同創立了「Biome Makers」，志在使用基因檢測的力量，判斷土壤的生物活性，改善全球農業、牧場的健康，提升生產力。

　　過去十年，Biome Makers 將科學與人工智能結合，透過 DNA 基因檢測，驗證了來自全球農業製造商及零售商，所使用的 400 多種微生物，及其與土壤、作物及環境之間相互影響的結果，建立了全球最大──2,400 萬筆土壤微生物數據庫。

　　現在 Biome Makers 活用過往的經驗，提出創新技術「BeCrop」，將土壤生物學與農業決策過程連結起來，用智能分析平台協助農民與企業解碼土壤微生物的生態網路，可以用最快的速度選擇環境友善且投資報酬最高的農產品。

　　開始之前，Biome Makers 會先請使用者提供土壤樣本，供團隊分析，接著使用者便能點開 Biome Makers 的數位平台──BeCrop 系統，它能同時顯示多個區域，協助使用者評估當前環境的狀況，建

197

議種植的產品及作業方式。

BeCrop 系統利用 1,000 個預設參數，分析當前作物、微生物、土壤數據及產能限制，它能按需求提供詳細的生態報告及高清地圖，標注需要特別關注的區域，讓農民優先處理，避免土地受損。

BeCrop 還能提供風險指數，預先辨別可能發生的問題。當 BeCrop 從土壤分析中偵測到病原體，並預測到特定蟲害，它會提醒使用者在播種前預防，一邊提升產能，一邊兼顧土壤的健康，減少對化學產品的依賴。

但協助傳統農業完全轉型並沒有那麼容易，終是免不了使用少量的肥料與化學藥劑。根據 Biome Makers 的分析，大多農民用在田地裡的肥料，僅有 30% 能被作物吸收，為了幫農民提高營運效率、守護環境，Biome Makers 推出了「Gheom」，協助農民分析土壤對不同肥料和化學品的反應，了解這些輔助品，對自家土地來說是毒還是藥，縮短磨合期。

Biome Makers 的聯合創辦人及首席科學長阿爾貝托表示：「要了解實際產品和管理實踐對土壤的影響，是複雜且不容易的，通常需要經驗豐富的科學家及農業專家來解讀數據……但 BeCrop 結合了生物學、化學和環境數據，利用人工智能，為農民和零售商提供實際的建議，幫助他們做出明智的決策。」

根據統計，單在 2023 年，Biome Makers 已幫助使用者提高了 10% 的投資報酬率，促進 15% 的碳封存，並在世界各地減少了 20% 的農藥影響。

迄今，Biome Makers 不單榮獲世界農業科技創新獎（World Agri-Tech Innovation Award），更為來自 56 個國家的 21,500 多名農民與 2,000 家企業提供訊息，幫助他們更高效、永續的管理農場及田地，扭轉土地退化的趨勢。

3. 挪威 Norway：
液態奈米黏土把沙漠變良田
Desert Control

只要 7 個小時，荒漠種豆種瓜

SDG 涵蓋範圍：1, 2, 9, 10, 11, 13, 15, 17

液態奈米黏土僅需短短 7 小時即可將乾枯的土地轉化為可耕地，完全不需添加肥料或化學品。若用傳統技術，將旱地變沃土，至少要花 10 到 15 年的時間，這真是沙漠農業偉大的技術突破。

　　土壤退化對地球生命威脅極大。根據統計，每年有 1,200 萬公頃的肥沃土壤因乾旱及沙漠化提早消失。然而，隨著全球人口不斷增長，未來 40 年需要的糧食總額，將超過地球過去 500 年的產量。

　　有沒有什麼魔法，能把一望無際的沙漠變成蔥鬱農地？童話故事中，總有些考驗主角的橋段，像是得在一夜之間把所有的穀物磨成麵粉，把千匹的布製成衣裙，其中最不可能的，莫過於在撒哈拉沙漠中種出西瓜與小米。而今，童話已成了全球新聞。

　　幾年前，一支小小研究團隊來到了杜拜，宣稱將在這片沙塵滾滾的荒漠種滿蔬果，沒想到 40 天後，像是施過咒語，這片沙漠長滿了綠葉、新鮮水果和蔬菜。讓當地人瞠目結舌，不敢置信。

　　這一項不可思議的成就，完全要歸功於液態奈米黏土（Liquid Nanoclay），這是挪威新創公司「Desert Control」花費八年時間研發而成的新創技術。

　　液態奈米黏土由水和黏土經由特殊處理製作而成，它與傳統柔軟的泥土不同。Desert Control 的創辦人兼執行長，同時是流體力學專家的克里斯蒂安・奧勒森（Kristian P. Olesen）解釋，他所發明的新

沙漠變良田，完全不需添加肥料或化學品。（來源：The Hub）

Desert Control
讓杜拜的沙漠種出了新鮮蔬果。（來源：CNN）

型液態黏土技術，讓奈米黏土變成「像水一樣稀薄的液體」，甚至能隨著噴灑器灑入沙地。

這款顆粒極小的新奈米黏土能滲透貧瘠的土地，附著於每粒沙粒，形成一層 300 奈米的黏土層，讓沙土的質地變得像海綿一樣，增加蓄水及營養。

液態奈米黏土僅需短短 7 小時即可將乾枯的土地轉化為可耕地，完全不需添加肥料或化學品。若用傳統技術，將旱地變沃土，至少要

花 10 到 15 年的時間，這真是沙漠農業偉大的技術突破。

所有轉換完成的可耕地，可持續使用 5 年，之後則需要重新撒上液態泥土，恢復地下的有機生態與礦物質。

在團隊開啟種植計畫前，杜拜這片沙漠從未用來耕作，現在能穩定地種植珍珠粟和西瓜，這對 90% 的食品仰賴進口，急需提高農業生產的阿聯酋來說，真是喜出望外。

團隊與杜拜國際生物鹽鹼農業中心（ICBA）合作，順利完成田間測試，通過驗證，確保液態奈米黏土改善的沙漠農地，不會影響當地的生態系統，還能促進土壤健康、恢復生物多樣性、更棒的是提高產量，節省灌溉用水量 47%。

除此之外，Desert Control 也分別於埃及、中國及巴基斯坦進行了長達多年的現場測試，按不同的沙土特性調整出最適合的奈米黏土配方，幫助更多環境特殊的區域，改善土壤退化。

而今，Desert Control 除了與阿聯酋、中東、北非及其他政府展開密切合作外，團隊在各方組織的協助之下，正在提升量產能力。目前每小時可以生產 40,000 公升的液態黏土，足夠覆蓋約 1,000 到 2,000 平方公尺的土地。團隊同時在研發並建造一個可移動、約 40 英尺長的迷你工廠，目標是配合使用者需求，在地生產 10 倍以上的奈米黏土，降低生產及運送成本，好在真正重要的地方──撒哈拉以南的非洲及全世界發揮影響力，抵禦沙漠化，為地球帶來無垠的生機和綠化。

4. 荷蘭 Netherlands：
種樹機器人 Land Life

種樹魔法神器，一分鐘種一棵

SDG 涵蓋範圍：9, 11, 13, 15, 17

Land Life 用創新技術進行大規模造林，肩負恢復全球 20 億公頃退化土地的使命，運用大數據、人工智慧、無人機、甚至機器人，強化樹苗種植過程。

全球有高達 20 億公頃的土地因為野火、大規模森林砍伐而退化，相當於美國和中國面積的總和。

朱利安・魯伊斯（Jurriaan Ruys）早年曾是麥肯錫的合夥人，一次偶然的機會，遠赴西班牙考察一個土地退化項目，當時市面上能恢復土地生機的公司不多，他與夥伴愛德華・扎寧（Eduard Zanen）決定直面挑戰，花了三年時間研究解決方案，在荷蘭成立了「Land Life」公司。

Land Life 用創新技術進行大規模造林，肩負恢復全球 20 億公頃退化土地的使命，運用大數據、人工智慧、無人機、甚至機器人，強化樹苗種植過程。

Land Life 活用自家研發的智能分析系統，透過衛星數據和無人機繪製種植地圖，再模擬複雜的自然生長過程，評估特定地區是否能植樹、如何種植，以及哪些樹種能帶來更好的二氧化碳吸收能力，增加水土保持，守護當地的生物多樣性。

這些彙整過後的數據，會分享給一款超厲害的全自動植樹機器人（Tree Seeding Robot），帶領它到特定的地點除草、鑽洞、灑種並蓋土。它由 Land Life 與德國汽車巨頭 Continental 共同研發製作，能以一分鐘一棵樹的速度完成鑽洞及播種，在崎嶇不平、碎石遍布甚

Land Life 與 Continental 共同研發製作的全自動植樹機器人，能以一分鐘一棵樹的速度完成鑽洞及播種。
（來源：Future Farming）

Land Life 已幫助 14 個國家恢復了土地生機。
（來源：Land Life）

第四章　生物圈：陸域生態

　　至濕滑的地形上也能移動自如。強勁的鑽頭與體幹能應對各類堅硬的土壤、極端的天氣與溫度。

　　植樹機器人種植的種子球，由 Land Life 與種子增強公司 Incotec 一同開發而成，藉由特殊塗層處理，讓種子穿上防護衣，不管生長的環境有多惡劣，都能昂揚地破土發芽。

203

與空中播種的技術相比，直接種植能減省 80% 的種子數量。當優質種子數量稀缺時，Land Life 的植樹機器人是一個更具性價比的選擇。

Land Life 同時也與當地組織和社群合作，小面積植林時，會使用配載 GPS 導航的鑽洞設備及「Cocoon」來植樹。Cocoon 是團隊用回收紙板製成的生物降解環，能為樹木提供第一年成長所需的水分、菌類和養分。

Cocoon 的設計靈感源自於古代美索不達米亞的陶罐，能大幅降低灌溉過程中水資源的浪費，為每棵樹節省 20,000 多升的水。

團隊植樹後，Land Life 會再度透過無人機與衛星監測樹木成長的進度，確認小樹苗是否獲得足夠營養，樹根是否健康伸展。

Land Life 還會額外提供使用者、土地擁有者與合作夥伴一個智能平台，方便大家隨時追蹤項目的狀態及成果，每個恢復計畫的碳排放、相關數據、圖片及故事紀錄。

如今，Land Life 已幫助 14 個國家恢復了土地生機，茵茵綠化了西班牙乾旱平原、美國城市區、喀麥隆的米納瓦奧難民營，甚至恢復了墨西哥帝王蝶的遷徙路線……，加總起來，Land Life 已經執行了超過 130 個造林專案，種植了 1,000 萬棵樹，修復了 11,250 公頃的土地。成為全球數一數二具有代表性的造林公司。

5. 美國 United States：
非法木材辨識系統 XyloTron

割木認親，幫助木材認祖歸宗

SDG 涵蓋範圍：9, 13, 15, 16, 17

根據統計，眾多林木出口國家中，超過 50% 的木材來自非法砍伐，導致全球市場每年損失 100 億美元。面對整齊排列、色彩、紋路都十分相似的木材，如何快速、精準的鑑定來源，是阻止非法木材進入供應鏈的關鍵。

木材幾乎涵蓋了人類發展史！您知道木材的商機有多驚人嗎？

從屋宇地板、書籍書架、碗筷湯匙、燈籠紙筆，到車輛、床榻、建築，人們將木材的運用發揮到了極致。開發中國家的百姓更是百分之百依賴森林資源，劈柴煮食、打造溫馨小屋。可惜當地很少有人知道森林對地球生態的重要。不了解身邊繁茂的森林不單維持生態系統、過濾水質，還能封存空氣中的二氧化碳。

嗅到木材錢的味道，非法伐木集團將偷砍下來的樹木二度加工，自製產地標籤，偷偷混入供應鏈中。根據統計，眾多林木出口國家中，超過 50% 的木材來自非法砍伐，導致全球市場每年損失 100 億美元。面對整齊排列、色彩、紋路都十分相似的木材，如何快速、精準的鑑定來源，是阻止非法木材進入供應鏈的關鍵。

為了保護樹木，各國要求木材經過專業技術鑑定，但傳統的解剖識別又貴又耗時，讓執法單位無法及時攔截可疑木材。

為了讓一線執法單位擁有鑑別木材的能力，美國農業部森林產品實驗室（USDA Forest Product Laboratory，簡稱 FPL）的亞歷克斯・威登霍夫特（Alex Wiedenhoeft）與約翰・赫爾曼森（John

Hermanson）開發出了一種可攜式的木材鑑定儀，名為「XyloTron」。這個名字來自古希臘文的木頭（Xýlon）。

XyloTron 必須搭配筆記型電腦使用。它的體積小巧，大約比掌心再大一點，內設一個小型的顯微鏡 XyloScope，以及一排的 LED 燈，掃描木材時能照亮橫切面，方便以視覺為基礎的木材辨識系統能看清紋理，快速辨別來源。

鑑別人員在使用 XyloTron 掃描木材前，需要先用小刀削開一個口，再把它放到 XyloTron 底下，系統能在幾秒鐘內比對資料庫中超過數千種森林樹種，識別該木材屬於哪個家族？目前準確率已高達 90%。經過觀察，只有人工智能可以在極度相像的木種中做出區分，連專家也自嘆弗如。

在迦納（Ghana），瀕臨絕種的樹木經常被非法砍伐，當作尋常木頭販售，讓人痛心。當地的科學家以馬內利・埃本延勒（Emmanuel Ebenyenle）早年在美國念書，後來回到迦納，在森林研究所工作，為了改善迦納木材鑑定及盜伐問題，他找到了 XyloTron，並前往拜訪亞歷克斯。

在亞歷克斯的協助下，他們獲得聯合國工業發展組織的支持，協助改善迦納木材鑑定的流程。以馬內利與團隊將所有迦納的商業木材與其他 106 種樹木的樣本建入 XyloTron 的資料庫中，同時撰寫一本《迦納商業木材鑑別手冊》，以防 XyloTron 失靈。等所有資料都完備後，以馬內利便能在國內訓練更多的檢驗員，帶著 XyloTron 守在第一線，防止國內珍貴的木材被蒙混出口。

FPL 將迦納的成功模式，複製到了巴西、印尼及馬達加斯加，FPL 與各國的夥伴，將之前為了建立樹種資料庫所收集來的木材樣本作成使用指南，供其他執法、研究及教育機構學習使用。

來自安塔那那利佛（Antananarivo）大學的巴科・哈里索・瓦拉

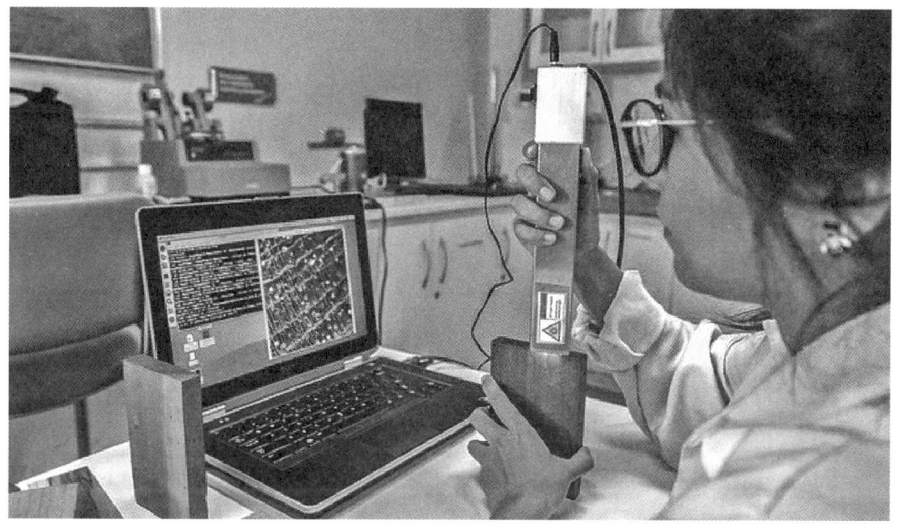

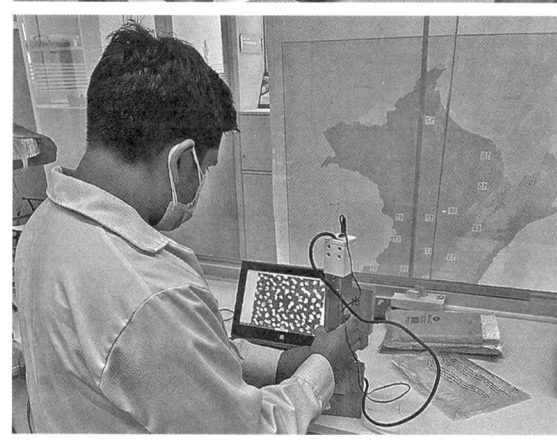

XyloTron 的體積小巧，大約比掌心再大一點，必須搭配筆記型電腦使用。（來源：WWF）

鑑別人員割開木板，放在 XyloTron 下面掃描，即可在幾秒鐘內知道該木材屬於哪個家族。（來源：USAID BiodiversityLinks）

馬納利納（Bako Harisoa Ravaomanalina）博士，更是將從馬達加斯加八個區域收集來的木材樣本，變成一個擁有 4,500 份木材標本的圖書館，為花梨木、檀香木及黑檀木等樹種提供重要的參考資料。

XyloTron 的數據庫已涵蓋拉丁美洲、非洲、亞洲及歐洲數千種的熱帶樹木，並持續擴增中。目前，它的鑑定設備主要供美國、巴西、秘魯、印尼、馬達加斯加及其他中南美洲的海關人員、執法單位及特殊木材官員使用。

FPL 仍未停下腳步，正積極強化 XyloTron 的辨識能力，希望當系統遇到全新的木材時，有預測或是智能判別的能力，降低每遇到一個新樹種便需要重新訓練的時間，讓全球非法伐木集團無機可乘。

第四章　生物圈：陸域生態

6. 巴西 Brazil：
全球最詳細的國家監測地圖 MapBiomas

恢復還是破壞，年度地圖實話實說

SDG 涵蓋範圍：4, 9, 13, 15, 16, 17

MapBiomas 的系統應用不斷延伸，除了年度地圖，團隊每個月會製作巴西火災與水面地圖，並監測每個採礦、基礎建設、牧場土地退化、森林再生及植被恢復的狀況。

　　巴西是一個非常獨特的國家，它擁有世界上最大的熱帶雨林，從亞馬遜到南里約格蘭德，橫跨六個豐富的生物群落，不單是各類動植物的棲息地，更擁有地球上超過 12% 的淡水資源。

　　作為世界第八大經濟體、與第六大溫室氣體排放國，巴西有近 75% 的排放量來自於農業及森林砍伐。它在全球森林砍伐的排名上居高不下。

　　2015 年，一次研討會上，巴西氣候觀測站的「溫室氣體排放與移除估算系統」（SEEG）團隊邀請了所有擅於遠端監測、繪製植被地圖的專家，徵詢大家：是否能幫忙製作巴西土地年度使用地圖？但是必須穿越時空，與數十年前的歷史做比較，好判斷目前的做法，是否有改善空間？學者們紛紛點頭，只要各領域的專家、所有生物群落的社區都同意參與，是做得到的。

　　同年，「MapBiomas」便誕生了。它是由 SEEG 團隊與大學、非營利組織、各大科技公司及各領域專家共同合作的一項計畫，建立一個國家規模的開放平台，可供多方使用，有效影響各方面的公共政策，如改善森林砍伐、提供造林獎勵，降低農業的碳排量等。

　　早在 MapBiomas 出現之前，巴西政府就利用美國 Landsat 的衛

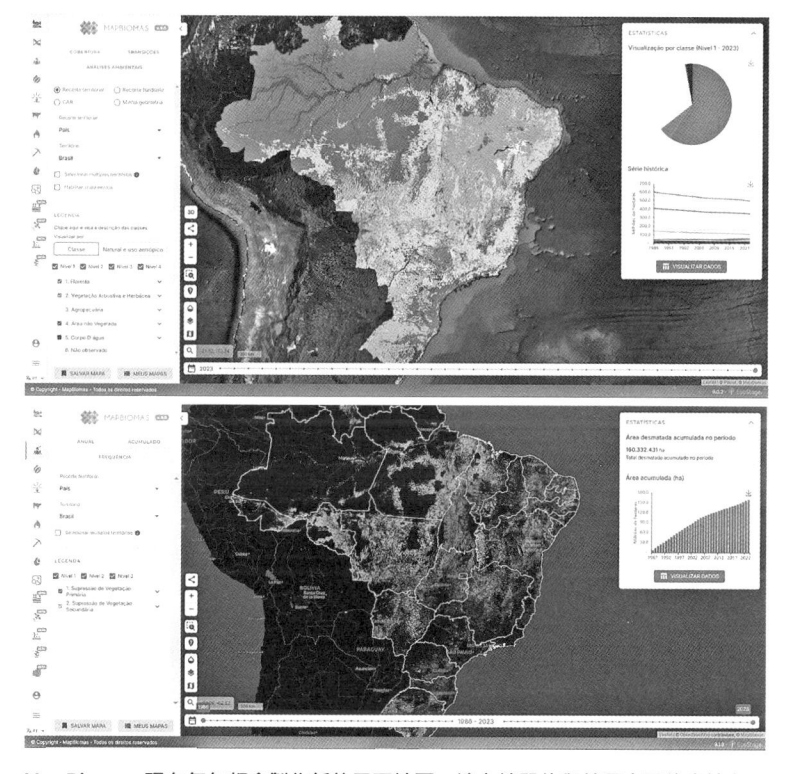

MapBiomas 現在每年都會製作新的巴西地圖，讓市鎮單位與普羅大眾能直接在平台上看看他們的土地發生了什麼事情。（來源：MapBiomas Brasil）

星圖，為 1994 年、2002 年和 2010 年的國家溫室氣體清單製作了全國的土地使用地圖，每張圖要花上近兩年的時間繪製，花費約 300 萬美元。

但這次不同，MapBiomas 的團隊有各路好手，包含 Google 及 Imazon 等機構。Imazon 是非營利單位，以守護亞馬遜森林為使命，每個月都會根據衛星影像，發布森林砍伐警報，它和 Google 地球引擎（Google Earth Engine），一個提供機器學習的演算指導，一個提供來自 Landsat 高解析的衛星與 Sentinel-1 雷達的資料，讓 MapBiomas 團隊能穿越雲層，分析巴西在各種天候條件下的土地影響，用比之前快十倍的速度、更低廉的成本，完成了從 1985 年到 2021 年，共計 36 年分的土地使用地圖。

團隊發現，在過去 36 年中，巴西失去了 13% 的原生植被，其中

包括森林、草原和其他非植物群，一來是因為土地轉型供農業使用，二來就是逐年嚴重的森林砍伐，這讓團隊更加正視環境保育的問題。

在 Google 地球引擎的加持下，MapBiomas 現在每年都會製作新的全國地圖，讓巴西數以千計的市鎮單位與普羅大眾能直接在平台上進行觀測與分析，看看他們的土地在這些年間發生了什麼事情。這不單幫助農村地區提高了土地變遷的意識，也幫助政府和衛生組織能同時確認土地、農業、森林及疾病傳播的情況，加快決策速度。

負責 Google 地球引擎的資深工程師大衛‧托（David Thau）表示：「像 MapBiomas 這樣的專案才能將科技與科學做最佳的結合，把有用的資訊交到決策者手中，讓他們掌握資訊做有益的事。」

MapBiomas 的系統應用不斷延伸，除了年度地圖，團隊每個月會製作巴西火災與水域地圖，並監測每個採礦、基礎建設、牧場土地退化、森林再生及植被恢復的狀況。

MapBiomas 每兩周還會自動更新巴西森林砍伐警報。自 2019 年起，它的森林警報準確度已高達百分之百，促使巴西採取超過 8,000 項反森林砍伐行動。

MapBiomas 的成功啟發了南美洲其他國家，目前正陸續被複製到秘魯、玻利維亞、哥倫比亞、委內瑞拉、厄瓜多、蘇利南、蓋亞那、阿根廷、巴拉圭，甚至亞洲的印尼。

時間快轉到 2024 年，根據 MapBiomas 的統計，這是巴西森林砍伐問題最少的一年，卻是森林火災最嚴重的一年，比同期增加了 90%，有 3,000 萬公頃的土地被毀壞。

看到大自然反撲的速度加快，團隊希望其他國家和組織也能盡快效法，善用他們免費提供的數據、程式碼、Google 地球引擎來推動並監控全球的永續發展，畢竟，沒有一個國家能單獨行動，改善氣候變遷需要所有人的力量。

7. 美國 United States：
森林的耳朵・聲覺監測系統
Rainforest Connection

聽，是誰在哭的聲音？

SDG 涵蓋範圍：9, 11, 13, 15, 16, 17

熱帶雨林的環境聲音非常迷人，可以聽到鳥叫、蟲鳴、野生動物彼此呼喚及低語……，可是當人類的車輛潛入、拉開電鋸、扣動板機……，這些聲音異常突兀。若能釐清，即可逮捕罪犯。

第四章 生物圈：陸域生態

　　被稱為「地球之肺」的熱帶雨林，因非法伐木及人為破壞萎縮了，加快氣候變遷和物種滅絕。但要抓到這群盜賊，卻極為困難，每每當局意識到有人入侵，破壞已然造成。

　　身為軟體工程師與物理學家的托菲爾・懷特（Topher White），長年為多個國際項目建立系統。2011 年，當他在法國一家核融合實驗室工作時，去了蘇門答臘長臂猿保護區擔任志工。眼看著珍貴的長臂猿日漸稀少，痛心的他萌生了強烈的保育意識。

聽覺監視系統「守護者」就像森林的耳朵與嘴巴，能有效遏止非法伐木與盜獵。
（來源：Atlas of the Future）

211

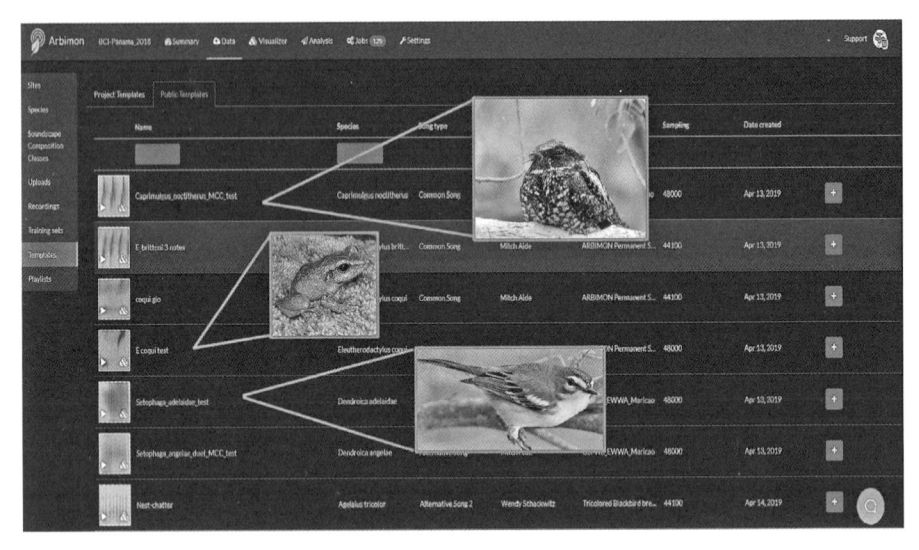

自 Arbimon 上線以來，它收集了全球 20%、約 2,000 種不同鳥類的鳴叫聲。
（來源：Rainforest Connection）

　　該如何解決雨林區不斷發生的盜木與盜獵問題呢？托菲爾展開行動，創辦了非營利組織「Rainforest Connection」，希望用智能監聽裝置拯救拉丁美洲和東南亞數千公頃的森林，同時保護瀕危物種。

　　熱帶雨林的環境聲音非常迷人，可以聽到鳥叫、蟲鳴、野生動物彼此呼喚及低語……，可是當人類的車輛潛入、拉開電鋸、扣動板機……，這些聲音異常突兀。若能釐清，即可逮捕罪犯。

　　Rainforest Connection 用被淘汰的手機、麥克風、聲學感應器、全球網路系統及太陽能電池板，製作了一款聽覺監視系統「守護者」（Guardians），它就像森林的耳朵與嘴巴，能藉由聲波、人工智能演算法，判別 3 平方公里範圍內的動靜，全年無休 24 小時地監測跟回報，有效遏止非法伐木與盜獵。

　　安裝於樹冠頂端，約一個手掌大小的守護者，經過機器學習特訓，能精準辨識 22,000 多種聲音如電鋸、卡車、汽車、機車和槍聲等。當守護者聽到可疑聲響，立即傳送警訊給巡邏隊、合作組織和原住民部

落,他們會立刻動身,阻止入侵,降低破壞,保護樹木與生物。

為了加快保護速度,團隊與世界各地的夥伴合作,利用熱帶雨林收集來的音頻數據,結合演算法,製作了一個公開且免費的生物多樣性觀測平台,名為「Arbimon」。

Arbimon讓使用者能在平台中管理、上傳、運用,分析各類生態音頻。它提供三種分析模組,一種是自動辨識,幫助使用者分析音頻中有哪些物種;第二種是單一物種比對,使用者需選擇或提供鳴叫範例,供系統比對音頻確認蹤跡;第三種是Insight分析,用圖表呈現物種的分布及活動範圍。這些資訊,皆能幫助當地政府與環境組織,在土地管理、政策變更、資源分配上做出正確決策。

自Arbimon上線以來,來自114個國家的使用者建立了超過2,900個專案,上傳了超過9,500萬個音頻檔案。它收集了全球20%、約2,000種不同鳥類的鳴叫聲。

迄今,Rainforest Connection與580位守護者,已從37個國家,超過406,000公頃的森林中,錄製了200萬英畝地的音頻,偵測到310種瀕臨滅絕的物種。它幫助印尼、巴西原住民Tembé保護60,000公頃的原生雨林,協助義大利政府繪製國內的鳥類物種地圖,幫助喀麥隆、波多黎各保護瀕臨絕種的野生動物,足跡遍布世界各地。

8. 美國 United States：
AI 預測非法狩獵路線 PAWS

巡邏員反守為攻，神準掌握盜獵位置

SDG 涵蓋範圍：9, 11, 15, 16, 17

PAWS 目前已被導入全球 55 個國家、600 個自然保護區中，成功讓巡邏員由被動轉主動，昂然站在打擊非法盜獵的最前線。

20 世紀初，仍有十多萬隻野生老虎在東南亞山林懶散地漫步。然而根據世界野生動物基金會（World Wildlife Fund）的資料，如今，幸運逃過非法盜獵的槍管，倖存下來的野生老虎剩不到 4,000 隻。

20 年前，擁有龐大毛色斑斕老虎群的柬埔寨，現在一隻老虎都沒有了。

老虎在黑市價值連城，隨便一隻身價就超過 50,000 美元。許多盜獵組織見獵心喜，每年被殺害的老虎數量驚人，各國野生動物保護區的巡邏員疲於奔命、心力交瘁。

為了守護老虎，南加州大學電腦科學教授米林德‧譚貝（Milind Tambe）帶著學生，開發出一款全新的人工智慧系統，名為「野生動物保護助手」（Protection Assistant for Wildlife Security，簡稱 PAWS），通過機器學習分析過去非法偷獵的活動紀錄，預判最易發生偷獵的地點，推演最佳巡邏路線。

這個看似簡單的演算模型，背後有著扎實的理論基礎。專案團隊會先從歷年的犯罪資料中，鍛鍊 PAWS 學習偷獵者的行為模式，建立行為模型，再藉由賽局理論（Game Theory）推算偷獵者可能會選擇的路線，提供巡邏隊參考。

看上了 PAWS 預測未來的潛力，野生動物保護協會（WCS）和世界

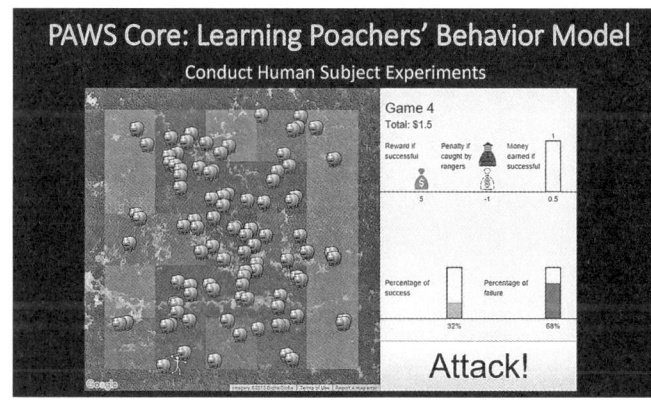

PAWS 分析過去非法偷獵的活動紀錄，預判最佳巡邏路線。（來源：AAU）

專案團隊鍛鍊 PAWS 學習偷獵者的行為模式，建立行為模型。（來源：University of Southern California）

第四章　生物圈：陸域生態

　　自然基金會（WWF）用來收集偷獵活動數據的「空間監測與報告系統」（Spatial Monitoring and Reporting Tool，簡稱 SMART），決定與之合併。一個著重過去，一個推估未來，兩者相輔相成，效果加乘。

　　SMART 匯集所有巡邏者收集來的資料，追蹤偷獵者行蹤及設置陷阱的位置，PAWS 會仔細分析這些資料，考慮城鎮距離、園區道路、樹木範圍、水道走向、特殊地形和動物數量……，生成一張新的地圖，將國家公園切割成 1 x 1 公里的巡邏網格，根據未來會發生盜獵的熱點，用紅色標示，細分出高風險、中風險或低風險區域。

215

團隊於 2016 年首次在烏干達的伊麗莎白女王國家公園（Queen Elizabeth National Park）測試這套系統，立即發現一個偷獵熱點，居然從未被巡查，當團隊跟巡邏隊趕往該區時，他們看到了一頭被切掉了象牙的大象。而在不遠處，還藏著一個完整的大象陷阱，大夥倒抽一口涼氣，不敢想像再晚到一步會發生什麼樣的悲劇。

團隊接著來到柬埔寨，在斯雷波克野生動物保護區（Srepok Wildlife Sanctuary）進行測試。根據斯雷波克野生動物保護區的執法技術顧問詹姆士‧盧倫斯（James Lourens）的分享，短短兩個月，24 名巡邏員在 PAWS 標示出的風險區巡邏時，發現超過 1,000 個陷阱、42 台電鏈鋸、24 輛摩托車及 1 輛卡車，數量比之前多上五倍，大幅提升巡邏隊的士氣。

最讓人眼睛一亮的是，PAWS 還提供「隨機化智能巡邏」服務，讓系統根據園區內動物的種類、數量、天氣情況，幫助巡邏員強化重要區域的保護，同時放寬安全區域的巡邏配置，增加效率。有時則逆向操作，讓巡邏員走一些低風險路線，讓埋伏在暗處的偷獵者霧裡看花、無所適從，找不出巡邏路線的規律。

為了讓 PAWS 能更好的服務全世界的保護區，團隊正努力提升技術。巡邏團隊使用 PAWS 的次數越多，系統預測的準確率就越高。但團隊並不滿足，他們正與中國東北的西伯利亞虎保育區合作，試著開發新的決策功能，希望當巡邏員在樹林裡看到野獸足跡時，系統能協助判別是否該繼續追蹤。

PAWS 目前已被導入全球 55 個國家、600 個自然保護區中，成功讓巡邏員由被動轉主動，昂然站在打擊非法盜獵的最前線。

9. 美國 United States：
無人機夜巡隊 Air Shepherd

天黑請閉眼，盜獵剋星看到您囉

SDG 涵蓋範圍：9, 11, 15, 16, 17

藏身夜幕，南非的荒漠中，非法獵戶握緊手上的槍，瞄準眼前的犀牛，正要扣下板機，忽然間餘光一掃，天空似乎有個閃著紅光，形似大鳥的物體朝他逼近，喀嚓一聲，罪行已被拍錄，盜獵之徒拋下槍落荒而逃。

第四章　生物圈：陸域生態

　　非法獵取的野生動物利潤驚人，是全球最有利可圖的犯罪活動，它正在加速犀牛、大象、獵豹等非洲標誌性野生動物的滅絕。

　　根據調查，超過 80% 的盜獵者會在黑夜與破曉之間悄悄行動，森林與荒野闃寂無聲，神不知鬼不覺。

　　藏身夜幕，南非的荒漠中，非法獵戶握緊手上的槍，瞄準眼前的犀牛，正要扣下板機，忽然間餘光一掃，天空似乎有個閃著紅光，形似大鳥的物體朝他逼近，喀嚓一聲，罪行已被拍錄，盜獵之徒拋下槍落荒而逃。

　　林德柏格基金會（Lindbergh Foundation）為了解決夜晚盜獵的問題，特別推出了「Air Shepherd」計畫，用最新研發的無人機與 AI 智能系統，協助南非政府、警察單位及巡邏員，在非洲盜獵熱區進行夜間巡邏，阻止盜獵發生。

　　Air Shepherd 是如何協助在地單位執行任務的呢？在警備隊的陪同下，他們會先鎖定一群非法獵者或某個偷獵熱區，將控制車停在遠處，指揮遙控員操作數台看似模型飛機的無人機，在夜間展開大範圍的搜查。

Air Shepherd 先將控制車停在遠處，指揮遙控員操作數台看似模型飛機的無人機，展開大範圍的搜查。（來源：FLYING Magazine）

　　針對盜獵設計的特勤無人機不但長相帥氣，能承受惡意撞擊，還配置了熱紅外線成像儀，能在夜間清楚地辨識林中奔馳的野生動物及躲在草堆中的盜獵者。它可在 40 公里外，持續飛行 4 個小時，即時回傳畫面。

　　像電影裡執行秘密任務一樣，Air Shepherd 的控制車裡裝載了三台大顯示器，可以隨時追蹤無人機巡邏隊的位置及視訊畫面。警察及現場巡邏隊，根據指揮部的情報迅速包抄盜獵者。

　　在卡內基美隆大學、南加州大學及馬里蘭大學湯瑪士・斯尼奇（Thomas Snitch）教授的協助之下，無人機巡邏隊變得更智能，新設計的 AI 風險偵測系統，能根據它學習的照片及資料（地形、地點、時間及巡邏員記錄的動物行蹤等）自動辨別，縮小偷獵者移動的範圍。

Air Shepherd 的分析能力幫辛巴威的萬吉國家公園（Hwange National Park）解決了盜獵者水中下毒的問題。透過日以繼夜的巡邏及大數據的分析，巡邏團隊趕在盜獵者在水窪下毒前將他們圍捕，有效降低當地七成的盜獵。

團隊還發現，盜獵者喜歡在靠近道路 150 碼的範圍及月圓的前後天行動，藉著月光運走象牙。偵查隊現在能提早埋伏，逮個正著。

團隊在測試無人機巡邏期間，特別選擇肯亞知名的偷獵熱點，這裡平均每月至少有 15 頭犀牛被殺害，在 Air Shepherd 駐紮的 6 周內，沒有一頭犀牛遇害，直到因為疫情，無人機停飛的第二天，偷獵才開始。

根據 Air Shepherd 的無人機主管奧托·偉德穆勒·艾格（Otto Werdmuller Von Elgg）表示，無人機巡邏隊對盜獵集團產生極大的嚇阻作用，即時拍下的畫面是最直接的罪證，讓罪犯無所遁形。盜獵者甚至只要聽到巡邏隊出沒，就會直接收手，轉移陣地。

Air Shepherd 至今執行了 4,000 多次的行動，動物遭到盜獵的次數為零，成功保護珍貴的犀牛與大象。

無人機巡邏隊現已活用於南非、辛巴威、馬拉威和波札那的國家公園。目前有 7 個非洲國家正在與基金會洽談後續合作。

然而，Air Shepherd 自知本身並不是徹底解決非洲非法盜獵問題的銀子彈，團隊正積極與非洲的保育機構合作，培育更多當地居民成為巡邏員，並給予合理報酬，降低他們被收賞，甚全加入盜獵組織的機會。

10. 美國 United States：
野生動物足跡辨識系統 WildTrack

隱私危機，史上最強動物指紋智能辨識

SDG 涵蓋範圍：9, 13, 15, 17

WildTrack 擁有全球最大足跡資料庫，涵蓋 17 類物種的分析模型。它能夠觀測納米比亞的犀牛、葡萄牙的歐亞水獺、尼泊爾的老虎、巴西的美洲獅，甚至是中國的大熊貓……。

全球物種正以接近歷史速率的 10,000 倍速度在滅絕。

為了解決這個問題，有效保護瀕危物種，野生動物學家柔伊・朱威爾（Zoe Jewell）博士和斯凱・阿莉貝（Sky Alibhai）博士創辦了「WildTrack」，決心活用人工智慧與機器學習來改善現況。

歷經了十三年的努力，WildTrack 研發出了一個名為「腳印辨識能力」（Footprint Identification Technique）的技術，通過動物的足跡來辨別物種訊息，觀測野生生物的數量及遷徙行為。

這類足跡鑑定技術，其實是祖先們的智慧。可惜隨著傳統狩獵、追蹤採集等部落文化式微，技能跟著失傳，僅有少數部族延續。

早年，當柔伊與團隊跟著辛巴威（Zimbabwe）紹納（Shona）族的追蹤者實地考察時，常會被原住民嘲諷，為什麼要用定位器追蹤動物，只要觀察足跡便能一目了然。一開始柔伊沒把這話放心上，畢竟定位器是業界最普遍、成熟的追蹤技術，但多年後，當她比對之前的資料，發現被麻醉、戴上電子項圈的黑犀牛，繁殖能力竟然明顯下降，這對瀕危物種來說是一場新的災難。

柔伊決心回頭去找當時的追蹤者，向他們取經，認真討教觀測技巧，學習如何藉由足部形狀、動物腳跟和肉墊的裂痕來鑑別動物的指紋。

第四章 生物圈：陸域生態

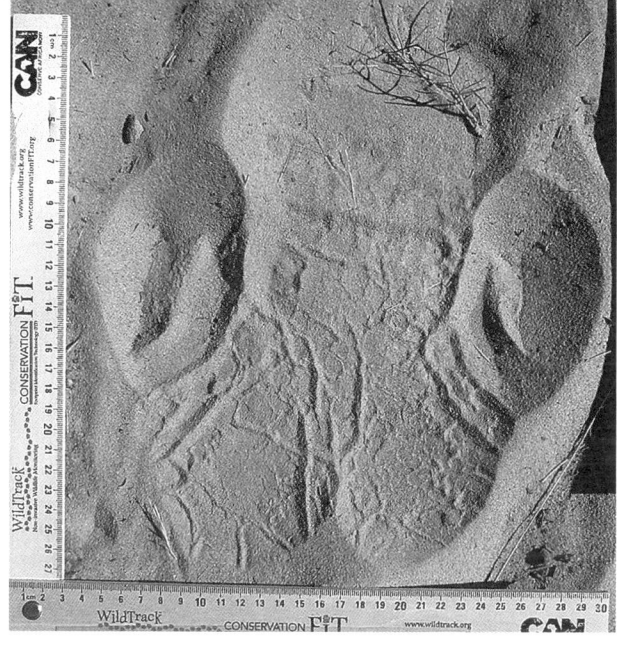

學者們現在只要下載 WildTrack 的手機應用程式，即可辨認眼前的動物腳印。
（來源：TIME）

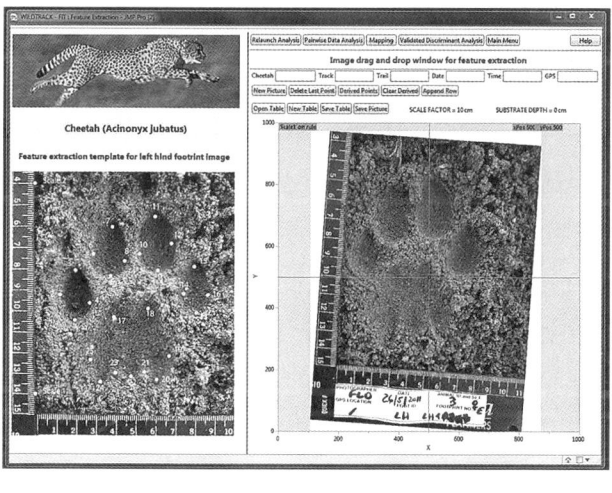

團隊與 SAS 合作，讓 AI 能將每個腳印拆解成 120 個不同的數據。
（來源：WildTrack）

　　2018 年時，團隊與全球知名的軟體廠商 SAS 合作，設計一款應用程式，能通過數位相機、電腦視覺、機器學習複製足跡識別技法，讓人工智能自行拆解每個腳印，變成 120 個不同的數據，好與海量的資料庫比對、辨識足跡的主人。

　　學者們現在只要下載 WildTrack 的手機應用程式，開啟拍照功能，即可辨認眼前的動物腳印，再也不用與動物們鬥智，對著被鬣狗咬碎的相機與記憶卡發愁，可以在遠處悄悄的觀察，記錄牠們的動態與繁衍數量。

現在該技術的準確率已高達 90% 以上，能直接確認個體、物種、性別、年齡、動物數量甚至具體位置，就像非洲部落最厲害的狩獵者一樣。

但 WildTrack 並未停下腳步，它不單與歐洲的無人機公司 senseFly 合作，開發一款由 AI 驅動的無人機，從上空追蹤動物足跡及訊息，還積極的開發辨識小型哺乳動物如岩鼠（Namaqua Rock Mouse）移動足跡的技術。

團隊相信該類小型動物是判別氣候變遷影響及生物多樣性變化最有代表性的指標。這項技術尚在資料收集階段，預計幾年內即可正式上線，協助非洲地區辨識當地物種生態。

WildTrack 擁有全球最大足跡資料庫，涵蓋 17 類物種的分析模型。它能夠觀測納米比亞的犀牛、葡萄牙的歐亞水獺、尼泊爾的老虎、巴西的美洲獅，甚至是中國的大熊貓……。

除此之外，WildTrack 的足跡辨識技術更吸引了美國陸軍的注意，希望團隊能開發人類足跡追蹤技術，幫助國家公園防止象牙、犀牛角盜獵，打擊犯罪集團。柔伊表示來自陸軍的資金大大鼓舞了團隊，他們正在各方面強化產品，希望在最低干擾的情況下，用最高效的方法守護環境。

11. 美國 United States：
棕熊臉部辨識系統 Bear ID
熊美女，我們之前是不是見過？

SDG 涵蓋範圍：9, 13, 15, 17

除了棕熊，Bear ID 還能辨別 8 種不同物種的熊，包含安地斯熊。

在矽谷工作的軟體工程師艾德‧米勒（Ed Miller），對於野生動物充滿了熱情。他趁著閒暇，與技術合作夥伴瑪莉‧阮（Mary Nguyen）、生物學博士梅蘭妮‧克萊博姆（Melanie Clapham），三人一起，抱著電腦走進山林，試著用新的軟體改善當前野生動物的觀測模式。

帶著滿腔熱血，他們開發出了一款免費的人工智慧系統，名為「Bear ID」，用熊臉偵測系統，幫助科學家們更快的辨別每一隻棕熊（Ursus arctos）。

一切的靈感來自於幾隻棕熊在瀑布旁洗澡的影片，簡單溫馨可愛的畫面，艾德與瑪莉卻越看越認真。棕熊之所以不容易識別，是因為熊在不同的季節會有顯著的體重變化、毛色改變和標誌差異，但是牠們的臉跟耳朵，擁有比較不會改變的特徵，若他們讓系統專注這兩個特徵做分析，不但減少程序比對需要的資料，還能提高準確度，艾德與瑪莉相視一笑，各自回到電腦前開始研究這個方法的可行性。

為了用棕熊的面部特徵來識別不同的棕熊個體，他們修改了早期開發的人臉辨識、甚至寵物犬臉部的辨別條件，調整眼睛、鼻子的位置，為主要追蹤的區域畫上標記。接著把完成的系統交給梅蘭妮，請她在阿拉斯加的卡特邁（Katmai）國家公園與加拿大奈特灣（Knight Inlet）

第四章　生物圈：陸域生態

團隊在野外設置相機,讓 Bear ID 跟著梅蘭妮一起,深入學習如何監測、識別野外棕熊。
(來源:EarthToolsMaker)

Bear ID 現在能辨別 8 種不同種類的熊。(來源:WildCams)

區域，設置野外相機，讓它跟著梅蘭妮一起，深入學習如何監測、識別野外棕熊，確認實際數量、熊口增長以及如何在區域間移動。在不斷地改良下，Bear ID 的識別準確率已提高到 84%，能直接在現場使用。

艾迪表示，其實許多科學家缺乏足夠的資料來監測特定的生物族群，特別像喜歡棲息在森林深處的棕熊，更難用非侵入式的工具觀測，現在有了 Bear ID，讓臉盲、或是需要監測特定棕熊個體、群體的科學家，能獲得更詳細的研究資料。這類分析有助於強化當地的保護工作，加快識別某些特定母熊與多隻棕熊共用的活動區域，優先列為保護區域。

梅蘭妮她們觀察到奈特灣生活的棕熊弗洛拉（Flora）在吃海獺屍體時表現出特別的防衛性行為，在 Bear ID 的協助下，有更多的資料能讓科學家比對，是只有弗洛拉比較敏感，或者對於經常孤獨生活的棕熊來說，這是一個普遍現象？哪些因素會更容易觸發弗洛拉的防衛反應？

除了棕熊，Bear ID 還能辨別 8 種不同物種的熊，包含安地斯熊。棕熊在阿拉斯加與加拿大的偏遠地區較少與人類接觸，但在南美洲人熊衝突卻經常發生。當地村莊會特別監控安地斯熊的動向並設有警報系統，通知居民，前方有野熊出沒，不要貿然前往。在 Bear ID 的加持下，系統可以判別哪隻熊性格比較暴躁或什麼樣的行為會激怒牠們。

Bear ID 目前雖僅在特定區域使用，但它為辨識其他野生動物臉部的技術奠定了基礎，有助於改善全球的生物保護工作。它也加深了我們對野生動物的熱愛，如同作家理查·洛夫（Richard Louv）知名的格言：「我們無法保護我們不愛的東西，我們無法愛我們不認識的東西，而且我們無法認識我們不曾見過的東西。」在認識之後，就是我們用愛來守護的時候。

12. 丹麥 Denmark：
生物滅絕日曆
Extinction Days Calendar

死亡倒數，即刻出手搶救

SDG 涵蓋範圍：4, 9, 13, 14, 15, 17

警鐘已經敲響，「生物滅絕日曆」的物種資料仍在持續擴充，彙整成長長的名單，其中包括各種大小、類型的動物，每種都面臨著不同程度的滅絕風險。

地球曾經歷五次生物大滅絕，離我們最近的一次發生在 6550 萬年前，導致恐龍徹底從地球上消失。

大滅絕，顧名思義，是指在很短的時間內，生物多樣性或獨特物種如細菌、真菌、植物、哺乳動物、鳥類、爬蟲類、兩棲類、魚類、無脊椎動物等高比例的滅絕。

早在 2022 年，世界自然基金會（WWF）就已指出，自 1970 年代以來，因為人類的作為，全球野生動物的數量在短短 50 年內減少了 70%，這將導致我們走向地球第六次的大滅絕。

直至今日，全球有 100 萬種生物物種，正面臨滅絕危機。

根據哥本哈根大學和劍橋大學的研究人員調查，目前全球已有幾個特殊物種，將在可見的未來，甚至是可預期的時間內，永遠消失。

世界自然基金會丹麥分會為敲響警鐘，喚醒全球住民的重視，它與行銷公司 & Co. / NoA 合作，推出了一個警示意味十足的專案「生物滅絕日曆」（Extinction Days Calendar）。

「生物滅絕日曆」是一款免費的電子日曆，它就像曾經紅極一時的日本漫畫《死亡筆記本》中死神的筆記本一樣，所有列名其中的人事物，

考艾管舌鳥只剩不到 10 隻，而蘇門答臘犀預計將於 2035 年 9 月 22 日徹底滅亡。
（來源：The Btw）

第四章　生物圈：陸域生態

均將在不久後灰飛煙滅，最大的差別在於，這次的主角是特殊動物，而牠們的滅亡是能被修改也能被阻止的。

「生物滅絕日曆」由來自全球的頂尖科學家、生物及動物學家們椎心製作。這是史無前例的創舉，他們針對 12 種在可見的未來，即將滅亡的珍稀物種，在仔細評估牠們的數量、棲息地、競爭者等資訊後，透過統計學，估算出牠們徹底消失的日期，再藉由 Google 的日曆平台，分享給所有願意採取行動的人。

就像加入工作小組，會收到定期會議通知一樣，申請共享「生物滅絕日曆」的使用者，每一年都會收到新的通知，告知在哪一年、幾月、幾日、哪個物種將消失。如果要阻止看似遙不可及、實則近在眼前的第六次生物大滅絕，人們會開始思考，該如何採取行動支持世界自然基金會或當地的保育單位，讓這些美麗的生物能在地球上待久一點。

就像世界自然基金會丹麥分會的行銷和募款總監托比亞斯・埃姆・

227

霍斯貝格（Tobias Emme Høgsberg）所說：「面對目前超過 100 萬種物種瀕臨滅絕的嚴峻現實，我們需要藉由一種特殊的方式，將這種急迫性帶入大眾的日常生活……。與 Google 日曆的整合，幫助我們利用日常科技，讓這個問題變得無法忽視。在『生物滅絕日曆』的幫助下，我們將難以掌握的危機，轉化成個人的行動號召。這些不僅僅是日曆上的事件，更是我們能進行搶救任務的倒數計時。」

過去的 200 年，夏威夷群島上 32 種蜜雀中已有 15 種滅絕，不幸的是，棲息在夏威夷可愛島（Kauai）的考艾管舌鳥（Akikiki）也將在未來幾周滅亡，牠只剩下不到 10 隻！減少的原因，主要是蚊子帶來的疾病，讓幼鳥難以存活。

另一個全球也僅剩數十隻的珍貴物種，是棲息在墨西哥加利福尼亞灣的小頭鼠海豚（Vaquita）。儘管牠生命力頑強，也難逃非法捕獵的漁網，只要非法捕撈持續，牠們即命在旦夕。

其他物種如古巴鱷（Cuban Crocodile）將在 2029 年 6 月 17 日滅絕，接著是 2033 年 8 月 13 日的紅狼（Red Wolf）、2034 年 9 月 13 日的山雞蛙（Mountain Chicken frog）、2035 年 9 月 22 日的蘇門答臘犀（Sumatran Rhino），還有幾乎行蹤成謎的夜鸚鵡（Night Parrot），牠們預計將於 2060 年 10 月 25 日正式與我們訣別。

為了讓更多人能認識這個日曆，丹麥團隊除了在哥本哈根地鐵站張貼廣告，更在網路平台及社群媒體上發聲，呼籲世界各地的人們一起訂閱日曆，加入行動行列。

警鐘已經敲響，「生物滅絕日曆」的物種資料仍在持續擴充，彙整成長長的名單，其中包括各種大小、類型的動物，每種都面臨著不同程度的滅絕風險。

事不宜遲，請爭取每一秒的時間，跟上搶救的腳步，讓我們一同加入倒數任務。改變這些物種的滅絕，就是改變人類的滅絕。

13. 美國 United States：
最新基因工程復活長毛象
Colossal Biosciences

逆思維，通過後代還原祖先

SDG 涵蓋範圍：9, 13, 15, 17

Colossal 的技術覆蓋範圍日益擴大，有助於拯救、復育更多的物種如亞洲象、非洲森林象、非洲草原象、北方白犀牛、蘇門答臘犀牛、粉鴿、維多利亞草原無耳龍……。

記得當年紅極一時的電影《侏羅紀公園》，裡面有一家「國際遺傳公司」（InGen），透過最新技術復活暴龍，打造了一個驚人的主題公園。而現在，美國一家公司正在實現這個夢想。

「Colossal Biosciences」（以下簡稱 Colossal）是一家生物科學公司，由哈佛大學知名的遺傳學專家喬治・丘奇（George Church）與企業家班・蘭姆（Ben Lamm）於 2021 年創立。它的目標是復活曾經絕跡的物種如猛獁象、塔斯馬尼亞虎（別名袋狼）及渡渡鳥等，同時保護當前瀕臨滅絕的重要物種。

Colossal 執行長兼創辦人之一的班表示：「世界自然基金會（WWF）發現，過去 50 年來，地球上的野生動物數量在人類的手中平均銳減了 69%。而我們通過匯集投資、基因學、保育和合成生物等領域最聰明的人才，終於有機會扭轉人類造成的遺憾。」

那麼 Colossal 要怎麼讓古代生物死而復生呢？團隊活用了近年熱門的 CRISPR 基因編輯技術來修改現有物種的基因，讓牠們回溯成祖先原本的樣子。

CRISPR 的全名為「常間回文重複序列叢集關聯蛋白」（Clustered

Colossal 成立了自己的基金會，協助 BioVault 建立更完善的生物基因銀行。
(來源：Colossal Biosciences)

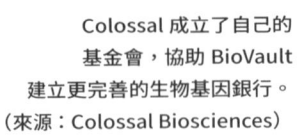

Colossal 的技術覆蓋範圍日益擴大，有助於拯救、復育更多的物種。
(來源：D Magazine)

Regularly Interspaced Short Palindromic Repeat），是日本科學家從細菌免疫系統中獲得的靈感。當時他只發現了不同的基因片段，直到 2013 年，在許多科學家的努力研究之下，終於在實驗室中建構出 CRISPR 基因編輯系統，能快速、高效的在哺乳動物的細胞中進行基因編輯，培育品種、治療疾病。

在不懈的努力下，Colossal 研發出新的生物幹細胞匹配與基因排序技術，並於 2022 年，成功排測出亞洲象的基因組，它與祖先長毛象的基因相似度高達 99.6%，通過媒合長毛象遺骸的 DNA，長毛象的復

活指日可待。

而在已滅絕的塔斯馬尼亞虎（Thylacine）上，Colossal 也有了突破性的進展，團隊從袋鼩（Dunnarts）身上找到多組幹細胞，衍生做為塔斯馬尼亞虎外觀的框架，加快了所有袋類動物的基因研發進程。

於此同時，Colossal 與全球科學聯盟脊椎動物基因組及貝勒醫學院合作，保護亞洲象、非洲象的基因，釐清哪些大象皰疹病毒將導致幼象死亡，提早開發疫苗，為幼象注射，提高存活率。

在守護全球瀕危物種方面，Colossal 與多方組織合作，協助 Re:wild 與全球各地的夥伴共同支持、創建保育計畫，持續繁衍、野放特殊物種，恢復自然生態。

Colossal 的技術覆蓋範圍日益擴大，有助於拯救、復育更多的物種如亞洲象、非洲森林象、非洲草原象、北方白犀牛、蘇門答臘犀牛、粉鴿和維多利亞草原無耳龍⋯⋯。

目前 Colossal 正在解決北方白犀牛的繁衍問題，現在全球只剩下兩隻雌犀牛，為了幫助牠們獲得強壯的後代，Colossal 正在確認牠們遺失的基因為何，好用基因編輯技術將缺乏的優良基因植入北方白犀牛的細胞中。

看到 Colossal 在生物學上有所突破，業務範圍逐漸擴大，為基因測序、編程、細胞工程與繁衍提供最前端的技術。人們既興奮又害怕，擔心 Colossal 會成為現實中的《侏羅紀公園》。面對業界的質疑，執行長班回應：「我們的目標不是創造不該存在的事物，而是彌補過去的錯誤，將人類導致滅絕的物種帶回原生家園。」

Colossal 還成立了自己的基金會，協助 BioVault 建立更完善的生物基因銀行，收集瀕危物種的組織樣本，同時強化美國鼠海豚、印尼蘇門答臘犀牛等物種的保育，確保最新的技術解決方案，能順利移交給各國的保育夥伴們，加快生態系統恢復與基因留存的速度。

14. 美國 United States：
愛自然・全球生物圖鑑 iNaturalist
捕捉大自然的寶可夢，帶著專家去冒險

SDG 涵蓋範圍：4, 9, 13, 14, 15, 17

「愛自然」是一個線上社群網路平台，但這裡的主角不是人類，而是酷炫的野生生物。截至 2024 年 8 月末，全球 800 萬名使用者在「愛自然」分享的動植物、真菌和其他生物紀錄，已超過 2.2 億件。

有沒有可能，我們以為早已滅絕的生物，其實還活在世界的某個角落？

熱愛旅遊的背包客馬丁，有一次在越南吉仙（Cat Tien）的低地叢林探險，就在護林站的小路上，發現一隻超大的蝸牛，驚喜的他拍下照片，打開手機軟體「愛自然」（iNaturalist），將發現分享上去，越南生物專家立刻認出那隻蝸牛，是曾被 18 世紀末知名的詹姆斯・庫克船長（Captain Cook）描繪過的一種生物，是越南的巨木蘭螺（Bertia cambojiensis），長期以來被認為已經絕種，直到近幾年才重新發現牠們的蹤跡。

「愛自然」是一個線上社群網路平台，操作方式與「臉書」（Facebook）相似，但這裡的主角不是人類，而是酷炫的野生生物。牠可以是植物、鳥類、哺乳類、爬蟲類、菌類──只要是野生的生命體，都可以分享。「愛自然」的平台能搭配手機應用程式，讓世界各地的人能隨時隨地分享、記錄最新的發現，不論是回家路上偶遇的蝴蝶、池塘邊蹦出的青蛙、甚至飛到窗邊的小鳥……該平台目前被各領域的專家、教師、學生，及其他熱愛大自然的人視為豐富的生物資料庫，是各國生物多樣性研究的重要參考資料。

「愛自然」作為社群平台，能讓使用者觀察彼此的新發現。（來源：iNaturalist）

最初,「愛自然」是由在加州大學柏克萊分校資訊學院念碩士的奈特・阿格倫（Nate Agrin）、上田健一（Ken-ichi Ueda）和潔西卡・克萊恩（Jessica Kline）做為畢業專題完成的,隨後幾年,在加州科學院與國家地理學會的扶持下,它正式於 2023 年成為一個獨立的非營利組織。

最早期的「愛自然」僅能讓使用者標誌區域、拍照上傳並撰寫所見所聞。但從 2017 年開始,「愛自然」新增了人工智能,能用電腦視覺幫使用者自動辨識他們觀測到的物種為何？譬如眼前這隻可愛的麻雀,是山雀、雲雀？還是未被發現的寶可夢？這款自動辨識工具會把使用者上傳的相片,快速與既有的生物資料庫比對,給出正確的物種名稱,供使用者標選。

更酷的是,「愛自然」作為社群平台,能讓使用者觀察彼此的新發現,並繼續更新觀測紀錄。若使用者找到無法立刻識別的特殊物種,會有來自世界各地的學者、或業餘專家協助鑑別,幫助使用者認識一個新的生命體；也幫助當地的專家們,及時發現新生物或外來物種入侵。2013 年,就有一位哥倫比亞的男子發現了一隻紅黑相間的青蛙,遠在華盛頓的毒蛙專家看見了,確認這是一種新物種後,兩人一起寫了一篇論文；而在 2024 年末,一位倫敦通勤者意外用相機捕捉了一種 18 年來從未出現在英國的昆蟲,嚇壞了英國當局,立刻召集團隊,盡速趕走這位外來客。

所有分享到「愛自然」的物種觀察紀錄,皆可做為各國科研專班、保育組織和民眾組織研究使用,當這些紀錄被專家們鑑定並認證為「研究級」資料後,將會同步整合到其他大型的國際生物資料庫中,如全球生物多樣性資訊庫（GBIF）和澳大利亞生物圖集（ALA）。

做為「愛自然」頂級生物識別專家,來自新加坡國立大學的昆蟲學家約翰・阿舍（John Ascher）,已經親自驗證超過 150 萬張照片,

他很欣慰：「『愛自然』所創造的生物地圖，填補了之前未有標本的區域⋯⋯。『愛自然』讓公民科學家能夠快速與世界各國的專家聯繫，彼此學習，提供更全面的數據資料。」

截至 2024 年 8 月末，全球多達 800 萬名使用者在「愛自然」分享的動植物、真菌和其他生物紀錄，已超過 2.2 億件。

「愛自然」作為世界上最受歡迎的自然科學應用軟體與網站平台，不單召喚使用者一起動起來，守護瀕危與特殊物種，更為了加強在地化，與當地的組織合作，推出各國獨立的社群網路，方便當地研究單位使用。目前該網路包括美國的 iNaturalist.org、墨西哥的 NaturaLista、紐西蘭的 iNaturalist NZ — Mātaki Taiao、加拿大的 iNaturalist Canada、哥倫比亞的 Naturalista，以及葡萄牙的 Biodiversity4All。

現在，「愛自然」終於也來到了台灣「iNaturalist Taiwan」。喜歡學習與踏青的台灣學霸們，是時候帶著一群海外生物學家出門探險了。

15. 羅馬尼亞 Romania：
鸛巢地址 Uite Barza

護鸛情深，全民出動當狗仔隊

SDG 涵蓋範圍：9, 13, 15, 17

2017 年「鸛鳥來了！」應用程式問世，群眾熱情響應，定位了國內 80% 的白鸛鳥巢，發現其中 54% 面臨觸電危險，高達 93% 的鸛鳥與鳥寶寶，成功被 Enel 團體以絕緣體保護起來。

每年春天，超過一萬隻白鸛，遷徙返回羅馬尼亞。白鸛是西方傳說中象徵吉祥的送子鳥，除了有特殊寓意，牠更是各國的一級保護動物。

人們可能不曉得，傳說是相反的。童話中送嬰兒上門的鸛鳥其實是孩子帶來的。在遙遠的過去，飛翔在北歐天空的鸛鳥喜歡在新生兒降臨、最暖和的屋子上築巢。

直至現今，白鸛仍愛在屋頂與電線桿的頂端築巢，遺憾的是容易引起電線短路、走火，造成數以千計的鸛鳥和鳥寶寶喪命。讓羅馬尼亞最大的電力公司 Enel 十分頭疼。

Enel 在當地擁有超過 25 萬支電線桿，電線範圍超過 9 萬公里，要如何才能即時掌握鸛鳥在哪根電線桿上築巢呢？Enel 與羅馬尼亞鳥類學會（SOR）合作，共同開發了一款手機應用程式名為「Uite Barza!」（直譯為「鸛鳥來了！」），請民眾加入鸛鳥的協尋團隊，找出白鸛最常出沒且最易遭受電擊的區域，好讓 Enel 在配置電網時能安排保護措施。

白鸛喜歡居住在人多的地方，人們常常抬頭就能看到牠們。專案團隊籲請發現電線桿上鸛鳥蹤跡的人靠近鳥巢，下載「鸛鳥來了！」，並打開應用程式，用智能手機幫鳥巢拍照，回填基本訊息如：鳥巢的

第四章｜生物圈：陸域生態

白鸛喜歡居住在人多的地方，人們常常抬頭就能看到牠們。
（來源：Romania Insider）

民眾能通過使用「鸛鳥來了！」應用程式來回報鳥巢位置。
（來源：Romi&Gabe）

大概位置、巢築在什麼結構上、巢裡有幾隻鳥寶寶？鸛鳥的照片將自動嵌入當前 GPS 的座標，當專案團隊確認鳥巢位置，便能立即安裝金屬支架、進行搬移，保護白鸛免於觸電。

　　使用者也能通報特殊情況，如有鸛鳥撞到電線桿昏迷或是觸電等。所有從程式中收集來的訊息，會同步給羅馬尼亞鳥類協會，讓鸛鳥能被安排到安全的地方。

237

專案協調員瓦倫丁・馬尼（Valentin Marin）十分欣慰：「這款應用程式可以幫助我們調查白鸛鳥巢以及雛鳥的數量繪製分布圖，讓我們更好的保護羅馬尼亞的白鸛族群。」

2017 年「鸛鳥來了！」應用程式問世，群眾熱情響應，定位了國內 80% 的白鸛鳥巢，發現其中 54% 面臨觸電危險，高達 93% 的鸛鳥與鳥寶寶，成功被 Enel 團體以絕緣體保護起來。

迄今，白鸛鳥巢觀測的任務還在持續進行。作為主導團隊的 Enel 會定期統籌應用程式上的資料，並發送給所有羅馬尼亞的電力下游廠商，希望他們能同步參與鳥類的保育工作。

白鸛並非 Enel 唯一觀察的鳥類，在羅馬尼亞西部的巴納特地區，有一群瀕臨滅絕的薩克獵鷹選擇在多瑙河畔 Enel 的電網上築巢。Enel 的技術團隊立即出動，把獵鷹寶寶轉交給適當的保育協會保護，但因為獵鷹有返巢的習慣，安全起見，Enel 環境部門特別啟動新專案，在舊巢旁邊設置了太陽能監視攝影機，保護幼鳥與周圍環境。

Enel 不單在羅馬尼亞採取行動，更在其他國家遍地開花。它針對 13 個國家，在電網與電塔上築巢、逗留的鳥類及動物，提出了不同的保育方案，充分展示 Enel 保護生物多樣性的強烈企圖心。

16. 台灣 Taiwan：
AI 有保琵

黑面琵鷺裡面請，來賓有幾位？

SDG 涵蓋範圍：6, 9, 11, 13, 14, 15, 17

「AI 有保琵」在中華電信的加持下使用 5G 高速網路，結合工研院開發的多組 AI 辨識模型，讓「AI 有保琵」能在各類環境下，不受時間及天候限制，24 小時全年無休的監控全台黑面琵鷺，輕鬆點「鷺」，年省 200 多名調查人力。

擁有「黑面舞者」美稱，超模身材、纖細長腿、一身白羽、扁長黑嘴的台灣鳥類明星黑面琵鷺（Platalea minor）是遷徙型的大型水鳥，同時也是瀕危物種紅皮書（IUCN Red List）中，全球瀕危物種之一。

每年冬季 9、10 月，全球三分之二的黑面琵鷺會飛來台灣過冬，隔年 3、4 月才展翅北返。

每年冬季，全球三分之二的黑面琵鷺會飛來台灣過冬。（來源：Freepik）

黑面琵鷺常在人為活動少、汙染程度低的河口、魚塭、池塘及潮間帶棲息。牠的出現，象徵該地生態十分多元，魚類、甲殼類及水生植物豐富，是濕地生態健康與否的重要指標。

　　台灣每年都會透過衛星追蹤和人工觀測，監看黑面琵鷺的棲息地、數量及遷徙路徑，但在環境變遷、資金缺乏、人力吃緊的限制下，難以獲得精確數據。

　　1992 年前就投入黑面琵鷺監測行列的鳥類專家郭東輝，分享了數十年來的觀測方法，很原始，也很簡單，就是用肉眼一隻一隻數。極度考驗耐心與專注力。

　　在黑面琵鷺來訪的冬天，每隔 2 週，來自四面八方的 20 組志工，早上七點前紛紛抵達黑面琵鷺各個棲息地，捧起望遠鏡開始從左往右，逐隻計算，再反著重數一遍，往往要耗上 3 個多小時。

　　郭東輝哭笑不得的說：「黑面琵鷺不會排排站好，有時飛走，有時飛來，站著的身影時而重疊，好不容易數完身體，還要再數腳確認，偏偏牠們有時候單腳站立，讓確認工作變得更加困難。」志工數得如此痛苦卻無人放棄，畢竟黑面琵鷺數量的多寡，攸關台灣生態環境優劣。

　　為了解決這個問題，精準的迎接來自各國的黑面琵鷺，2024 年末，工研院與中華電信合作開發了一款 AI 鳥類辨識方案「AI 有保琵」。用 AI 觀測黑面琵鷺全台棲息地的影像，自動辨識數量，讓專家不用再苦苦蹲點，看花了雙眼算來算去。

　　「AI 有保琵」在中華電信的加持下使用 5G 高速網路，結合工研院開發的多組 AI 辨識模型，讓「AI 有保琵」能在各類環境下，不受時間及天候限制，24 小時全年無休的監控全台黑面琵鷺，輕鬆點「鷺」，年省 200 多名調查人力。

　　這可不是一蹴而就的成功，為了克服黑面琵鷺多變的舞姿，愛黏著同伴身影相疊，工研院花上數月強化 AI 辨識模型，終於突破傳統人力

觀測的盲區，避免重複計算。

如今，「AI 有保琵」的準確度已提升至 86%。團隊正持續訓練系統克服影像光線不足、水面反光等技術難題。未來將更進一步拓展模型應用範圍，以便監測更多瀕危物種的數量及活動軌跡。

這套全台首創的「AI 有保琵」，不僅提高了監測效率，更展現了科技在環境保護中的潛力。工研院資訊與通訊研究所技術副組長洪淑慎表示：「這套系統的誕生，不只是為黑面琵鷺保育提供助力，更是科技應用於環境保護的一大突破……，希望藉由這項創新技術，為地球的永續生存鋪設更穩固的基礎，讓更多物種與我們共享這片家園。」

為了更進一步守護濕地環境，讓水鳥安全繁殖，中華電信將黑面琵鷺 AI 監測系統與 AI 電子圍籬技術、智慧水情監控系統做結合，讓台南濱海的居民與政府有效調配水源之餘，能及時獲知有無民眾擅闖保育棲息地，保障候鳥隱私。直至今日，AI 系統每月已成功通報 160 次的入侵事件。

繼「AI 有保琵」之後，中華電信做為電信龍頭，率先推出百種保育計畫，將陸續轉化營運據點為瀕危植物的保護基地，藉由千里眼，監控植物生長的軌跡，同時帶動其他企業，展開跨界合作，用科技保育地球生態。

17. 台灣 Taiwan：
動物紅綠燈・路殺預警系統

馬路如虎口，動物停看聽

SDG 涵蓋範圍：9, 11, 15

這套系統厲害的地方，是利用了聲音和閃光對各種動物的不同效果。石虎聽到聲音會慣性的停下，探索音源，待在原地；鼬獾聽到聲音或看到光，會害怕地退後，朝反方向逃走，或進入動物地下道，避開車道。

各地商店餐廳林立，山區中的小動物逐漸進入人類的繁華世界，記得動畫電影《動物方城市》中，小倉鼠們想吃冰淇淋，排隊等紅綠燈過馬路的可愛畫面嗎？現在台灣學術單位與政府攜手合作，把動物紅綠燈系統，正式帶入了人間！

喜愛夜行的山友，有時會在半山腰，黑漆漆的路邊看到一雙澄黃閃亮的貓眼，好奇的打量周遭，迅即沒入密林，矯健身形如豹似貓。

牠可不是一般的流浪貓，是被台灣官方列為一級保育類動物的「石虎」（Leopard Cat），俗名豹貓。外觀特徵明顯，在額頭、眼窩內側有兩條白紋，身上布滿迷人的棕色斑點。

作為台灣本土唯一現存的貓科動物，石虎多生活在中部低海拔山區、丘陵。足跡通常出現在苗栗、南投及台中淺山區。

早期在日治時代，石虎數量多達上千隻，隨著台灣土地開發及人口擴張，數量大幅遞減。特別在山路交通密集後，常在路口看見石虎與車輛相撞而亡。

為了阻止悲劇再度發生，身為貓奴的台灣中興大學機械工程學系助理教授蔣雅郁，帶著她的團隊與農業部特有生物研究保育中心、科技公

這套系統厲害的地方，是利用了聲音和閃光對動物的不同效果，像石虎聽到聲音就會慣性的停下，待在原地。（來源：南投林管處）

司 DT42 合作，在交通部公路總局的支持下，策劃「中部地區友善道路改善計畫」，開發出一款用「聲光波」警告石虎馬路如虎口、趕緊停看聽的路殺預警系統。

這套動物紅綠燈系統，由太陽能驅動，透過無線通訊技術，串聯多項設備，具備車速偵測、AI 動物辨識，同時警示駕駛與動物的功能。

它被安置在石虎經常出沒的台 3 線卓蘭馬路周圍，輔以圍網與動物地下通道，當偵測到車速過快的車輛逼近，石虎、白鼻心或鼬獾正準備橫越時，AI 動物辨識、聲光波系統會立即根據附近物種的生物習性發射聲波、光波「提醒」牠們，前有來車，切勿移動。

這套系統厲害的地方，是利用了聲音和閃光對各種動物的不同效果。石虎聽到聲音會慣性的停下，探索音源，待在原地；鼬獾聽到聲音或看到光，會害怕地退後，朝反方向遁走，或進入動物地下道，避開車道。

駕駛駛近的同時，系統會在道路的「資訊可變標誌」（Changeable message sign）上打上「前方有石虎、白鼻心、鼬獾出沒」等訊息，提醒駕駛減速慢行，小心碰撞。

預警系統正式上路的四個月以來，團隊已拍到 17 次石虎、白鼻心等動物收到警告後，乖乖停下腳步，觀察四周動靜，等車開過才通行，成功避免「路殺」發生。

第四章｜生物圈：陸域生態

這套系統現在已送到金門,去守護另一種瀕臨滅絕的動物「歐亞水獺」(Eurasian otter)。專家們發現,歐亞水獺對光線的反應較弱,看到車燈不會閃躲,容易釀成車禍,希望藉由預警系統的聲波功能,叫醒水獺,遠離馬路。

今日,這套路殺警告系統已於台3線、台1線守護了數十隻石虎與數百隻白鼻心,順利躲過車輛,創下路殺熱區零路殺的卓越成績。公路總局正持續與團隊強化警示系統,評估新的設置地點,加速改善全台道路。

系統設置期間,為了提高民眾認知,農業部特有生物研究保育中心,與多個道路管理單位合作,活用九年前發起的路殺社公民科學計畫,請民眾回報路邊喪命的野生動物,匯集全台及離島約18萬筆路死動物資料(包含石虎、白鼻心、穿山甲、水獺、領角鴞、台灣獼猴、陸蟹、青蛙、斑龜等),歸納整理出131個動物路殺熱區,積極與民間科技單位攜手合作,開發出能及時提醒路殺路段的手機應用程式及導航軟體。

聯捷創新股份有限公司用擅長的汽車語音助理技術,結合保育中心的資料,開發了「Omnie Cue 道路情報通」手機應用程式,能以語音播報及顯示器投影的方式,及時提醒駕駛行經動物頻繁出沒的路段,減速慢行。

軟體開發商勤崴國際科技股份有限公司則更進一步,將路殺熱點的詳細資訊,建置到已有650萬用戶的「樂客導航王全3D」導航軟體當中,每當駕駛靠近路殺路段,系統會語音警告並出示區域動物圖片,提醒駕駛提高警覺,注意小動物出沒。

特有生物保育中心呼籲國內外的汽機車廠商,盡快將資料導入導航系統中,讓所有的人與動物都能快樂出門,平安返家。

台灣的動物路殺研究雖然起步較晚,卻達到了前所未有的高度,吸引許多海外的目光,相信創意無限的寶島,將為我們帶來更多驚喜。

18. 台灣 Taiwan：
野生動物救護車

坐過都說好，山羌好評五顆星

SDG 涵蓋範圍：9, 11, 13, 15

「野灣」早期都用開放式卡車運送動物，像山羌這類敏感的嬌客，被放在鐵籠子裡，從上車到下車尖叫不斷，現在有了這輛和泰贊助的動物救護車，明亮舒服，安全感十足。

第四章 | 生物圈：陸域生態

就像宮崎駿的動畫電影《魔法公主》，台灣的深山裡藏著許多小動物，有台灣野兔、獼猴、野山羊、白鼻心、山羌、穿山甲及鳳頭蒼鷹，牠們被人類非法盜獵、陷阱刺穿、車輛擦撞……。

動物醫生綦孟柔從小喜愛動物，最愛看的電影是迪士尼的《獅子王》。長大後考進屏科大獸醫系，餵養數十隻小獅子，救治老鷹、水鹿、山羌、獼猴……十分開心。因緣際會下，得知美國有專門的非政府「野生動物救援」組織，由大量志工組成的野生動物復健中心（WRC），一年可救治多達 1 萬隻野生動物，她立即申請實習。

在那裡，她受到一連串震撼教育。由於需要搶救的野生動物太多，每一隻送進醫院的動物在 3 分鐘內，獸醫便會決定搶救？還是安樂死？心地柔軟的綦孟柔理解資源有限的情況下，救一隻重傷動物還是十隻輕傷動物，是不得已的取捨，還是心碎不已，恨不得多救一隻是一隻！

綦孟柔同時觀察到組織內只有三位正職獸醫，其他皆是志工，團隊擁有專業而完善的救治 SOP，病例、照護內容全程公開，排班人員只要確認患者編號，除了手術需由醫生親自操刀外，後續的照護、野放、教育皆由非醫護人員完成，就連野放程序也直接公開，讓附近熱心的志工下班時能順道把動物送去野放，減少人力及交通成本。

有了「野灣」的加入，東台灣的野生醫療資源終於獲得改善。
（來源：WildOne 野灣野生動物保育協會）

　　回國後，綦孟柔回到母校，在「保育類野生動物收容中心」擔任獸醫，驚覺台灣本島有四家野生動物救傷單位，竟然全部位於台灣西部。林地廣闊，野生生態豐富的東部，野生動物醫療卻是「零」。

　　壓倒綦孟柔的最後一隻野生動物，是被野狗咬傷的山羌，當山羌從遙遠的台東送到她眼前搶救時，為時已晚。綦孟柔終於忍無可忍，決心率領七位志同道合的女性，到東部成立醫療中心。

　　她向民間及政府單位募資，到處演講，花了四年時間，終於獲得支持，2017 年在台東成立「WildOne 野灣野生動物保育協會」（以下簡稱野灣），並在三年後成立台東第一間，也是唯一一間「野灣非營利野生動物醫院」，展開大範圍的野生動物救傷服務。

　　有了「野灣」的加入，東台灣的野生醫療資源終於獲得改善。

　　台灣東部地形狹長，每當「野灣」收到民眾通報，趕去救援往往要耗上數小時車程，若動物傷勢嚴重，需要第一時間處理，此時開的是一輛動物救護車，配載完整的醫療設備，讓團隊一抵達即可開始治療，該有多好？

為了實現這個願望，長年關注永續議題的和泰汽車與「野灣」攜手，在林務局的支持下，花上半年，從無到有，量身打造出全台首輛「野生動物行動醫療車」，讓救援團隊能在第一時間搶救，提高動物存活率。

這台由日野（HINO）3.49噸貨車改良而成的動物救護車，配載完善的醫療設備、耗材及藥品。有幫助動物穩定生命跡象的生理監視器、點滴泵浦、氣體麻醉機及血氧監測機，有獨立空調、可收合的鋁梯、減輕搬運大型動物如黑熊等負擔的動力尾門，還有特殊的防震設計及媲美轎車的智能安全防護系統，能在山區彎路上靈活穿梭，讓動物在移動的過程中不受驚嚇。

「野灣」早期都用開放式卡車運送動物，像山羌這類敏感的嬌客，被放在鐵籠子裡，從上車到下車尖叫不斷，現在有了這輛和泰贊助的動物救護車，明亮舒服，安全感十足。

醫院成立以來，「野灣」每年收治的動物病患逐年增加，從2021年268隻，到2023年已有512隻。這些病患來自花東各地：花蓮秀林來的花嘴鴨、台東達仁的穿山甲跟麝香貓，甚至還有從向陽國家森林遊樂園送下來的黃喉貂。

「野灣」不僅提供救助，還進行動物保育研究。團隊在野放的動物身上綁上定位器，並在附近設置相機，追蹤野放動物的癒後生活，確認牠們平安，順利繁衍後代。像之前救下的穿山甲緯寶妹，順利懷孕生子，已經帶著孩子在山裡自在漫步。

「如果遇到受傷的野生動物，請撥打市民專線1999，接獲通知後有專人救援。」野灣現正積極地走入社區，宣導野生動物的照護網路，同時推出Podcast節目，開設「保育探索館」、「教育迴廊」、醫院導覽、科普講座、志工及教師培訓營等，希望將野生動物保育的概念像種子般播撒出去，拉近國人與野生動物的距離。

19. 哥倫比亞 Columbia：
龜巢穹頂 Nest Domes

溫度決定性別，海龜男女 1 比 9

SDG 涵蓋範圍：13, 14, 15, 17

木製的穹頂十分厚實，讓埋伏在附近想偷吃海龜蛋的動物無法入侵，也讓海龜享有一個自帶天然空調、能讓沙地降溫 4°C 的孵育環境，安全生下海龜寶寶。

根據世界自然基金會（WWF）的一份報告，全球各地的海龜正因商業化及狩獵潮，瀕臨滅絕。

至今，全球僅存 7 種海龜，而台灣周邊經常出現的就有五種，分別是綠蠵龜（Green sea turtle）、玳瑁（Hawksbill sea turtle）、赤蠵龜（Loggerhead sea turtle）、欖蠵龜（Olive Ridley sea turtle）、革龜（Leatherback sea turtle），其中又以綠蠵龜最為常見。

可愛又親人的海龜多生存在熱帶及溫熱帶淺水海域，因迴游習性，繁殖期間會從平時的棲息地回到當初的出生地，在沙地上交配產卵。

特別的是，海龜寶寶的性別是由沙灘溫度決定的。生物學家指出，若讓龜卵在 20°C 至 27°C 的溫度下孵化，出生的小海龜往往是雄性，溫度若在 30°C 至 35°C，出生的龜寶寶則以雌性居多。

這幾年，因為地球暖化加劇，過去四年出生的海龜寶寶，99% 都是雌性，嚴重的性別不均，大幅增加滅絕風險。

美國知名的防曬品牌香蕉船（Banana boat）數年來致力於保護人們不受陽光傷害，它決定挺身而出，擴展貢獻範圍，護佑地球上其他物種免受暖化及紫外線的影響。

香蕉船與哥倫比亞海龜保育計畫（ProCTMM）及行銷公司偉門智

第四章　生物圈：陸域生態

團隊在穹頂外層抹上滿滿的亞麻仁油，讓木頭維持濕潤，有效降溫。（來源：Yanko Design）

木製的穹頂十分厚實，讓埋伏在附近想偷吃海龜蛋的動物無法入侵。（來源：Yanko Design）

威（Wunderman Thompson Colombia）合作，在各地海洋生物學家、工程師與設計人員的協助之下，以海龜殼的有機形狀為靈感，設計出了一款木製的「龜巢穹頂」（Nest Domes），讓海龜享有涼爽安全的生產環境，提高雄性海龜寶寶的誕生率。

龜巢穹頂用哥倫比亞當地聖馬爾塔原產的淺色木材製作，內層搭配能自行降解的軟木，可以更好的反射毒辣陽光。為了降溫，團隊除了在穹頂上方開透氣窗，方便空氣流通，更在外層抹上滿滿的亞麻仁油，一方面防止下雨木頭吸收過多水分，一方面又能讓木頭維持濕潤，有效降溫。

木製的穹頂十分厚實，讓埋伏在附近想偷吃海龜蛋的動物無法入侵，也讓海龜享有一個自帶天然空調、能讓沙地降溫 4°C 的孵育環境，安全生下海龜寶寶。

海龜保護專案的首席研究員阿曼塔・喬雷吉（Aminta Jauregui）表示：「通過這些穹頂，我們能重新恢復雄性海龜和雌性海龜正確比例的關鍵溫度。這是一項非凡的創舉，我們樂觀地認為它將對未來的海龜族群產生積極影響。」

團隊先將海龜穹頂放置在聖馬爾塔的海灘上進行測試，實驗結果十分成功。他們計畫將穹頂安裝在哥倫比亞其他的海灘上，並複製到墨西哥及加勒比海岸其他海灘區，照顧更多待產的海龜。

海龜穹頂計畫的創意跟成績讓眾多生物保育單位十分驚喜，紛紛希望加入合作，目前已有 27 個單位正在與團隊洽談後續。

為了加快保育的速度，團隊將海龜穹頂的設計圖免費提供給全球海龜保育者，希望藉由少量的人為介入，維護生態的多元平衡。

20. 台灣 Taiwan：
海龜點點名・海洋戶口名簿

歡迎來到台灣，遷入記得註冊戶口

SDG 涵蓋範圍：4, 9, 14, 15, 17

您知道棲息在台灣本島及離島的海龜，每一隻都擁有戶口名簿嗎？若有幸遇到尚未辦理入戶的海龜，您可享有命名權，為牠取一個酷炫又充滿紀念意義的名字。

　　擁有著名地標花瓶岩，水質清澈，僅有 12 平方公里大的小琉球，是台灣一級保育類動物海龜熱愛的棲息地。平均每一公里就能看到十隻以上的海龜棲息，堪稱全球海龜密集度最高的島嶼。

　　您知道棲息在台灣本島及離島的海龜，每一隻都擁有戶口名簿嗎？

　　「海龜點點名」是由馮加伶、蘇淮，以及幾名熱愛海龜的夥伴，於 2017 年在臉書發起的公民計畫，更是台灣唯一專注於觀測海龜生態的非營利團體。

　　初始的起心動念，單純是好奇每次拍攝的海龜，是不是同一隻？於是，馮加伶、蘇淮在心血來潮下，創辦了社團，號召全台各地同好，一起來當公民科學家，用國外行之有年的「Photo ID」方式，拍照觀測台灣海龜，再將照片上傳，建立全台海龜資料庫。

　　團隊精準分析每隻拍到的海龜，為其建立身分證、固定棲息地及出沒區域，好長期觀察生活狀況，撰寫牠們的「戶口名簿」。

　　共同發起人蘇淮表示，辨識海龜的秘訣是觀察牠們臉部鱗片的排列方式及圖案，就像人類的指紋一樣。早期所有的海龜皆由團隊人工辨識，若實在看不出來，則用知名的野生動物個體辨識軟體「HotSpotter」來輔助。

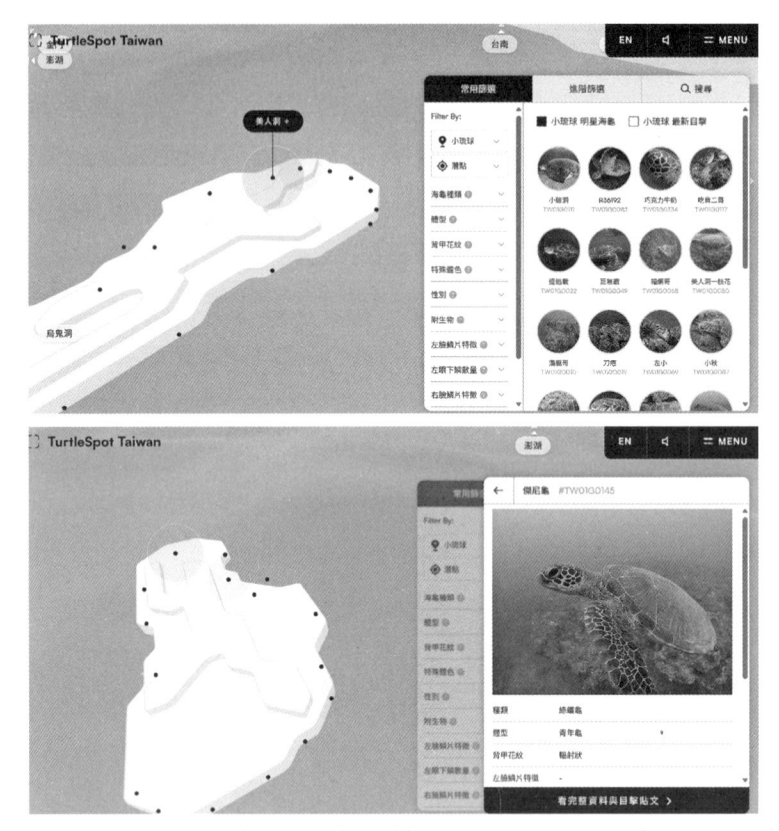

海龜戶口名簿網站有豐富的海龜資料。（來源：TurtleSpot Taiwan）

　　截至 2021 年底，團隊收到共 3,447 筆回報，一共記錄到 706 隻綠蠵龜、34 隻玳瑁及一隻欖蠵龜，足跡遍及全台，多在小琉球出沒。

　　這造就了不少海龜明星，如知名的龍蝦洞住戶傑尼龜，極為親人，喜歡跟遊客互動，喜歡惡作劇，會刻意衝撞潛水員的相機，讓琉球居民一看到牠就退避三舍，深怕一不小心，被牠碰瓷，現罰三十萬台幣，還有理說不清。

　　隨著觀察數量持續增加，團隊進一步成立「海龜戶口名簿網站」，分享彙集的海龜資料庫，讓民眾在小琉球附近探險時，偶遇海龜，可快速識別眼前的嬌客，是舊雨還是新知？

民眾除了用潛點作為類別篩選，還可用特徵細節如海龜種類、體型、背甲花紋、膚色、臉部鱗片，甚至特殊受傷情況（如外傷、纏繞、斷肢）作為篩選，加快海龜辨識。

若有幸遇到尚未辦理入戶的海龜，您可享有命名權，為牠取一個酷炫又充滿紀念意義的名字。

雖然網站已順利上架，但「海龜點點名」的回報蒐集還是以臉書社團為主，因為臉書互動性佳，能即時反饋給回報的民眾。

未來不排除在網站上建立回報系統，畢竟一個月能平均收到40至50筆回報，是一筆不小的數量。

團隊於2022年成立了「海龜點點名協會」，專注於海龜水下調查及研究。協會將延續過去每季、每月在小琉球的水下及空拍調查，好更精準的掌握海龜數量，克服下水點有限、海龜躲閃等限制。

共同發起人馮加伶分享道，通過社群回報與協會的例行調查，除了能找出隱藏的海龜，同時藉由複查海龜的生態紀錄，可以推估出牠們在特定棲息地居住的時間、搬家的頻率，進一步了解海龜生態。團隊因此發現，近四成的海龜，已在台灣定居超過一年。

海龜的戶口名簿是公開的資料庫，有助於地方政府制定環境保育政策，如小琉球自主宣布3海浬內不捕魚。現在澎湖也宣布加入，攜手守護生態環境。

團隊短短幾年累積出龐大的資料庫，震驚了日本與韓國的非營利組織，紛紛前來取經，詢問帶動民眾參與的秘笈。

近幾年團隊陸續與《國家地理頻道》合辦講座，積極推廣海洋保育，更在小琉球舉辦「海龜生病了」講座，希望居民與潛水業者多多熟悉海中鄰居，護持海龜健康。

下一次您若有機會去海邊潛水，遇到海龜，可別忘記到「海龜點點名」為牠點名打卡哦！

21. 新加坡 Singapore：
用手機糾查非法鯊魚魟魚貿易
Fin Finder

猜猜我是誰，海關跟鯊魚的血淚故事

SDG 涵蓋範圍：9, 13, 14, 15, 16, 17

透過志工與專家建構的強大魚翅圖像數據庫，手機應用程式可以「秒辨」魚翅品種。

識別罪犯需要多少時間？

電視影集中，每當法醫與調查人員抵達命案現場，會立即收集頭髮、指紋，好判別死者身分。鑑定不難，但是需要時間！

新加坡海關是最缺時間的一群人，他們身處全球最繁忙的航運樞紐，每天都得快速辨認機場及港口送來、比水族館數量還多的魚類及其部位商品是否隱藏犯罪？時間緊迫爭分奪秒，最讓他們痛苦的，是滿山滿谷的魚翅，得靠肉眼判別，是哪一類鯊魚？這些貨品交易合不合法？

海關人員現已能使用 Fin Finder 快速檢視魚翅，判斷魚種是否合法。（來源：Conservation International）

為了讓 Fin Finder 精準的判別魚翅，專案團隊與志工們，
收集了數千張魚翅圖片，來「教育」系統如何準確辨識物種。（來源：Microsoft）

每年有超過 7,000 萬片鯊魚魚翅在市場交易，價格不菲，每磅超過 500 美元。大廚巧手熬製成一道道老饕喜愛的宋代經典美食「魚翅湯」。這道美味佳餚的背後沾滿鯊魚血淚。鯊魚被抓上岸，割下魚翅丟回海裡，最後痛不欲生的死去。

儘管有些鯊魚的魚翅已可合法食用，但交易長尾鯊、鯨鯊、雙髻鯊及其他瀕危的 40 種鯊魚，以及魟魚的魚翅與魚肉，不但非法，加快物種滅絕，還會破壞海洋生態系統的平衡。

國際保育組織（Conservation International）非法野生動物貿易專家丹努希里・穆納辛赫（Dhanushri Munasinghe）特別呼籲：「許多鯊魚物種被視為頂級掠奪者，牠們屬於食物鏈的頂端⋯⋯。鯊魚和魟魚在維持海洋生態系統方面發揮著重要的作用，透過控制其他魚類的數量來維持平衡。如果海洋失去了牠們，不但嚴重影響海洋健康，也會波及人類。」

而在新加坡，單在 2012 至 2020 年間，就有超過 160,000 公斤來自《瀕臨絕種野生動植物國際貿易公約》（CITES）列名的鯊魚及魟魚魚翅進入國境。海關努力用肉眼辨識著乾癟的魚翅，有時實在看不出來，只能將部分魚翅送 DNA 檢驗，最快也得花上一周才有答案。

擔憂海關在檢查過程中無法確實地將犯人逮捕到案，新加坡國家公園局（NParks）和國際保育組織（Conservation International）合作，在微軟（Microsoft）與其他夥伴的支持下，用人工智慧開發出了一款名為「Fin Finder」的手機應用程式，海關只要用智慧手機，拍下眼前鯊魚或魟魚魚翅的照片，即可判別該貨品是否屬於保育物種，是否需要更精準的 DNA 分析。

為了讓 Fin Finder 精準的判別魚翅，專案團隊與新加坡及微軟的志工們，收集了數千張魚翅圖片，來「教育」系統如何準確辨識特定物種。

新加坡非營利組織 Coastal Natives 的志工珍妮佛・劉（Jennifer Low）吐露，為了讓 AI 不會搞混，他們每天會花上大約三小時拍攝各類乾燥、冷凍鯊魚物種的照片，用文字描述數百張魚翅的模樣。

這支志工隊伍，加上鯊魚與魟魚專家，為 Fin Finder 構建了一個極為完整的魚翅圖像數據庫，裡頭有多達 15,000 張魚翅照片。系統在非營利組織 Wild Me 的強化下，已能在幾秒內正確指認魚翅品種。

今日，海關人員已能使用 Fin Finder 快速檢視魚翅，判斷魚種是否合法？是否需要 DNA 鑑定？於此同時，新加坡國家公園管理局也將 Fin Finder 作為記錄鯊魚、魟魚物種的主要平台，讓海關掃描進出漁獲之餘同時記錄，作為未來參考資料，也可驗證使用者提供的許可證或運送文件是否屬實，有效減少了驗貨跟批送文件的時間。

目前 Fin Finder 僅在新加坡運作，但未來勢必會再推廣到其他國家，協助世界一同打擊非法魚翅貿易。

後記／**共存共榮**

　　《改變世界的 100 個生態行動：SDGs 全球實踐指南，生物圈篇》這一本書能順利完成，首先要感謝我們鍥而不捨、精益求精的第二位作者李小敏，與我們博覽群籍目光如電的編輯顧問陳映霞，在他們的熱情與鞭策下，「拯救明天系列」的第二本書終於順利誕生。

　　為地球永續做出貢獻的案例很多，一個比一個經典，奈何它們就跟愛情一樣，若我們總在麥穗田中挑最大、最好、最漂亮的那一株，可能直到今日，這本書也寫不完。

　　繼第一本《用今天拯救明天：SDGs 改變世界實踐指南，永續發展 100+ 經典行動方案》出版後，在多場演講和座談中讀者們最常問的問題，就是這些案例來自何方？

　　我們精心挑選的案例來自三個方面：

　　一、世界各地的國際競賽。

　　二、聯合國與無政府組織的推選。

　　三、筆者長期的關注。

　　用心呈現這些在世界各個角落，大張旗鼓或默默付出，為地球帶來關鍵性改變的案例，是筆者對他們的致敬與感動。

　　第二本書選擇以科技案例為主題，是個巨大挑戰，也是熱愛科技的筆者的一份驚嘆！科技更迭太快，可能再過幾周、幾個月，新的技術又出來了，長江後浪推前浪，前浪死在沙灘上。但那又何妨，及時對症下藥反而救亡圖存。就像橫空出世的ＡＩ爭議不斷，用在對的時機、對的場域，卻像人類的數位分身，無遠弗屆，帶來的幫助遠遠超越我們的想像。

　　看過第一本書的讀者會發現，我們承繼了先前的宗旨，挑選的案例不見得是最新的技術，而是最具影響力、啟發性與可行性的。人類

永遠不會被機器取代,因為我們擁有與地球生靈共存共榮的信念跟使命。奔向永續有千條路,初心不忘才是最最重要的。

　　這本書由 2024 年末開始撰寫,期間目睹了世界各地的慘烈災變,天災人禍接踵襲擊、戰火綿延、經濟制裁……,也許在這晦暗痛苦的亂世中吶喊團結是天真的,但許多人做到了,用他們能力所及的方式,保護我們僅存的地球。讓我們以他們為榜樣,為了明天,為了未來,今天能夠做的事,絕不耽延!

第四章　生物圈：陸域生態

參考文獻

A, I. (2024, February 15). *WWF fixe dans Google Agenda les dates d'extinction d'espèces*. La Réclame. https://lareclame.fr/wwf-co-noa-calendrier-disparition-especes-293754

Achard, S. (2024, July 1). *Biome makers partners in alliance for sustainable sugarcane production*. iGrow News. https://igrownews.com/biome-makers-surpasses-24m-microorganisms-in-soil-database/

AddMaker. (2023, January 12). 貝殼加回收塑膠，為漁民設計的貝殼型安全帽 ShellMet. 加點製造誌. https://mag.addmaker.tw/2023/01/12/shellmet/

Adler, N. (2021, August 25). *10 million snowblowers? Last-ditch ideas to save the Arctic ice*. The Guardian. https://www.theguardian.com/us-news/2020/oct/20/last-ditch-ideas-to-save-the-arctic-ice

Ads of the WorldTM. (n.d.). *Banana Boat: NEST DOMES*. https://www.adsoftheworld.com/campaigns/nest-domes

Ads of the WorldTM. (n.d.). *LosSantos+3oc*. https://www.adsoftheworld.com/campaigns/lossantos-3-c

Ads of the WorldTM. (n.d.). *Marshall Islands Soccer Federation: NO HOME JERSEY*. https://www.adsoftheworld.com/campaigns/no-home-jersey

Ads of the WorldTM. (n.d.). *WWF Denmark: Extinction Days Calendar*. https://www.adsoftheworld.com/campaigns/extinction-days-calendar

AI for SDGs. (n.d.). *PAWS (Protection Assistant for Wildlife Security) | AI4SDGS*. https://ai-for-sdgs.academy/case/290

AIM2Flourish. (2024, August 22). *From vision to reality: Desert control's LNC and the Green Horizon*. https://aim2flourish.com/innovations/from-vision-to-reality-desert-controls-lnc-and-the-green-horizon-4

AIMS. (n.d.). *Spawn, grow, sow: how coral seeding could boost recovery*. https://www.aims.gov.au/information-centre/news-and-stories/spawn-grow-sow-how-coral-seeding-could-boost-recovery

AIMS. (n.d.). *Testing retention and coral survival on seeded devices in a degraded environment*. https://www.aims.gov.au/research/spawning-research-2021/survival%20on%20seeded%20devices_ACRRI

AIMS. (n.d.). *Upscaling coral aquaculture for reef restoration*. https://www.aims.gov.au/research-topics/featured-projects/reef-spawning-research-aims/upscaling-coral-aquaculture-reef-restoration

AIR PROTEIN. (n.d.). *AIR PROTEIN*. https://www.airprotein.com/making-air-protein

AIR-INK. (n.d.). *AIR-INK*. https://www.air-ink.com/

Airline Ratings. (n.d.). *Ocean Infinity's high tech ships poised for MH370 search?* https://www.airlineratings.com/articles/ocean-infinitys-high-tech-ships-poised-for-mh370-search

Ajdin, A. (2024, April 1). *Robotic vessel player Ocean Infinity secures long-term deal with Shell*. Splash247. https://splash247.com/robotic-vessel-player-ocean-infinity-secures-long-term-deal-with-shell/

Amini, M. (2025, April 2). *Butter made from CO2, not cows, tastes like 'the real thing', claims startup*. The Guardian. https://www.theguardian.com/science/article/2024/jul/16/us-startup-lab-made-climate-friendly-butter-savor-bill-gates

Andersen, M. (2021, August 16). *Safe drinking water with SolarSack - Access2innovation*. Access2innovation - Få Hjælp Til at Skabe Innovativ, Bæredygtig Og Kommerciel Forretning På Afrikanske Vækstmarkeder. https://www.access2innovation.com/en/project/safe-drinking-water-with-solarsack/

Aon Plc Global Media Relations. (n.d.). *Aon Launches New Florida Flood Model with Latest Data and Analytics for State Insurers*. https://aon.mediaroom.com/news-releases?item=138378

AOPA. (n.d.). *Air Shepherd targets poachers*. https://www.aopa.org/news-and-media/all-news/2015/january/21/air-shepherd

AQUA TECH. (2020, November 26). *Meet Asim, Nidhi and their sewer scanning robots*. https://www.aquatechtrade.com/news/wastewater/meet-asim-nidhi-from-fluid-robotics

AQUA TECH. (2022, May 31). *Water from air: Watergen signs deal to bring AWG to India.* https://www.aquatechtrade.com/news/water-treatment/watergen-signs-agreement-for-awg-in-india

AQUA TECH. (2023, April 17). *Water Reuse beer: Epic Cleantec puts creative spin on sustainability.* https://www.aquatechtrade.com/news/water-reuse/recycled-beer-used-to-make-beer

AQUA TECH. (2023, May 1). *Reducing microplastic from fashion: H&M Foundation funds Soundwave innovation.* https://www.aquatechtrade.com/news/industrial-water/hm-foundation-and-microplastic-water-pollution

Aquaai. (n.d.). *AQUAAI Corporation - We save the seas.* https://www.aquaai.com/

Aquaporin. (2024, January 8). *Aquaporin | Nature-inspired water technology company.* https://aquaporin.com/

ARCH. (2022, November 14). 二氧化碳的神奇變身，冰島工廠以地熱能源結合碳捕捉技術將廢棄轉化為石頭，一年可有效封存 4,000 噸溫室氣體！ https://www.arch.tw/sustainable/article.php?i=4509

ARCH. (2023, March 7). 用廢棄扇貝、回收塑膠打造的再生安全帽 ShellMet！精巧仿生設計守護漁民安全． https://www.arch.tw/sustainable/article.php?i=4658

ARCNITECT. (2018, July 12). *Citation: Buoyant Ecologies Float Lab aims to save communities above and below water.* https://www.architectmagazine.com/awards/r-d-awards/citation-buoyant-ecologies-float-lab-aims-to-save-communities-above-and-below-water_o

Arm Community. (2024, July 22). *AI for Bears Challenge.* https://community.arm.com/arm-community/b/ai-blog/posts/ai-for-bears-challenge

Arm. (n.d.). *Rainforest connection.* https://www.arm.com/company/success-library/made-possible/rainforest-connection

Arnold, E. (2023, February 28). *New gadget helps find household leaks, save water & money.* Planet Forward. https://planetforward.org/story/h2know-helps-consumers-save-water/

Arraz, L. (2022, February 23). *Greenpeace cria mapa em GTA RP para alertar sobre mudanças climáticas.* Canaltech. https://canaltech.com.br/games/greenpeace-cria-mapa-em-gta-rp-para-alertar-sobre-mudancas-climaticas-209948/

As.com (2023, May 29). *Nest Domes, una apuesta por el futuro y bienestar de las tortugas marinas.* Diario AS. https://colombia.as.com/actualidad/nest-domes-una-apuesta-por-el-futuro-y-bienestar-de-las-tortugas-marinas-n/

ASAP. (2022, February 24). *BioMiTech.* https://climateasap.org/directory/biomitech/

AskNature. (n.d.). *A selective membrane inspired by Aquaporin channels filters and purifies water — Innovation.* https://asknature.org/innovation/a-selective-membrane-inspired-by-aquaporin-channels-filters-and-purifies-water/

Association of American Universities. (2019, July 16). *AI is for animals: using artificial intelligence to prevent poaching.* https://www.aau.edu/research-scholarship/featured-research-topics/ai-animals-using-artificial-intelligence-prevent

Atlas of the Future. (2020, July 6). *Watly - Atlas of the Future.* https://atlasofthefuture.org/project/watly/

Atlas of the Future. (2021, February 12). *Rainforest Connection.* https://atlasofthefuture.org/project/rainforest-connection/

Atlas of the Future. (2022, March 8). *Fluid Robotics - Atlas of the future.* https://atlasofthefuture.org/project/fluid-robotics/

Australian Institute of Marine Science. (2024, July 18). *Fish barriers may aid baby corals in reef recovery.* Phys. https://phys.org/news/2024-07-fish-barriers-aid-baby-corals.html

AUVSI. (2024, August 15). *Saildrone kicks off First-of-its-Kind mission to map Cayman Islands.* https://www.auvsi.org/saildrone-kicks-first-its-kind-mission-map-cayman-islands-waters

AWA. (n.d.). *Hydraloop trial to reduce Sydney water use.* https://www.awa.asn.au/resources/latest-news/hydraloop-trial-to-reduce-sydney-water-use

Awards. (n.d.). *WIPO Global Awards.* https://www.wipo.int/en/web/awards/global/index

AZoCleantech. (2022, September 26). *Desert Control: Tackling Desertification with Clay and Water.* https://www.azocleantech.com/article.aspx?ArticleID=1172

Bacon, A. (2024, November 24). *New pilot project looks at recycling water waste in the Region of Waterloo.* CTVNews. https://www.ctvnews.ca/kitchener/article/new-pilot-project-looks-at-recycling-water-waste-in-the-region-of-waterloo/

Bailey, J. (2025, February 3). *Vanishing jerseys and flooded pitches: Why football is responsible for its own climate crisis.* Yahoo News. https://uk.news.yahoo.com/vanishing-jerseys-flooded-pitches-why-154751121.html?guce_referrer=aHR0cHM6Ly93d3cuZ29vZ2xlLmNvbVS50dy8&guce_referrer_sig=AQAAACR0Npg3wwU102Nph6J5FRXAQJYSIGwPknxP7JHtN2rhEDQ2QkF0BLXLwnHsAKOSX89c93I3LrFt5f9V2EMLMlH0tWju9hWUsD6_0C6ZiOzLMr0Z5mg6DxNHh-sNjJP4Iyg68lQhdXoaBkBQ2cWpRaa0sMWk4kFY6J98o2gEycm9&guccounter=2

Baio, A. (2023, April 24). *Whale songs: sounds and melodies across the sea.* Ocarina Player. https://www.ocarinaplayer.com/en/thepond-blog/ocarina-listening-tips/whale-songs-sounds/

Baldwin, E. (2019, April 11). *Look out, evil doers, we're getting a Xylotron!* Hardwood Floors Magazine - The magazine of the National Wood Flooring Assocation. https://hardwoodfloorsmag.com/2019/04/09/getting-xylotron/

Ball, S. (2021, January 5). *Water from air: Israeli firm helps bring drinking water to Gaza.* France 24. https://www.france24.com/en/middle-east/20210105-water-from-air-israeli-firm-helps-bring-drinking-water-to-gaza

Bangor University. (2021, May 6). *Bangor team's Real Ice machine featured as part of global "() for tomorrow" initiative.* https://www.bangor.ac.uk/news/2021-05-06-bangor-teams-real-ice-machine-featured-as-part-of-global-for-tomorrow-initiative

Bassi, M. (2024, July 17). *New 'Butter' Made From Carbon Dioxide Tastes Like the Real Dairy Product, Startup Says.* Smithsonian Magazine. https://www.smithsonianmag.com/smart-news/new-butter-made-from-carbon-dioxide-tastes-like-the-real-dairy-product-startup-says-180984717/

BBC News. (2019, October 24). 台灣石虎瀕臨絕種：科技介入動物保育. https://www.bbc.com/zhongwen/trad/science-50109040

BBC Newsround. (2024, April 30). *Climate change: Could robot clown fish help our oceans?* https://www.bbc.co.uk/newsround/68903492

BBC. (n.d.). *Nanoclay: the liquid turning desert to farmland.* https://www.bbc.com/future/bespoke/follow-the-food/the-spray-that-turns-deserts-into-farmland.html

Bear Research. (2024, July 11). *BearID Project.* https://bearresearch.org/

Beck, L. (2024, January 24). *Hullbot offers a Harm-Free Antifouling solution.* Triton. https://www.the-triton.com/2024/01/hullbot-offers-a-harm-free-antifouling-solution/

Berendzen, N. (2022, March 4). *Risk management through biomimicry: AQUAAI uses Nature-Based designs to collect underwater data.* AltaSea. https://altasea.org/risk-management-through-biomimicry-aquaai-uses-nature-based-designs-to-collect-underwater-data/

Berry, L. (2024, August 27). *iNaturalist Observations Now Available within ArcGIS Living Atlas (Beta Release).* ArcGIS Blog. https://www.esri.com/arcgis-blog/products/arcgis-living-atlas/announcements/inaturalist-living-atlas-beta-release

Besnainou, J. (2022, November 6). *Is profitable reforestation possible? Land Life Company makes the new 50 to watch list.* Cleantech Group. https://www.cleantech.com/is-profitable-reforestation-possible-land-life-company-makes-the-new-50-to-watch-list/

Betc. (n.d.). *No home jersey.* https://betc.com/fr/design/la-federation-de-football-des-iles-marshall-no-home-jersey

BETTER FUTURE. (n.d.). *The Great Bubble Barrier.* https://betterfutureawards.com/now/project.asp?ID=19336

BevNET.com. (2022, December 12). *Kadeya Receives Pre-Seed Funding from Evergreen Climate Innovations*. https://www.bevnet.com/news/supplier-news/2022/kadeya-receives-pre-seed-funding-from-evergreen-climate-innovations/

BHoney Australia. (2024, April 19). *Purple Hive Project by B honey*. https://bhoneyaustralia.com.au/

Biome Makers. (n.d.). *Biome Makers*. https://biomemakers.com/

BioSTL. (n.d.). *On TV: Watergen technology creates drinking water from air*. https://www.biostl.org/news-and-media/home/watergen-technology-creates-drinking-water-from-air

Birch, R. (2025, February 9). *Start-up carbon butter team backed by Bill Gates*. Agriland.ie. https://www.agriland.ie/farming-news/start-up-carbon-butter-team-backed-by-bill-gates/

Bloomberg. (2016, June 24). *Watly: using the sun to provide clean water*. https://www.bloomberg.com/news/articles/2016-06-23/watly-using-the-sun-to-provide-clean-water

Bloomberg. (2016, March 15). *Pigeons with backpacks are fighting air pollution in London*. https://www.bloomberg.com/news/articles/2016-03-15/london-s-latest-weapon-against-pollution-pigeon-air-patrol

Bloomberg. (2024, October 11). *Butter made from CO2 is coming as startups chase new fat sources*. https://www.bloomberg.com/news/newsletters/2024-10-11/global-food-roundup-cow-free-butter-made-from-co2?srnd=homepage-asia

Blue Ocean Barns. (n.d.). *Blue Ocean Barns*. https://www.blueoceanbarns.com/

Blue Ocean Gear. (n.d.). *News — Blue Ocean Gear*. https://www.blueoceangear.com/news

Blues. (2025, April 17). *Clean Earth Rovers is Creating Solutions for Coastal Waterways*. https://blues.com/blog/clean-earth-rovers-is-creating-solutions-for-coastal-waterways/

BOATTEST. (2023, December 4). *Hullbot - High Frequency Robot Cleaning*. https://boattest.com/article/hullbot-high-frequency-robot-cleaning

Boztas, S. (2020, June 16). *Air bubble barrier traps plastic waste in Amsterdam's canals*. The Guardian. https://www.theguardian.com/world/2019/nov/07/bubble-barrier-launched-to-keep-plastics-out-of-oceans

Boztas, S. (2024, February 28). *Pumped up: will a Dutch startup's plan to restore Arctic sea-ice work?* The Guardian. https://www.theguardian.com/environment/2024/feb/27/climate-crisis-arctic-ecosystems-environment-startup-plan-pump-restore-melting-sea-ice-caps

Brasil MapBiomas. (n.d.). *MapBiomas Brasil*. https://brasil.mapbiomas.org/produtos/

Buckley, S. (2023, January 26). *Could these experimental innovations help save Arctic Sea ice?* Sustainable Brands. https://sustainablebrands.com/read/experimental-innovations-save-arctic-sea-ice

Bukvich, A. (2024, July 26). *A match made at sea: Two NOAA-funded small businesses partner to protect marine mammals*. Technology Partnerships Office. https://techpartnerships.noaa.gov/a-match-made-at-sea-two-noaa-funded-small-businesses-partner-to-protect-marine-mammals/

Business Norway. (2024, August 13). *Desert Control makes degraded soil arable again*. https://businessnorway.com/solutions/desert-control-makes-degraded-soil-arable-again

BusinessLine. (2019, October 18). *When business gears to change climate*. https://www.thehindubusinessline.com/blink/know/when-business-gears-to-change-climate/article29726963.ece

Businesswire. (2021, October 27). *Straus Dairy Farm and Blue Ocean Barns demonstrate a dramatic climate change solution in dairy farming*. https://www.businesswire.com/news/home/20211027005646/en/Straus-Dairy-Farm-and-Blue-Ocean-Barns-Demonstrate-a-Dramatic-Climate-Change-Solution-in-Dairy-Farming

Businesswire. (2023, January 31). *Colossal Biosciences secures $150M Series B and announces plan to De-Extinct the iconic Dodo*. https://www.businesswire.com/news/home/20230131005411/en/Colossal-Biosciences-Secures-%24150M-Series-B-and-Announces-Plan-to-De-Extinct-the-Iconic-Dodo

Businesswire. (2023, March 27). *Southern California Edison improves grid safety, significantly reduces wildfire threat.* https://www.businesswire.com/news/home/20230327005693/en/Southern-California-Edison-Improves-Grid-Safety-Significantly-Reduces-Wildfire-Threat

Businesswire. (2024, October 1). *Colossal launches the Colossal Foundation.* https://www.businesswire.com/news/home/20241001245642/en/Colossal-Launches-The-Colossal-Foundation

Businesswire. (2024, September 26). *Epic Cleantec partners with Waldorf Astoria Beverly Hills to implement innovative water reuse system.* https://www.businesswire.com/news/home/20240926075489/en/Epic-Cleantec-Partners-with-Waldorf-Astoria-Beverly-Hills-to-Implement-Innovative-Water-Reuse-System

Caicedo, E. (2024, March 27). *Desarrollan filtro de agua biodegradable para comunidades en zonas desérticas.* El Tiempo. https://www.eltiempo.com/vida/medio-ambiente/desarrollan-filtro-de-agua-biodegradable-para-comunidades-en-zonas-deserticas-3328239

Campaign Ad Net Zero Awards. (n.d.). *Los Santos +3°C.* https://www.campaignadnetzeroawards.com/finalists/los-santos-3c-y0017

Campaign Brief Asia. (2023, January 4). *TBWAHAKUHODO's "Shellmet" is an eco-friendly product design solution to marine waste.* https://campaignbriefasia.com/2023/01/03/tbwahakuhodos-shellmet-is-an-eco-friendly-product-design-solution-to-marine-waste/

Campaign Brief. (2020, July 30). *Bega launches the "Purple Hive Project" to protect Australian bees via Thinkerbell.* https://campaignbrief.com/bega-launches-the-purple-hive-project-to-protect-australian-bees-via-thinkerbell/

Caples. (n.d.). *Bega Foods | B-Honey | The Purple Hive Project.* https://caples.org/2021-winners-results/?id=109&cat=Innovation

Carbfix. (n.d.). *Carbfix.* https://www.carbfix.com/

Cardine, S. (2024, February 17). *Huntington Beach tries out ocean-cleaning robot in hard-to-reach local waterways - Los Angeles Times.* Daily Pilot. https://www.latimes.com/socal/daily-pilot/news/story/2024-02-16/huntington-beach-using-rover-to-roomba-trash-debris-in-hard-to-reach-waterways

Cattiau, J. (2019, June 5). *Whale songs and AI, for everyone to explore.* Google. https://blog.google/technology/ai/pattern-radio-whale-songs/

Cawst. (n.d.). *Solarsack.* HWTS. https://www.hwts.info/products-technologies/b517cf3c/solarsack

CBS NEWS. (2024, May 15). *Chicago-based Kadeya develops beverage machine geared toward eliminating single-use bottles.* https://www.cbsnews.com/chicago/news/chicago-based-kadeya-beverage-machine/

CCA. (n.d.). *Buoyant Ecologies Float Lab launches in San Francisco Bay.* https://www.cca.edu/newsroom/buoyant-ecologies-float-lab-launches-san-francisco-bay/

Cceea. (n.d.). *BiomiTech creó un sistema de filtración de aire con microalgas.* https://cceea.mx/blog/emprendimiento/biomitech-creo-un-sistema-de-filtracion-de-aire-con-microalgas

CCINNOLAB. (n.d.). *CarbFix.. 將二氧化碳永久封存的方法！*https://www.ccinnlab.org/zh/AhTanBlogPost/ahtanblog15

Chan, M. W. (2024, May 2). *How AI can help combat Illegal wildlife trade.* Earth.Org. https://earth.org/combat-illegal-wildlife-trade/

Chen, A. (2021, December 10). *Pattern Radio: Whale Songs.* Medium. https://medium.com/@alexanderchen/pattern-radio-whale-songs-242c692fff60

CHICAGO INNO. (2023, July 7). *Kadeya wins contract to help Air Force reduce water bottle waste.* https://www.bizjournals.com/chicago/inno/stories/news/2023/09/07/kadeya-water-bottle-air-force-contract.html

Chou Z. (2024, June 4). 基隆哪邊還有山崩的風險？網：上災害潛勢地圖查詢，基隆「這些」地點都要注意！| 基隆海嗨. 基隆海嗨. https://keelunghihi.com.tw/70308

Ciannait. (2022, July 6). *Air Shepherd: leading rhinos and elephants to safety – with the help of drones*. Digital for Good | RESET.ORG. https://en.reset.org/shepherding-rhinos-and-elephants-safety-drones-07262020/

Clean Earth Rovers on Wefunder. (n.d.). *Clean Earth Rovers: Automating Coastal Water Management with Smart Monitoring & Autonomous Vessels*. https://wefunder.com/cleanearthrovers/

Clean Earth Rovers. (n.d.). *Clean Earth Rovers | Water Pollution Solutions*. https://www.cleanearthrovers.com/

Climate Action Stories. (n.d.) *The great bubble barrier*. https://www.climateactionstories.com/pollution-health/the-great-bubble-barrier

Climate Adapt. (n.d.). *Aquaporin-Inside™ Membranes for Brackish water Reverse Osmosis Application*. https://climate-adapt.eea.europa.eu/en/metadata/projects/aquaporin-insidetm-membranes-for-brackish-water-reverse-osmosis-application

Climate Launchpad. (n.d.). *Desert Control Keeps on Improving*. https://climatelaunchpad.org/desert-control-keeps-improving/

Climeworks. (2023, July 7). *Mammoth: construction update for Carbfix on-site storage of CO_2*. https://climeworks.com/news/climeworks-mammoth-construction-update-jul23

Clube de Criacao. (n.d.). *Filter caps*. https://www.clubedecriacao.com.br/ultimas/filter-caps/

CNEX. (n.d.). 掌水工──智慧控水守護嘉南平原水源命脈. https://www.cnex.com.tw/posts/single/13?lang=ch&site=t

CNN Business. (2024, April 22). *These supersized clownfish robots could be coming to waterways in the Middle East*. https://edition.cnn.com/2024/04/22/tech/water-security-aquaai-robots-spc/index.html

CNN Climate. (n.d.). *Can this technology help refreeze Arctic ice?* https://edition.cnn.com/2024/05/06/climate/video/refreeze-arctic-sea-ice-technology-ldn-digvid

CNN US. (2023, September 23). *How California is using AI to snuff out wildfires before they explode*. https://edition.cnn.com/2023/09/23/us/fighting-wildfire-with-ai-california-climate/index.html

CNN World. (2016, March 16). *Pigeon Air Patrol to the rescue! Birds with backpacks track air pollution*. https://edition.cnn.com/2016/03/16/europe/pigeon-air-patrol-pollution-london/index.html

CNN World. (2020, November 18). *This startup wants to turn Dubai's desert into farmland*. https://edition.cnn.com/2020/08/13/world/desert-control-liquid-nanoclay-spc-intl/index.html

CNN World. (2021, June 11). *A 'Bubble barrier' is trapping plastic waste before it can get into the sea*. https://edition.cnn.com/2021/06/08/europe/bubble-barrier-sea-c2e-spc-intl/index.html

CNN World. (2022, November 15). *The company making steaks out of thin air*. https://edition.cnn.com/2022/11/15/world/air-protein-lisa-dyson-climate-scn-spc-intl/index.html

CNN. (2016, December 12).*Watly: the computer that provides clean water, energy, internet access*. https://edition.cnn.com/2016/05/09/africa/watly-solar-hub-ghana/index.html

CNN. (2021, March 17). *This water meter can shut off leaks before they cause damage*. https://edition.cnn.com/2021/03/15/tech/ai-water-meter-wint-spc-intl/index.html

Coldewey, D. (2018, October 30). *Google AI listens to 15 years of sea-bottom recordings for hidden whale songs*. TechCrunch. https://techcrunch.com/2018/10/29/google-ai-listens-to-15-years-of-sea-bottom-recordings-for-hidden-whale-songs/?guccounter=1&guce_referrer=aHR0cHM6Ly93d3cuZ29vZ2xlLmNvbS50dy8&guce_referrer_sig=AQAAAG_Yi0XsUwySVKnOSYWYS6zhiSvrEqJMo38vId0L4p-KCQMaOiAIAFA8FVXu2T5yO3uk5QynTZcV1n1us3GenvShUKeCLz25C4d-zGJ VptWf0qEKC6kJ9rL1s0sP4G7vSpBQJnPjLUeGN7EDG4AQsDLWFgA9WHfGZgVP9iM0H3u

Coldewey, D. (2024, March 1). *Syrenna's WaterDrone is the ocean-monitoring 'underwater weather station' of the future*. TechCrunch. https://techcrunch.com/2024/03/01/syrennas-waterdrone-is-the-ocean-monitoring-underwater-weather-station-of-the-future/

Coldewey, D. (2024, March 6). *Saildrone's first aluminum Surveyor autonomous vessel splashes down for Navy testing*. TechCrunch. https://techcrunch.com/2024/03/06/saildrones-first-aluminum-surveyor-autonomous-vessel-splashes-down-for-navy-testing/?guccounter=1&guce_referrer=aHR0cHM6Ly93d3cuZ29vZ2xlLmNvbS50dy8&guce_referrer_sig=AQAAAG_Yi0XsUwySVKnOSYWYS6zhiSvrEqJMo38vId0L4p-KCQMaOiAIAFA8FVXu2T5yO3uk5QynTZcV1n1us3GenVShUKeCLz25C4d-zGJ_VptWf0qEKC6kJ9rL1s0sP4G7vSpBQJnPjLUeGN7EDG4AQsDLWFgA9WHfGZgVP9iM0H3u

Colombia, A. W. R. (2023, May 31). *Nest Domes: La apuesta de Banana Boat para preservar la población de las tortugas marinas*. W Radio. https://www.wradio.com.co/2023/05/29/nest-domes-la-apuesta-de-banana-boat-para-preservar-la-poblacion-de-las-tortugas-marinas/

Colombia, V. (2023, April 13). *Banana Boat's 'Nest Domes' Aim to Protect Sea Turtles from the Harmful Effects of the Sun*. LBBOnline. https://lbbonline.com/news/banana-boats-nest-domes-aim-to-protect-sea-turtles-from-the-harmful-effects-of-the-sun

Colossal Foundation. (n.d.). *Colossal Foundation - working to make extinction a thing of the past*. https://colossalfoundation.org/

Colossal. (2024, March 21). *Re:wild x Colossal*. https://colossal.rewild.org/

Combs, C. (2024, April 29). *What's in your seawater? Aquaai's robotic fish have the answers*. The National. https://www.thenationalnews.com/future/technology/2024/04/27/whats-in-your-seawater-aquaais-robotic-fish-have-the-answers/

Conservation. (2022, June 8). *New app aims to take a bite out of illegal shark fin trade*. https://www.conservation.org/blog/new-app-aims-to-take-a-bite-out-of-illegal-shark-fin-trade

Content, S. (2023, November 22). *Cloud Ground Control enables Clean Earth Rovers to improve ocean health as a connected, autonomous fleet*. The Robot Report. https://www.therobotreport.com/cloud-ground-control-enables-clean-earth-rovers-to-improve-ocean-health-as-a-connected-autonomous-fleet/

Continental AG. (2025, March 27). *Continental and Land Life Advance Reforestation with Tree Seeding Robot*. https://www.continental.com/en/press/press-releases/20240925-landlife/

Copernicus. (n.d.). *Plume Labs: Air Report to dodge the smog and find clean air*. https://atmosphere.copernicus.eu/plume-labs-air-report-dodge-smog-and-find-clean-air

CORDIS | European Commission. (2017, February 24). *15 ton computer provides access to water, energy and the internet*. https://cordis.europa.eu/article/id/121640-15-ton-computer-provides-access-to-water-energy-and-the-internet

CoreYi. (2022, December 12). 來聽聽鯨魚在海裡唱歌的聲音～「*Pattern Radio:Whale Songs*」. 重灌狂人. https://briian.com/80890/%e4%be%86%e8%81%bd%e8%81%bd%e9%af%a8%e9%ad%9a%e5%9c%a8%e6%b5%b7%e8%a3%a1%e5%94%b1%e6%ad%8c%e7%9a%84%e8%81%b2%e9%9f%b3%ef%bd%9e%e3%80%8cpattern-radio%ef%bc%9awhale-songs%e3%80%8d.html

Cornejo, A. (2024, December 2). *AltaSea Advances Blue Economy with Global Innovative Partnerships: Aquaai's Circularity for Biodiversity Project and Eco Wave Power's Wave Energy Pilot Station*. AltaSea. https://altasea.org/altasea-advances-blue-economy-with-global-innovative-partnerships-aquaais-circularity-for-biodiversity-project-and-eco-wave-powers-wave-energy-pilot-station/

Cornell Chronicle. (2019, June 18). *Collaboration showcases creativity of whale songs | Cornell Chronicle*. https://news.cornell.edu/stories/2019/06/collaboration-showcases-creativity-whale-songs

Cornell Chronicle. (2021, September 20). *Project celebrates the beauty of humpback whale songs*. https://news.cornell.edu/stories/2021/09/project-celebrates-beauty-humpback-whale-songs

Cotw. (2022, August 18). *Purple Hive Project, An initiative by B Honey - Bega Cheese*. Campaigns of the World. https://campaignsoftheworld.com/ooh-campaigns/purple-hive-project-bega-cheese/

Cotw. (2022, August 9). *GreenPeace | Los Santos +3oc - The climate crisis in gaming.* Campaigns of the World. https://campaignsoftheworld.com/digital-campaigns/greenpeace-los-santos/

Cotw. (2023, November 18). *Shellmet - A Helmet made from recycled scallop shells.* Campaigns of the World. https://campaignsoftheworld.com/ooh-campaigns/shellmet/

Cotw. (2025, January 17). *Disappearing Jersey: a bold call to action on climate change.* Campaigns of the World. https://campaignsoftheworld.com/ooh-campaigns/disappearing-jersey-by-marshall-islands-soccer-federation/

Cotw. (2025, January 17). *Revolutionizing Water filtration: How filter caps are changing lives worldwide.* Campaigns of the World. https://campaignsoftheworld.com/ooh-campaigns/filter-caps/

Cow-Shed Startup. (n.d.). *How AI is Helping Catch Wildlife Animal Poachers.* https://www.cow-shed.com/blog/how-ai-is-helping-catch-animal-poachers

Coxworth, B. (2016, March 15). *Backpack-wearing pigeons tweet London air quality readings.* New Atlas. https://newatlas.com/pigeon-air-patrol/42313/

Coxworth, B. (2023, January 12). *Shellmet helmet is made of scallop shells – plus it looks like one.* New Atlas. https://newatlas.com/materials/shellmet-helmet-scallop-shells/

Creative Circle. (n.d.). *Extinction Days.* https://creativecircle.dk/arbejder/extinction-days-kopi-8/

CropLive. (2024, March 20). *Biome makers recognized as one of the world's most innovative AG companies.* https://croplife.com/precision-tech/biome-makers-recognized-as-one-of-the-worlds-most-innovative-ag-companies/

CSIRO. (n.d.). *Saildrones.* https://research.csiro.au/saildrone/

CSR @ 天下 . (2018, November 9). 美女與痴漢打造台灣第一本「海龜戶口名簿」驚艷全球 . https://csr.cw.com.tw/article/40636

CSR @ 天下 . (2022, July 22). 幫海龜點名！資料庫累計超過 700 隻「海龜戶口名簿」網站上線 . https://csr.cw.com.tw/article/42652

CSR @ 天下 . (2023, September 27). 台達攜手海科館建「珊瑚保種中心」，用綠電、智慧燈控溫控搶救 20 種瀕危珊瑚 . https://csr.cw.com.tw/article/43355#:~:text=%E6%8D%90%E7%B6%A0%E9%9B%BB%E3%80%81%E6%99%BA%E6%85%A7%E7%87%88,%E3%80%8C%E7%8F%8A%E7%91%9A%E8%AB%BE%E4%BA%9E%E6%96%B9%E8%88%9F%E3%80%8D%E3%80%82

CSR @ 天下 . (2024, November 5). 氣候變遷讓台灣有機會成為珊瑚的諾亞方舟 台達前進生物多樣性大會，承諾復育 30 種珊瑚 . https://csr.cw.com.tw/article/43879?from_id=43355&from_index=1

CSR. (n.d.). *Solarsack and Caritas in innovative partnership for clean water.* https://www.csr.dk/solarsack-and-caritas-innovative-partnership-clean-water

CSR@ 天下 . (2020, December 22). 還給海洋一片湛藍！專訪「湛。Azure」執行長陳思穎：在來得及之前，我要成為垃圾漂入海洋的最後一道防線 . https://csr.cw.com.tw/article/41791

Cuff, M. (2024, September 26). *Plan to refreeze Arctic sea ice shows promise in first tests.* New Scientist. https://www.newscientist.com/article/2448831-plan-to-refreeze-arctic-sea-ice-shows-promise-in-first-tests/

Current Water. (2024, April 9). *The 2.0 of Bottled H2O is here: The Kadeya Launch Party!* https://currentwater.org/events/the-2-0-of-bottled-h2o-is-here-the-kadeya-launch-party/

D&AD. (n.d.). *Filter Caps | D&AD Awards 2024 Pencil Winner | Upstream Innovation.* https://www.dandad.org/awards/professional/2024/238789/filter-caps/

Davey, A. (2024, November 2). *Future of Water Fund invests in Hydraloop to help parched American West.* H2O Global News. https://h2oglobalnews.com/future-of-water-fund-invests-in-hydraloop-to-help-parched-american-west/

De La Garza, A. (2019, November 1). *These researchers are using AI drones to more safely track wildlife.* TIME. https://time.com/5700671/wildlife-drones-wildtrack/

De Smet, L. (2024, December 17). *Un maillot de football qui disparaît pour sensibiliser au réchauffement climatique.* Creapills. https://creapills.com/maillot-disparait-iles-marshall-montee-eaux-20241216

DeepAI. (2019, December 1). *Image based identification of Ghanaian timbers using the XyloTron: Opportunities, Risks and challenges.* https://deepai.org/publication/image-based-identification-of-ghanaian-timbers-using-the-xylotron-opportunities-risks-and-challenges

Deppen, L. (2023, April 20). *H&M Foundation funds tech to reduce microplastics in wastewater.* Fashion Dive. https://www.fashiondive.com/news/HM-acousweep-microplastics-funding/648187/

Designboom. (2019, August 19). *BioUrban robotic tree fights pollution by performing the work of 368 real trees.* https://www.designboom.com/technology/biomitech-biourban-robotic-tree-fights-pollution-08-19-2019/

Designboom. (2023, October 20). *Reef design lab plants concrete with recycled shells in water to save marine life from erosion.* https://www.designboom.com/design/reef-design-lab-concrete-recycled-shells-marine-life-erosion-mitigation-units-10-12-2023/

Designboom. (2024, October 25). *Sturdy helmet 'SHELLMET' recycles discarded scallop shells from landfills.* https://www.designboom.com/design/hotamet-recycled-scallop-shells-helmet-12-15-2022/

Desk, H. T. (2024, July 18). *This Bill Gates-backed startup is making butter out of thin air: 'without animal suffering.'* Hindustan Times. https://www.hindustantimes.com/trending/savor-bill-gates-backed-startup-is-making-butter-out-of-carbon-from-air-101721277729608.html

Desk, T. W. (2020, November 21). *Indian robotics-based startup to sample sewage for COVID-19 traces - The Tribune.* The Tribune. https://www.tribuneindia.com/news/schools/indian-robotics-based-startup-to-sample-sewage-for-covid-19-traces-173631

DeWitt, D. (2025, January 14). *Five-year "Float Lab" experiment completed at Port of Oakland.* Port of Oakland. https://www.portofoakland.com/five-year-float-lab-experiment-completed-at-port-of-oakland

Dezeen. (2017, March 8). *Graviky Labs captures air pollution and turns it into ink.* https://www.dezeen.com/2017/03/08/graviky-labs-captures-air-pollution-turns-into-ink-design-products/

Dezeen. (2019, September 30). *Float lab designed to serve as "new kind of architecture for climate adaptation."* https://www.dezeen.com/2019/09/30/float-lab-architecture-climate-adaptation/

Dezeen. (2022, April 14). *Air protein creates fake steak from CO2 that replicates taste and texture of meat.* https://www.dezeen.com/2022/04/14/air-protein-meat-alternative-recycled-carbon-dioxide/

Dezeen. (2023, October 4). *Reef Design Lab crafts erosion mitigation units from recycled oyster shells.* https://www.dezeen.com/2023/10/04/reef-design-lab-crafts-erosion-mitigation-units-recycled-oyster-shells/

Dezeen. (2024, July 17). *Filter caps transform bottles into handheld water treatment system.* https://www.dezeen.com/2024/07/17/filter-caps-bottle-water-treatment-system/

Didion, D. a. & T. (2023, March 28). *How one SF company is advancing water recycling technologies in downtown buildings and beer.* ABC7 San Francisco. https://abc7news.com/water-recycling-wastewater-technologies-epic-cleantec-recycled-beer/13028519/

Dillet, R. (2017, January 4). *Plume Labs' Flow is an air quality tracker to avoid pollution.* TechCrunch. https://techcrunch.com/2017/01/03/plume-labs-flow-is-an-air-quality-tracker-to-avoid-pollution/

Dillet, R. (2022, January 24). *AccuWeather acquires air pollution startup Plume Labs.* TechCrunch. https://techcrunch.com/2022/01/24/accuweather-acquires-air-pollution-startup-plume-labs/

Din, J. K. (2024, October 17). *Cermaq Canada and ReelData collaborate to test AI technology on RAS farms.* RASTECH Magazine. https://www.rastechmagazine.com/cermaq-canada-and-reeldata-collaborate-to-test-ai-technology-on-ras-farms/

Ditton, K. (2024, September 3). *New technology is cleaning waterways in Southwest Florida.* WSVN 7News. https://wsvn.com/news/local/florida/new-technology-is-cleaning-waterways-in-southwest-florida/

Doiiin. (2024, October 20). 為野生動物續命！成為牠們休養生息的臂彎──專訪臺灣非營利野生動物醫院. https://doiiin.org/wildlife-sanctuary-interview-wild-bay-hospital

Drone companies. (n.d.). *Syrenna.* https://dronecompanies.co/syrenna

Dutch Water Sector. (n.d.). *Optiqua and PUB Singapore to develop next generation rapid sample analysis for MiniLab.* https://www.dutchwatersector.com/news/optiqua-and-pub-singapore-to-develop-next-generation-rapid-sample-analysis-for-minilab

Dutch Water Sector. (n.d.). *Optiqua deploys 80 EventLab water quality sensors for Vitens smart supply network, the Netherlands.* https://www.dutchwatersector.com/news/optiqua-deploys-80-eventlab-water-quality-sensors-for-vitens-smart-supply-network-the

Dutch Water Sector. (n.d.). *Optiqua Technologies awarded EU grant to develop AquaSHIELD online water monitoring.* https://www.dutchwatersector.com/news/optiqua-technologies-awarded-eu-grant-to-develop-aquashield-online-water-monitoring

Earney, S. (n.d.). *Xailient protects bees with solar-powered Computer Vision AI.* Xailient. https://xailient.com/blog/xailient-protects-bees-with-solar-powered-computer-vision-ai/

Earth Tools Maker. (2024, April 3). *Bear Identification.* https://www.earthtoolsmaker.org/projects/bear_identification/

Eco Magazine. (2023, November 30). *Scientists Delivering 100,000 Baby Corals in Major Step Towards Helping the Reef.* Environment coastal & Ocean News & Technology. https://www.ecomagazine.com/news/coastal/scientists-delivering-100-000-baby-corals-in-major-step-towards-helping-the-reef/

Editorial Team. (2022, March 18). *Can you imagine what Los Santos feels like 3°C warmer?* Branding News. https://www.branding.news/2022/03/18/can-you-imagine-what-los-santos-feels-like-3c-warmer/

Editorial team. (2024, July 17). *ReelData launches an eye for AI.* Fishfarmingexpert. https://www.fishfarmingexpert.com/cage-camera-reeldata-ai-salmon-farming/reeldata-launches-an-eye-for-ai/1796983

Editors. (2024, September 27). *Salmon Evolution hooked by ReelData's AI feed software.* Fishfarmingexpert. https://www.fishfarmingexpert.com/artificial-intelligence-canada-imenco/salmon-evolution-hooked-by-reeldatas-ai-feed-software/1329104

Edwards, P. (n.d.). *Pigeon Air Patrol: a realistic way of monitoring pollution or cooing over unproved science?* The Conversation. https://theconversation.com/pigeon-air-patrol-a-realistic-way-of-monitoring-pollution-or-cooing-over-unproved-science-56315

Eenov. (2023, November 29). *On the 25th of November, a new Bubble Barrier has been launched in Portugal with the support of the ENGIE Foundation and ENGIE Portugal, preventing plastic from flowing into the Ocean.* Fondation ENGIE. https://fondation-engie.com/en/on-the-25th-of-november-a-new-bubble-barrier-has-been-launched-in-portugal-with-the-support-of-the-engie-foundation-and-engie-portugal-preventing-plastic-from-flowing-into-the-ocean/

Ellenberg, C. (2024, July 10). Savor Successfully Develops Dairy & Plant-Free Butter From CO2 and Hydrogen. *Vegconomist.* https://vegconomist.com/ingredients/savor-develops-dairy-plant-free-butter-from-co2-hydrogen/

Elliott, M. (2021, November 9). *Drones Hunt Down Poachers in South Africa.* FLYING Magazine. https://www.flyingmag.com/drones-hunt-down-poachers-in-south-africa/

Ellipsis Drive. (2024, November 4). *Fathom: Global leaders in Flood and Climate Risk.* https://ellipsis-drive.com/blog/fathom-global-leaders-in-flood-and-climate-risk/

Endjin. (n.d.). *OceanMind & endjin.* https://endjin.com/who-we-help/customers/oceanmind/

Enel. (2015, June 16). *Transmission towers safeguarding biodiversity.* https://www.enel.com/media/explore/search-news/news/2015/06/transmission-towers-safeguarding-biodiversity

Enel. (2018, October 5). *Enel and biodiversity, a global story.* https://www.enel.com/company/stories/articles/2018/10/enel-biodiversity-in-romania-and-the-world

Energy. (n.d.). *GRID TALK: California's massive grid build ahead.* https://www.energy.gov/electricity-insights/articles/grid-talk-californias-massive-grid-build-ahead

Engineers Australia Portal. (n.d.). *Solarsack Purifies Drinking Water Using Sun.* https://portal.engineersaustralia.org.au/news/solarsack-purifies-drinking-water-using-sun

Epic Cleantec. (2024, July 26). *EPIC OneWater System | Onsite water recycling Technology.* https://epiccleantec.com/solutions/technology

Epic Cleantec. (2025, March 13). *Water recycling Technology | Onsite Water reuse.* https://epiccleantec.com/

Estévez, A. (2019a, March 3). *Marine Instruments, referente mundial de I+D para pesca en tiempo récord.* Atlántico. https://www.atlantico.net/economia/marine-instruments-referente-mundial-i-d-pesca-tiempo-record_1_20190303-1652577.html

Estévez, A. (2019b, June 13). *La viguesa Marine Instruments ultima un dron para combatir la pesca ilegal.* Atlántico. https://www.atlantico.net/economia/viguesa-marine-instruments-ultima-dron-combatir-pesca-ilegal_1_20190613-1669997.html

Eurisy. (2022, August 1). *OceanMind: Earth Observation and AI to support compliant and sustainable tuna fishing.* https://www.eurisy.eu/stories/oceanmind-earth-observation-and-ai-to-support-compliant-and-sustainable-tuna-fishing/

Evanczuk, S. (2024, March 20). *How IoT offers a transformative solution to water management.* Embedded. https://www.embedded.com/how-iot-offers-a-transformative-solution-to-water-management/

Evans, C. L. (2024, October 21). *These companies are creating food out of thin air.* MIT Technology Review. https://www.technologyreview.com/2024/10/21/1105171/air-protein-biotech-solar-foods-novonutrients-alternative-protein/

Evans, S. (2024, October 3). *Global flood catastrophe risk model launched by Fathom.* Artemis. https://www.artemis.bm/news/global-flood-catastrophe-risk-model-launched-by-fathom/

Evergreen Climate Innovations. (2022, October 25). *Chicago-based Kadeya Receives Pre-Seed Funding from Evergreen Climate Innovations.* https://evergreeninno.org/explore/article/kadeya-receives-pre-seed-funding-from-evergreen-climate-innovations

Extinction days. (2024, February 20). *Extinction days.* https://www.extinctiondays.com/en

Extinctiondays. (2024, February 20). *Threatned species.* https://www.extinctiondays.com/en/species

Eyetracker World. (n.d.). *Eyetracker - Prepárate para la temporada de huracanes.* https://eyetrackerworld.com/app/es

F. F. A. (n.d.). *CEZ Group's Inven Capital invests in artificial intelligence that monitors water waste.* CEZ Group. https://www.cez.cz/en/media/press-releases/cez-groups-inven-capital-invests-in-artificial-intelligence-that-monitors-water-waste-180451

Fanegr. (2024, May 13). *Swimming Towards Sustainability: Aquaa's Fishlike Drones Dive into Water Conservation.* Newo. https://newo.ai/swimming-towards-sustainability-aquaas-fishlike-drones-dive-into-water-conservation/

Fast Company. (2019, October 21). *This artificial island is a home for sea creatures displaced by climate change.* https://www.fastcompany.com/90417883/this-artificial-island-is-a-home-for-creatures-displaced-by-climate-change

Fast Company. (2023, February 5). *This device makes it easy to capture and reuse a building's wastewater.* https://www.fastcompany.com/90878794/epic-cleantec-onewater-system-capture-wastewater

Fast Company. (2023, May 1). *This vending machines secret to reducing waste? A hidden dishwasher.* https://www.fastcompany.com/90830699/this-vending-machines-secret-to-reducing-waste-a-hidden-dishwasher

Fast Company. (2024, July 17). *This startup makes rich, creamy butter out of CO2 - Fast Company Middle East | The future of tech, business and innovation.* https://fastcompanyme.com/impact/this-startup-makes-rich-creamy-butter-out-of-co2/

Fast Company. (2024, March 19). *This soil analytics company is getting dirty with farmers and sharing insights.* https://www.fastcompany.com/91033141/biome-makers-most-innovative-companies-2024

FATHOM. (2025, March 19). *Global Water & Climate Risk Intelligence.* https://www.fathom.global/who-we-are/

Fialka, J. (2024, March 4). *Iowa flood data boosts global climate resilience effort.* E&E News. https://www.eenews.net/articles/iowa-flood-data-boosts-global-climate-resilience-effort/

Filter caps. (n.d.). *Filter caps.* https://filtercaps.co/en/

Filtration and Separation. (2024, May 19). *BiomiTech introduces microalgae air filtration.* https://www.filtsep.com/content/news/biomitech-introduces-microalgae-air-filtration/

FINTECH GLOBAL. (2023, December 14). *Swiss re acquires water risk intelligence leader Fathom.* https://fintech.global/2023/12/14/swiss-re-acquires-water-risk-intelligence-leader-fathom/

Fish Focus. (2022, November 17). *SAFETYNET TECHNOLOGIES LAUNCHES CATCHCAM AT PACIFIC MARINE EXPO, SEATTLE.* https://fishfocus.co.uk/safetynet-technologies-launches-catchcam-at-pacific-marine-expo-seattle/

Fish Focus. (2022, September 23). *MARINE INSTRUMENTS PIONEER IN OBTAINING PERMISSION OF AIR SAFETY AGENCY TO FLY ITS DRONE OUT OF VISUAL RANGE.* https://fishfocus.co.uk/marine-instruments-pioneer-in-obtaining-permission-of-air-safety-agency-to-fly-its-drone-out-of-visual-range/

Fish Focus. (2023, August 10). *CATCHCAM HELPING TO IMPROVE EFFICIENCY OF FISHING OPERATIONS.* https://fishfocus.co.uk/catchcam-helping-to-improve-efficiency-of-fishing-operations/

Fish Focus. (2023, June 27). *MINISTRY OF FISHERIES PROVIDES MARITIME RESCUE WITH M5D-AIRFOX TO LOCATE PLASTICS AT SEA.* https://fishfocus.co.uk/ministry-of-fisheries-provides-maritime-rescue-with-m5d-airfox-to-locate-plastics-at-sea/

Fisheries, N. (n.d.). *First recording of North Pacific Right Whale Song.* NOAA. https://www.fisheries.noaa.gov/feature-story/first-recording-north-pacific-right-whale-song

Fisheries, N. (n.d.). *What is a saildrone and what does it do for NWFSC?* NOAA. https://www.fisheries.noaa.gov/science-blog/what-saildrone-and-what-does-it-do-nwfsc

Fishwise. (2022, August 8). *OceanMind.* https://www.salttraceability.org/effort/oceanmind/

Fjallraven Taiwan. (n.d.). 野灣野生動物醫院 | 名人專訪 | Foxtrail 文章選讀 | 我們的探險旅程 | Fjallraven Taiwan. https://fjallraven.tw/article/detail.html?detail=174

Foale, E. (2023, January 17). *Shellmet helmet helps recycle marine waste | Protecting the planet.* Enki Magazine. https://enkimagazine.com/shellmet-helmet-helps-recycle-marine-waste-protecting-the-planet/

Fog, M. A. (2024, August 28). *Savor is a startup making delicious butter out of CO2 | Moss and fog.* Moss and fog. https://mossandfog.com/savor-is-a-startup-making-delicious-butter-out-of-co2/

Food and Drink Business. (n.d.). *Port of Townsville bolsters Purple Hive Project.* https://www.foodanddrinkbusiness.com.au/news/port-of-townsville-bolsters-purple-hive-project

Food Planet Prize. (2024, October 30). *Air Protein – Making meat out of air.* https://foodplanetprize.org/initiatives/air-protein-making-meat-out-of-air/

Forbes. (n.d.). *Clean Earth Rovers.* https://www.forbes.com/profile/clean-earth-rovers/

Formant. (2024, October 23). *Hullbot + Formant: Customer case study.* https://formant.io/customers/hullbot/

Forskningsrådet. (n.d.). *Syrenna: Scalable underwater intelligence - Prosjektbanken.* https://prosjektbanken.forskningsradet.no/en/project/FORISS/341657?Kilde=FORISS&distribution=Ar&chart=bar&calcType=funding&Sprak=no&sortBy=date&sortOrder=desc&resultCount=30&offset=30&TemaEmne.1=Maritim

Fourie-Basson, W. (2024). *21st Century technology can boost Africa's contribution to global biodiversity data*. Nature Africa. https://doi.org/10.1038/d44148-024-00166-y

France 24. (2019, August 15). *Mexico installs 'robotic trees' to tackle air pollution.* https://www.france24.com/en/20190815-environment-science-mexico-robotic-trees-air-pollution-biourban-biomitech-puebla

Francis, A., Morelle, R. & Amos, J. (2024, March 7). *Robot ships: Huge remote controlled vessels are setting sail.* BBC. https://www.bbc.com/news/science-environment-68486462

Frederick, D. (2022, May 4). *How OceanMind Uses satellites and AI to protect the Ocean - Denver Frederick.* Denver Frederick. https://denver-frederick.com/2022/05/03/how-oceanmind-uses-satellites-and-ai-to-protect-the-ocean/

Frew, J. (2019, November 15). *Plume Labs Flow 2 Review: The best air quality monitor just got better.* MUO. https://www.makeuseof.com/tag/plume-labs-flow-2-review/

Fruit Growers News. (2021, February 4). *Biome Makers debuts as a soil health company.* https://fruitgrowersnews.com/news/biome-makers-debuts-as-a-soil-health-company/

Fujii-Oride, N. (2023, February 21). *Hawaii Entrepreneur Awards 2023: Deal of the Year - Hawaii Business Magazine.* Hawaii Business Magazine. https://www.hawaiibusiness.com/hvca-awards-deal-of-the-year/

Future Architecture. (n.d.). *Buoyant ecologies.* https://futurearchitectureplatform.org/projects/677d4667-d51d-4de3-b538-e8d90cda6d17/

Future City @ 天下 . (2019, May 20). 保護石虎，公部門聯手推「路殺預警系統」｜智慧城市懶人包 #11. https://futurecity.cw.com.tw/article/655?rec=i2i&from_id=635&from_index=1

Future City @ 天下 . (2023, November 15). 環境保護組首獎｜嘉義不「蚵」能三贏任務 把繞台灣十圈海廢，變潮牌萬元機能衣 . https://futurecity.cw.com.tw/article/3290

Garfinkle, A. (2024, April 11). *Colossal Biosciences has made headlines as the de-extinction startup primed to bring back the woolly mammoth. Here's how the business model actually works.* Yahoo Finance. https://finance.yahoo.com/news/colossal-biosciences-made-headlines-extinction-115537686.html

Gates Notes. (2024, February 14). *Greasy—and good for the planet.* https://www.gatesnotes.com/alternative-fats-and-oils

GCE Ocean Technology. (n.d.). *Ocean Lunch & Learn with Syrenna.* https://www.gceocean.no/events/posts/2023/may/ocean-lunch-learn-with-syrenna/

Geneva Solutions. (n.d.). *Water recycling solution recognised at inaugural WIPO global awards.* https://genevasolutions.news/climate-environment/water-recycling-solution-recognised-at-inaugural-wipo-global-awards

GeoConnexion. (2023, September 12). *Fathom revolutionizes flood risk intelligence with new US Flood Map.* https://www.geoconnexion.com/publication-articles/fathom-revolutionizes-flood-risk-intelligence-with-new-us-flood-map

Geoengineering Monitor. (n.d.). *Arctic ice management and other marine geoengineering projects should remain science fiction.* https://www.geoengineeringmonitor.org/marine-geo-arctic-ice

George, V. (2024, January 18). *Real Ice is developing technology to refreeze the Arctic.* Carbon Herald. https://carbonherald.com/real-ice-is-developing-technology-to-refreeze-the-arctic/

Gibbens, S. (2024, September 24). *Why only a tiny fraction of your plastic actually gets recycled.* Environment. https://www.nationalgeographic.com/environment/article/why-recycling-plastic-doesnt-always-get-recycled

Global Seafood Alliance. (2023, July 12). *A world down below – Deeper fishing insights lead to better tools for bycatch reduction - Responsible Seafood Advocate.* https://www.globalseafood.org/advocate/a-world-down-below-deeper-fishing-insights-lead-to-better-tools-for-bycatch-reduction/

Global Seafood Alliance. (2024, November 8). *Fish farmers turn to drones for health, feed monitoring - Responsible Seafood Advocate.* https://www.globalseafood.org/advocate/fish-farmers-drones-health-feed-monitoring/

Gogoi, A. (2019, August 24). *Couple Returns From US to Tackle India's Water Woes With AI & Robotics!* The Better India. https://thebetterindia.com/192806/indian-couple-returns-usa-ai-robotic-water-woes-manual-scavenging/#google_vignette

Golden Drum. (n.d.). *Golden Drum.* https://goldendrum.com/en/showcase/F63020GD18-the-nest-address

Gomez, R. (2024, April 2). *CO2 to Rock: Carbfix's Innovative Carbon Sequestration.* Plastics Engineering. https://www.plasticsengineering.org/2024/04/co2-to-rock-carbfixs-innovative-carbon-sequestration-004135/#!

González, D. (2024, February 14). *These machines clean up littered OC waterways following storms "like a Roomba for the water."* ABC7 Los Angeles. https://abc7.com/huntington-beach-trash-littered-waterways-clean-earth-rovers/14420689/

Google Cloud. (n.d.). *MapBiomas Case Study.* https://cloud.google.com/customers/mapbiomas

GQ Taiwan. (2023, October 19). 走進築夢者的瘋狂宇宙 #02 台灣湛藍海洋聯盟執行長陳思穎｜在自己的「湛」門位置上，為海洋污染找到真正的解決方案. https://www.gq.com.tw/special/dream-makers-azure-alliance

Great Barrier Reef Foundation. (2024, June 27). *Technology to protect baby corals.* https://www.barrierreef.org/news/news/technology-to-protect-baby-corals

Greenpeace. (n.d.). *Los Santos +3oC.* https://greenpeace.org.br/lossantostresgraus/

Ground, V. (2022, December 14). *New software puts researchers "face to face" with bears.* Grizzly Bear Conservation and Protection. https://www.vitalground.org/bear-facial-recognition-software/

Guilherme Aché. (n.d.). *Greenpeace // Los Santos +3oC.* https://www.guilhermeache.com/los-santos-3c-/-greenpeace

H&M Foundation. (2023, April 14). *Acousweep – sound wave technology that separates microplastics from water.* https://hmfoundation.com/project/acousweep-sound-wave-technology-separates-microplastics-from-water/

H2o, I. (2021, December 16). *The Future of Clean Fluids is Robotic - Imagine H2O.* Medium. https://medium.com/imagineh2o/the-future-of-clean-fluids-is-robotic-57257e8139c9

Habibic, A. (2024, December 23). *First 86-meter ammonia-ready Armada vessel joins Ocean Infinity's fleet.* Offshore Energy. https://www.offshore-energy.biz/first-86-meter-ammonia-ready-armada-vessel-joins-ocean-infinity-fleet/

Haggerty, C. (2024, April 15). *Meet the startup Making Water Management Smarter.* Comcast NBCUniversal LIFT Labs. https://lift.comcast.com/2021/02/16/conservation-labs/

Hakai Magazine. (n.d.). *Artificial Intelligence Could Soon Turn Anyone into an Expert Tracker.* https://hakaimagazine.com/news/artificial-intelligence-could-soon-turn-anyone-into-an-expert-tracker/

HAKUHODO. (n.d.). *Shellmet (also sold under the name Hotamet).* https://www.hakuhodo-global.com/work/shellmet-also-sold-under-the-name-hotamet.html

Harris, A. (2023, November 23). *Cohort 2023: Syrenna.* Katapult. https://katapult.vc/ocean/cohort-2023-syrenna/

Harris, A. (2023, October 26). *Katapult's 23 new ocean and climate tech investments.* Katapult. https://katapult.vc/group/katapult-amplifies-global-impact-announcing-major-investment-in-top-tier-ocean-and-climate-tech-startups/

Harris, S. (2023, December 29). *Five predictions for food and Agtech in 2024.* Forbes. https://www.forbes.com/sites/shaynaharris/2023/12/29/five-predictions-for-food-and-agtech-in-2024/

Harvey, M. H. &. B. (2019, June 1). *WINT Water Intelligence tackles waste while improving efficiency.* Entrepreneur. https://www.entrepreneur.com/business-news/wint-water-intelligence-tackles-waste-while-improving/334622

Hawkins, J. (2024, August 11). *This startup pulls dairy-free butter out of thin air.* BGR. https://bgr.com/science/this-startup-pulls-dairy-free-butter-out-of-thin-air/

Hayward, K. (2021, December 20). *Ghana: Village completes trial of new solar-powered technology.* The Source. https://thesourcemagazine.org/ghana-village-completes-trial-new-solar-powered-technology/

Haywood, S. (2020, November 25). *Ocean Mind - satellites and AI to fight illegal fishing.* Advanced Oxford. https://www.advancedoxford.com/ocean-mind-casestudy/

HDCL. (n.d.). 復育與重生 - 潮境珊瑚保種中心. https://www.hdcl.com.tw/insight/coral-conservation-center

Healey, P. (2024, April 22). *Future of food: This company just opened the world's first "Air protein" factory.* Species Unite. https://www.speciesunite.com/news-stories/future-of-food-this-company-just-opened-the-worlds-first-air-protein-factory

Hekkert, G. (2024, October 8). *Continental and Land Life develop Tree Seeding Robot for reforestation.* Future Farming. https://www.futurefarming.com/tech-in-focus/continental-and-land-life-develop-tree-seeding-robot-for-reforestation/

Hekkert, G. (2024, September 17). *Biome Makers' BeCrop soil intelligence technology proven effective.* Future Farming. https://www.futurefarming.com/crop-solutions/biome-makers-becrop-soil-intelligence-technology-proven-effective/

Hewitt, E. (2022, July 27). *The Nature Lover's App That Became a Catalog of Earth's Biodiversity.* Reasons to Be Cheerful. https://reasonstobecheerful.world/citizen-scientists-fueling-biodiversity-research/

HKRITA. (n.d.). *Acousweep: An innovative Microplastic Fibre Separation System Using Sweeping Acoustic Waves.* https://www.hkrita.com/en/our-innovation-tech/projects/acousweep-microplastic-fiber-separation-system-by-sweeping-acoustic-waves

Hole, T. (2023, October 14). *Reef Design - Meet The The Innovative Erosion Mitigation Units.* Born to Engineer. https://www.borntoengineer.com/reef-design-meet-the-the-innovative-erosion-mitigation-units

Holland Circular Hotspot. (2022, November 15). *The Great Bubble Barrier.* https://hollandcircularhotspot.nl/case/the-great-bubble-barrier/

Holland, J. (2024, July 4). *AI in aquaculture – 'scary but necessary.'* World Fishing. https://www.worldfishing.net/july-august-2024-land-based-aquaculture-technology/ai-in-aquaculture-scary-but-necessary/1494823.article

Hollingworth, K. (2022, August 23). *New technology helps fight varroa as Victorian beekeeper monitors bees' health from far.* ABC News. https://www.abc.net.au/news/2022-08-23/new-technology-to-fight-varroa-mite-victorian-beekeeper/101356644

Holly. (2023, November 27). *Fathom named a finalist in the NERC 2023 Impact Awards.* Fathom. https://www.fathom.global/newsroom/fathom-named-a-finalist-in-the-nerc-2023-impact-awards/

Hook and Net. (2024, November 10). *Fresh start for CatchCam.* https://mag.hookandnet.com/2024/11/10/2024-11catchcam/content.html

Hopkins, M. (2024, May 10). *Biome Makers' 2023 Impact Report highlights innovations in regenerative agriculture - AgriBusiness Global.* AgriBusiness Global. https://www.agribusinessglobal.com/sustainability/biome-makers-2023-impact-report-highlights-innovations-in-regenerative-agriculture/

Hopland, S. (2016, April 15). *Watly is crowdfunding to put Europe on the global tech map.* Barcinno. https://www.barcinno.com/watly-is-crowdfunding-to-put-europe-on-the-global-tech-map/

Hsu Z. (2023, August 5). 結合 AI 技術打造台灣專利的海洋垃圾清理設備！湛・Azure 創辦人陳思穎：「人不要追求成功，要追求卓越。」. Tatler Asia. https://www.tatlerasia.com/gen-t/leadership/azure-gen-t-cheer-chen

Huawei. (n.d.). *Digital inclusion.* https://www.huawei.com/en/tech4all/publications/digital-inclusion#scaling-up-biodiversity-monitoring-with-ai-and-cloud

Hughes, A. (2024, May 20). *"Air protein" could soon become a key part of a healthy diet. Here's why.* BBC Science Focus Magazine. https://www.sciencefocus.com/future-technology/air-protein

Hullbot. (n.d.). *Frequent autonomous hull cleaning service deploying globally.* https://www.hullbot.com/

Huntington Beach. (n.d.). *Clean Earth Rover collects trash & debris in Huntington Harbour.* https://www.huntingtonbeachca.gov/news_detail_T4_R11.php

Hydraloop. (2022, July 19). *Water recycling system Hydraloop wins prestigious UN award.* PR Newswire. https://www.prnewswire.com/news-releases/water-recycling-system-hydraloop-wins-prestigious-un-award-301589195.html

Hydro International. (2024, August 20). *Saildrone sets sail on Cayman Islands ocean mapping project.* https://www.hydro-international.com/content/news/saildrone-sets-sail-on-cayman-islands-ocean-mapping-project

I Amsterdam. (n.d.). *The Great Bubble Barrier.* https://www.iamsterdam.com/en/business/key-sectors-for-business/renewable-energy-cleantech/stories/the-great-bubble-barrier

ICS. (2022, September 19). *Coleção 7 MapBiomas mostra que Brasil perdeu 13,1% de vegetaçao nativa nos últimos 36 anos.* https://climaesociedade.org/colecao-7-mapbiomas-mostra-que-brasil-perdeu-131-de-vegetacao-nativa-nos-ultimos-36-anos/

IISD. (2018, August 23). *3D printing supports Coral Reef ecosystem in Maldives.* https://sdg.iisd.org/news/3d-printing-supports-coral-reef-ecosystem-in-maldives/

IMAGES. (2023, April 17). *New technology tackles microplastics threat.* https://www.images-magazine.com/technology-tackles-microplastics-threat/

Imazon. (2018, August 17). *Projeto MapBiomas mapeia três décadas de mudanças na ocupação territorial do Brasil - Imazon.* https://imazon.org.br/imprensa/projeto-mapbiomas-mapeia-tres-decadas-de-mudancas-na-ocupacao-territorial-do-brasil/

Imperial News. (2016, March 15). *Pigeon patrol gives air pollution study a flying start.* https://www.imperial.ac.uk/news/171374/pigeon-patrol-gives-pollution-study-flying/

iNaturalist. (n.d.). *About iNaturalist.* https://www.inaturalist.org/pages/about

Indiegogo. (n.d.). *The biggest solar-powered computer in the world.* https://www.indiegogo.com/projects/the-biggest-solar-powered-computer-in-the-world-africa-water#/

Industrial Equipment News. (2016, March 31). *Watly looking to expand internet connectivity throughout Africa.* https://www.ien.com/automation/news/20492616/watly-looking-to-expand-internet-connectivity-throughout-africa

Industrias Pesqueras. (2020, December 17). *La FNCP sella una alianza tecnológica con Marine Instruments y Nautical.* https://industriaspesqueras.com/noticia-63873-seccion-Sector_Pesquero?fbclid=IwAR3HFBIIFmDVnF-PF-ONXZmuIIwO1SLgbuowb2Tp6eZDlfbHFYF3SpGlSrU

Industrias Pesqueras. (2020, June 5). *Sustunable: Reducir el consumo de combustible en atuneros Con más información.* https://industriaspesqueras.com/noticia-61356-seccion-Medio_Ambiente

INITIATIVE 20X20. (n.d.). *Land life.* https://initiative20x20.org/partners/land-life

INITIATIVE 20X20. (n.d.). *Nurturing trees in tough conditions on Mexico's Lake Texcoco.* https://initiative20x20.org/restoration-projects/nurturing-trees-tough-conditions-mexicos-lake-texcoco

INITIATIVE 20X20. (n.d.). *Planting mesquite trees in Mexico to supply the barbecue market.* https://initiative20x20.org/restoration-projects/planting-mesquite-trees-mexico-supply-barbecue-market

INITIATIVE 20X20. (n.d.). *Restoring the monarch butterfly's future in Mexico.* https://initiative20x20.org/restoration-projects/restoring-monarch-butterflys-future-mexico

Innovation Hub. (n.d.).*Acousweep*：掃頻聲波微塑膠分離系統 - 創新意念·匯聚香港 . https://www.innovationhub.hk/zh-hk/article/acousweep:-an-innovative-microplastic-fibre-separation-system-using-sweeping-acoustic-waves

Innovation Works. (2022, September 13). *Conservation Labs, Inc.* https://www.innovationworks.org/companies-archive/conservation-labs-inc/

InovaSocial. (2023, June 26). *Projeto Nest Domes protege tartarugas marinhas no Caribe.* https://inovasocial.com.br/solucoes-de-impacto/nest-domes-protecao-tartarugas-marinhas/

Inpuertorico magazine. (2021, July 14). *Innovadora herramienta para la temporada de huracanes.* https://www.inpuertoricomagazine.com/post/innovadora-herramienta-para-la-temporada-de-huracanes

Insurtech Insights. (2021, March 1). *Fathom launches UK Flood model on Nasdaq's Risk Modelling CAT Service.* https://www.insurtechinsights.com/fathom-launches-uk-flood-model-on-nasdaqs-risk-modelling-cat-service/

Invest in Spain. (n.d.). *Biome Makers closes a round of 4 million dollars to expand its ecological computation technology.* https://www.investinspain.org/content/icex-invest/en/noticias-main/2019/NEW2019829610_EN_US.html

IOT WORLD TODAY. (2024, October 25). *Autonomous Tree-Seeding robot offers alternative to traditional reforestation.* https://www.iotworldtoday.com/robotics/autonomous-tree-seeding-robot-offers-alternative-to-traditional-reforestation

Irekisoft. (2021, November 4). *Driving digital transformation in fisheries.* Grupo Arbulu. https://www.grupoarbulu.com/fisheries-digital-transformation/?lang=en

Irina.Popescu. (2017, July 7). *Romanian Ornithological Society launches white stork census app.* Romania Insider. https://www.romania-insider.com/white-storks-census-app-romania

Jacobo, J., Geho, L. (2023, October 2). *How researchers are using AI to save rainforest species in Puerto Rico: Exclusive.* ABC News. https://abcnews.go.com/US/researchers-ai-save-rainforest-species-puerto-rico-exclusive/story?id=103505836

Jensen, J. H. (2023, January 2). *Shellmet: the helmet made from waste scallop shells.* Wallpaper. https://www.wallpaper.com/design-interiors/shellmet-recycled-scallop-shells-helmet

Jnally. (2024, September 18). *Fathom provides flood data for Australian agencies - Spatial Source.* Spatial Source. https://www.spatialsource.com.au/fathom-provides-flood-data-for-australian-agencies/

Jns. (2023, July 13). *Israeli firm pulls water from air in Ukraine after dam collapse.* https://www.jns.org/israel-news/innovation/23/7/13/302130/

John. (2022, March 21). *Home - Colossal.* Colossal. https://colossal.com/

Johnson, L. (2024, August 7). *This Startup is Turning CO2 from the Air into Butter.* Tomorrow's World Today®. https://www.tomorrowsworldtoday.com/agriculture-and-food/this-startup-is-turning-co2-from-the-air-into-butter/

Johnstone, D. (2016, September 19). *The Hi Tech of Pure Solar: Watly, providing clean water, Internet access and energy with solar power.* Yahoo News. https://www.yahoo.com/news/2016-09-18-the-hi-tech-of-pure-solar-watly-providing-clean-water-interne.html?guccounter=1&guce_referrer=aHR0cHM6Ly93d3cuZ29vZ2xlLmNvbS50dy8&guce_referrer_sig=AQAAACR0Npg3wwU102Nph6J5FRXAQJYSIGwPknxP7JHtN2rhEDQ2QkF0BLXLwnHsAKOSX89c93I3LrFt5f9V2EMLMlH0tWju9hWUsD6_0C6ZiOzLMr0Z5mg6DxNHh-sNjJP4Iyg68lQhdXoaBkBQ2cWpRaa0sMWk4kFY6J98o2gEycm9

Jose, C. (2024, November 14). *ReelData plans first AI Biomass camera trial for kingfish*. International Aquafeed. https://www.aquafeed.co.uk/reeldata-plans-first-ai-biomass-camera-trial-for-the-kingfish-company/

Juarez, L. (2024, May 9). *Southern California Edison hardens power grid ahead of wildfire season*. ABC7 Los Angeles. https://abc7.com/post/southern-california-edison-hardens-power-grid-ahead-of-wildfire-season/14785622/

Kadeya. (n.d.). *Kadeya | Waste-Free Beverage Vending Stations for workplaces*. https://www.kadeya.com/

KAESER. (n.d.). *Compressed air for clean seas - collaboration with The Great Bubble Barrier*. https://us.kaeser.com/compressed-air-resources/references/success-stories/compressed-air-for-cleaner-seas.aspx

Kart, J. (2019, November 4). *Blue Ocean Barns seaweed supplement makes cows burp less, cuts greenhouse gas emissions*. Forbes. https://www.forbes.com/sites/jeffkart/2019/11/04/blue-ocean-barns-seaweed-supplement-makes-cows-burp-less-cuts-greenhouse-gas-emissions/

Khan, Z. (2019, December 14). *Recycling air pollution into inks: AIR-INK by Graviky Labs*. Stirworld. https://www.stirworld.com/see-features-recycling-air-pollution-into-inks-air-ink-by-graviky-labs

Khawaldeh, K. A. (2025, April 16). *AI-powered hives latest weapon in fight to protect Australian bees from varroa mite*. The Guardian. https://www.theguardian.com/australia-news/2023/may/16/ai-powered-hives-latest-weapon-in-fight-to-protect-australian-bees-from-varroa-mite

KINGSCROWD. (2023, May 18). *Clean Earth Rovers founder Michael Arens on automating water management*. https://kingscrowd.com/clean-earth-rovers-founder-michael-arens-automating-water-management/

KKNews. (2016, July 8). 冰島不僅球隊逆天，還有用「鍊金術」拯救地球的科學家！ https://kknews.cc/zh-tw/science/m3e2j2.html

Knowledge-Hub & Circle Economy Foundation. (n.d.). *GRAVIKY LABS X PANGAIA: Introducing AIR-INK Capsule captured from air pollution*. https://knowledge-hub.circle-economy.com/article/8875?n=GRAVIKY-LABS-X-PANGAIA-Introducing-AIR-INK-Capsule-captured-from-air-pollution

Kongsberg Maritime. (2020, December 1). *Journey to the deep*. https://www.kongsberg.com/maritime/feature_articles/2020/12/ocean-infinity

Kronemeyer, L. (2023, November 9). *Investing in Blue Ocean gear: Protecting ecological integrity*. Gratitude Railroad. https://gratituderailroad.com/investing-in-blue-ocean-gear-protecting-ecological-integrity/

Kumagai, J. (2022, March 7). *This AI hunts poachers*. IEEE Spectrum. https://spectrum.ieee.org/this-ai-hunts-poachers

Kwon, J. (2024, March 20). *Rover roams Huntington Harbour, picking up trash in the water*. Spectrum News 1. https://spectrumnews1.com/ca/southern-california/environment/2024/03/18/rover-roams-huntington-harbour-picking-up-trash-in-the-water

L, J. (2022, May 5). *WINT Launches solution to cut Water-Related Carbon Emissions in Buildings*. Carbon Credits. https://carboncredits.com/wint-launches-solution-cut-water-related-carbon-emissions/

La Rosa, R. (2025, February 27). *Biodiversity Assessment & Marine monitoring using AI*. CatchCam Technologies. https://catchcam.tech/blog/seaframe/

La Rosa, R. (2025, February 27). *CatchCam: The Underwater Camera with a Fishermen-led Design*. CatchCam Technologies. https://catchcam.tech/blog/catchcam-the-underwater-camera-with-a-fishermen-led-design/

La Rosa, R. (2025, February 27). *Embracing innovation and AI in commercial fishing*. CatchCam Technologies. https://catchcam.tech/blog/embracing-innovation-and-ai-in-commercial-fishing/

LAMPOON. (2022, September 30). *Rainforest Connection – saving the rainforest through cloud computing, AI, and machine learning to detect threats*. https://lampoonmagazine.com/article/2022/09/30/rainforest-connection-cloud-computing-topher-white/

Large, H. (2024, July 19). *Baby coral cradles could stop reef's young getting chomped by fish*. IFLScience. https://www.iflscience.com/baby-coral-cradles-could-stop-reefs-young-getting-chomped-by-fish-75168

Latinspots. (n.d.). *Nest Domes - Edgewell Latinoamérica*. https://www.latinspots.com/pieza/comercial/nest-domes/42517

Lázaro, I. (2024, February 20). *Hullbot: a hull inspection and cleaning robot*. Inspenet. https://inspenet.com/en/noticias/hullbot-inspection-robot-cleaning-helmets/

LBBOnline. (n.d.). *Extinction Days*. https://lbbonline.com/work/105009

Leaders League. (n.d.). *Introducing watly an innovative device with the power to change lives*. https://www.leadersleague.com/en/news/introducing-watly-an-innovative-device-with-the-power-to-change-lives

Lee, M. (2022, September 27). *New electric, autonomous robot vacuums trash, debris from Bay Area waterways like a plastic piranha*. CBS News. https://www.cbsnews.com/sanfrancisco/news/clean-earth-rover-electric-autonomous-robot-vacuums-trash-debris-from-bay-area-waterways/

Lee, S. (n.d.). *Real Ice. () For Tomorrow.* https://fortomorrow.org/explore-solutions/real-ice

Lee, T. (2020, July 25). *Engineers brought together by Mars are now using technology to save Australia's bees from devastating varroa mites*. ABC News. https://www.abc.net.au/news/2020-07-26/purple-hive-project-aims-to-save-bees/12485018

Life Terra. (2021, September 10). *Land Life Company*. https://www.lifeterra.eu/en/land-life-company

Life, L. (2024, October 2). *Revolutionizing Reforestation: introducing Tree Seeding Robot*. Land life company. https://landlifecompany.com/updates/revolutionizing-reforestation-introducing-tree-seeding-robot

Limb, L. (2021, September 27). *The Great Bubble Barrier: How bubbles are keeping plastic out of the sea*. Euronews. https://www.euronews.com/green/2021/09/22/great-bubble-barrier-how-bubbles-are-keeping-plastic-out-of-the-sea

Liranf. (2024, July 24). *What is butter made of? Carbon dioxide, hydrogen, and oxygen, according to one startup*. Israelhayom. https://www.israelhayom.com/2024/07/24/what-is-butter-made-of-carbon-dioxide-hydrogen-and-oxygen-according-to-one-startup/

Livemint. (2022, May 25). *Israel's Watergen launches products that generate drinking water from air*. Mint. https://www.livemint.com/technology/israels-watergen-launches-products-that-generate-drinking-water-from-air-11653488646744.html

Lorduy, J. (2024, March 26). *'Filter Caps', un proyecto biodegradable*. Portafolio. https://www.portafolio.co/sostenibilidad/filter-caps-asi-funciona-este-nuevo-proyecto-601392

M, I.. (2024a, December 13). *Ce maillot de foot signé BETC disparait en même temps que les Îles Marshall*. La Réclame. https://lareclame.fr/betc-federation-football-iles-maurices-ecologie-player-layer-307844

M, J. (2023, April 18). *Nest Domes : des dômes biodégradables pour protéger les tortues marines*. Creapills. https://creapills.com/domes-biodegradables-protection-tortues-marines-20230418

M, J. (2023, January 6). *Des casques de protection fabriqués en recyclant des coquilles Saint-Jacques*. Creapills. https://creapills.com/casques-protection-coquilles-saint-jacques-recyclees-20230104

M, J. (2024, February 12). *Le WWF détourne Google Agenda pour vous rappeler les dates d'extinction des espèces*. Creapills. https://creapills.com/wwf-google-agenda-extinction-animaux-20240212

M, J. (2024, July 22). *Avec le soutien de Bill Gates, cette start-up crée du beurre à partir de CO2 et d'eau*. Creapills. https://creapills.com/bill-gates-beurre-co2-eau-20240722

M, J. (2024, May 14). *En Colombie, la Croix Rouge crée un bouchon filtrant qui rend l'eau potable.* Creapills. https://creapills.com/filter-caps-croix-rouge-bouchon-eau-potable-20240503

Magazine, E. (2022, May 22). *Air Shepherd uses drones to battle African poachers.* EarthTalk. https://earthtalk.org/air-shepherd-drones-battle-poachers/

Maiavankline. (2022, June 13). *Sixth white stork census starts in Romania through smartphone app.* Romania Insider. https://www.romania-insider.com/white-stork-census-romania-2022

Makers, B. (2024, July 16). *Agriculture's New Decision-Making Tool: Biome Makers Launches BeCrop Farm.* PR Newswire. https://www.prnewswire.com/news-releases/agricultures-new-decision-making-tool-biome-makers-launches-becrop-farm-302198245.html

Malahieude, V. (2022, January 26). *THE SOLARSACK WON THE PACKTHEFUTURE AWARDS 2020 .* BERNHARDT Packaging & Process. https://www.bernhardt.fr/en/2021/08/12/the-solarsack-won-the-packthefuture-awards-2020/

Mallia, M. (2024, January 3). *BiomiTech (Aix) présente ses solutions de capture de CO2 au CES de Las Vegas.* Gomet. https://gomet.net/biomitech-presentera-ces-de-las-vegas-2024/

Marine Instruments. (2023, October 17). *This is what a day's fishing inspection work with drones looks like.* https://www.marineinstruments.es/news/this-is-what-a-days-fishing-inspection-work-with-drones-looks-like/

Marine Instruments. (2024, December 13). *THE EUROPEAN UNION AWARDS FISHING SURVEILLANCE WITH THE M5D-AIRFOX IN SPAIN.* https://www.marineinstruments.es/news/the-european-union-awards-fishing-surveillance-with-the-m5d-airfox-in-spain/

Marine Instruments. (2024, July 5). *Smart and sustainable oceans.* https://www.marineinstruments.es/smart-and-sustainable-oceans/

Marine Instruments. (2024, September 17). *MARINE INSTRUMENTS LAUNCHES "DAWN SOUNDING DETAIL" FOR BETTER TUNA DETECTION.* https://www.marineinstruments.es/news/marine-instruments-lanza-detalle-del-alba-para-una-mejor-identificacion-del-atun/

Marine Instruments. (2025, March 6). *Fixed-wing solar drone - Security and defense.* https://www.marineinstruments.es/solar-powered-drone/

Maripi. (2023, January 12). *The eye tracker creado por de la Cruz Ogilvy se quedó con el Gran Ojo Digital & Social.* El Ojo De Iberoamérica. https://www.elojodeiberoamerica.com/the-eye-tracker-creado-por-de-la-cruz-ogilvy-se-quedo-con-el-gran-ojo-digital-social/

MarketInsite. (2021, February 25). *Fathom makes new U.K. flood model available on Nasdaq's risk modelling service.* Nasdaq. https://www.nasdaq.com/articles/fathom-makes-new-u.k.-flood-model-available-on-nasdaqs-risk-modelling-service-2021-02-25

Marshall Islands Soccer Federation. (n.d.). *Marshall Islands 2030 Alternative Jersey Junior.* https://marshall-islands-soccer-federation.square.site/product/marshall-islands-2030-no-home-jersey-junior/10

Marta Negrete. (2024, October 18). *Farm in a Box and ReelData AI announced strategic partnership.* WEAREAQUACULTURE. https://weareaquaculture.com/news/aquaculture/farm-in-a-box-and-reeldata-ai-announced-strategic-partnership

MassChallenge. (2023, December 11). *Ocean Technology's Moment: A More Sustainable Future with Ocean A.I. and BlueTech Innovation.* https://masschallenge.org/articles/ocean-technologys-moment-a-more-sustainable-future-with-ocean-a-i-and-bluetech-innovation/#:~:text=Technology:%20Autonomous%20underwater%20vehicles%20(AUVs)%20equipped%20with,ecosystems%20and%20gathering%20data%20on%20marine%20life

Matheson, R. (2020, March 23). *Turning Air Pollution into Art.* MIT Technology Review. https://www.technologyreview.com/2018/02/21/145213/turning-air-pollution-into-art/

279

Mathias, S. (2024, July 16). *How this startup is using CO2 and hydrogen to produce a Butter-Like fat*. PlanetFood News. https://www.planetfood.news/post/how-this-startup-is-using-co2-and-hydrogen-to-produce-a-butter-like-fats

Mathias. (2024, August 10). *Smart Water Monitor – H2Know by Conservation Labs*. Conservation Labs. https://conservationlabs.com/

Maureen, V. (2024, April 30). *The Great Bubble Barrier*. Plastic Smart Cities. https://plasticsmartcities.org/the-great-bubble-barrier/

Mayer, L. (2021, January 13). *Tracking global trends in aquaculture*. Aquaculture North America. https://www.aquaculturenorthamerica.com/global-trends-to-watch/?custnum=&CUSTNUM;&title=&*URLENCODE(&TITLE;)&utm_source=&PUB_CODE;&utm_medium=email&utm_campaign=&*URLENCODE(%7b%7b*JobID%7d%7d)

McGoogan, C. (2016, June 28). *This water purifier generates electricity and creates Wi-Fi connections*. The Telegraph. https://www.telegraph.co.uk/technology/2016/04/23/the-water-purifier-that-also-generates-electricity-and-creates-w/

McKenna, B. P. (2020, November 30). *Pigeon Power: the future of air pollution monitoring in a tiny backpack? - Inside Climate News*. Inside Climate News. https://insideclimatenews.org/news/22032016/pigeon-power-future-air-pollution-monitoring-tiny-backpack/

McKenzie, H. (n.d.). *Understanding flood risk at scale with Fathom's new Risk Scores*. Carto. https://carto.com/blog/understanding-flood-risk-at-scale-with-fathoms-new-risk-scores

McQuarrie, L. (2024, July 19). *Air-Based butter alternatives*. TrendHunter. https://www.trendhunter.com/trends/savor-foods

Mejia-Hilario, I. (2023, November 22). *Colossal biosciences finds a home for one extinct species*. PHYS.ORG. https://phys.org/news/2023-11-colossal-biosciences-home-extinct-species.html#google_vignette

Merlet, B. (2023, November 22). *Hullbot: A robot for hull inspection and cleaning*. BoatIndustry. https://www.boatindustry.com/news/44580/hullbot-a-robot-for-hull-inspection-and-cleaning

Mestey, M. (2023, April 13). *Adrian Ferrero of Biome Makers: How we are helping to create a resilient food supply chain*. Medium. https://medium.com/authority-magazine/adrian-ferrero-of-biome-makers-how-we-are-helping-to-create-a-resilient-food-supply-chain-7a73ccba576e

Mi Blog Personal. (2025, April 24). *Home | Desert Control*. https://desertcontrol.com/

Michele, M. (2023, November 16). *Syrenna - Monitoring the ocean's health*. ESA Commercialisation Gateway. https://commercialisation.esa.int/2023/07/syrenna-as-monitoring-the-oceans-health/

Microsoft. (2022, June 8). *Singapore develops Asia's first AI-based mobile app for shark and ray fin identification to combat illegal wildlife trade – Singapore News Center*. https://news.microsoft.com/en-sg/2022/06/08/singapore-develops-asias-first-ai-based-mobile-app-for-shark-and-ray-fin-identification-to-combat-illegal-wildlife-trade/

Minevich, M. (2021, May 24). *Creating impact with AI: Doing well by doing good*. Forbes. https://www.forbes.com/sites/markminevich/2021/05/24/creating-impact-with-ai-doing-well-by-doing-good/

MISF. (2024, December 18). *Marshall Islands – First team in the world to release a 2030 jersey*. https://rmi.soccer/marshall-islands-first-team-in-the-world-to-release-a-2030-jersey/

Mishra, T. (2023, October 26). *Rainforest Connection - Hitachi Digital Services*. Hitachi Digital Services. https://www.hitachids.com/customer-stories/rainforest-connection/#challenge

Mississippi State University. (n.d.). *Forestry Forensics: Using AI to identify wood*. The College of Forest Resources. https://www.cfr.msstate.edu/news/news_article.asp?guid=817

MIT News. (2017, November 26). *Recycling air pollution to make art*. https://news.mit.edu/2017/recycling-air-pollution-make-art-1127

Mock, J. (2022, November 10). *On-Site water recycling*. Time. https://time.com/collection/best-inventions-2022/6225158/epic-cleantec-onewater-system/

Molitch-Hou, M. (2018, October 15). *In the Face of Climate Change: Saving Coral Reefs with 3D Printing*. Engineering. https://www.engineering.com/in-the-face-of-climate-change-saving-coral-reefs-with-3d-printing/

Monagas, D. C. (2023, January 11). *Japan presents SHELLMET, a helmet made from scallop shells*. World Bio Market Insights. https://worldbiomarketinsights.com/japan-presents-shellmet-a-helmet-made-from-scallop-shells/

Moritiwon, S. (2024, October 17). *Farm in a Box and ReelData partner for precision land-based aquaculture - RASTECH Magazine*. RASTECH Magazine. https://www.rastechmagazine.com/farm-in-a-box-and-reeldata-partner-for-precision-land-based-aquaculture/

Mullen Usa. (n.d.). *Mullen Signs Partnership with Watergen to Launch Water-from-Air Solutions for EVs*. https://news.mullenusa.com/mullen-signs-partnership-with-watergen-to-launch-water-from-air-solutions-for-evs

Murison, M. (2018, November 13). *Air Shepherd sends update from Anti-Poaching efforts in Botswana*. DRONELIFE. https://dronelife.com/2018/11/12/air-shepherd-sends-update-from-anti-poaching-efforts-in-botswana/

NASA spinoff. (n.d.). *Membranes mimic kidneys to filter water*. https://spinoff.nasa.gov/Spinoff2019/ps_5.html

Nash Fact. (2024, October 3). *How a Startup is Saving the World from Soil Degradation*. Nash Fact. https://nashfact.com/biome-makers-a-startup-that-could-make-or-break-our-future/

National Fisherman. (2021, November 4). *Fish smarter with smart buoys that enable gear tracking and management*. https://www.nationalfisherman.com/alaska/fish-smarter-with-smart-buoys-that-enable-gear-tracking-and-management

National Fisherman. (2023, October 12). *Whether we like it or not, change is coming - Gear tracking a path to keep fisheries fishing*. https://www.nationalfisherman.com/boats-gear/smart-buoy-technology-keep-fisheries-fishing

National Fisherman. (2024, March 12). *Pacific Marine Expo technology showcase: Blue Ocean Gear showcases PlotterLink*. https://www.nationalfisherman.com/west-coast-pacific/pacific-marine-expo-technology-showcase-blue-ocean-gear-showcases-plotterlink

National Fisherman. (2024, March 12). *The Top 5 commercial fishing gear products and Innovations for November 2021*. https://www.nationalfisherman.com/national-international/the-top-5-commercial-fishing-gear-products-and-innovations-for-november-2021

Nature. (n.d.). *De-extinction: digital lab tech supports a mammoth project*. https://www.nature.com/articles/d42473-022-00432-3

Naval Technology. (2024, March 12). *Saildrone Explorer Unmanned Surface Vessel USV USA*. https://www.naval-technology.com/projects/saildrone-explorer-unmanned-surface-vessel-usv-usa/

NBC News. (2015, June 11). *Drones used to battle rhino poachers*. https://www.nbcnews.com/news/world/air-shepherd-uses-drones-stop-elephant-rhino-poachers-africa-n335801

Ndure, I. (2023, April 17). *Acousweep tech separates microplastics from wastewater*. Just Style. https://www.just-style.com/news/acousweep-tech-separates-microplastics-from-wastewater/

Negahban, M. (2024, November 19). *How we built WildTrack AI: a Multi-Tech approach to revolutionizing wildlife exploration*. DEV Community. https://dev.to/mohammadmahdi_negahban_83/how-we-built-wildtrack-ai-a-multi-tech-approach-to-revolutionizing-wildlife-exploration-2684

Nest Domes X Banana Boat. (n.d.). *Las tortugas marinas también necesitan proteccion del sol*. https://nestdomes.bananaboatlatinoamerica.com/

News Powered by Cision. (n.d.). *Aquaporin expands in China: Launching new products*. https://news.cision.com/aquaporin-a-s/r/aquaporin-expands-in-china--launching-new-products,c3990464

News Powered by Cision. (n.d.). *Breakthrough technology developed – Acousweep separates microplastics from wastewater using soundwaves*. https://news.cision.com/h-m-foundation/r/breakthrough-technology-developed---acousweep-separates-microplastics-from-wastewater-using-soundwav,c3751106

Nield, D. (2016, April 18). *These huge Solar-Powered machines can provide an entire village's water supply*. ScienceAlert. https://www.sciencealert.com/these-huge-solar-powered-machines-can-provide-a-whole-village-s-water-supply

Norris, C. (2024, October 30). *A humanitarian water filter*. TIME. https://time.com/7094779/ogilvy-colombia-filter-caps/

Northover, S. (2024, December 24). *Ocean Infinity to resume search for MH370*. Travel Radar - Aviation News. https://travelradar.aero/ocean-infinity-to-resume-search-for-mh370/

NRDC. (2017, December 20). *This Start-Up has figured out how to turn diesel pollution into art*. https://www.nrdc.org/stories/start-has-figured-out-how-turn-diesel-pollution-art

Nutraceuticals World. (2024, September 17). *Red seaweed digestive supplement for cattle could reduce enteric methane emissions by 80%*. https://www.nutraceuticalsworld.com/breaking-news/red-seaweed-digestive-supplement-for-cattle-could-reduce-enteric-methane-emissions-by-80/

O'Brien, C. (2015, December 2). *At COP 21, Plume Labs launches live map of air pollution around the world*. VentureBeat. https://venturebeat.com/business/at-cop-21-plume-labs-launches-live-map-of-air-pollution-around-the-world/

Oancea, D. (2019, September 19). *Look, a stork!* Romanian PR Award. https://praward.ro/look_a_stork_csr/

Observer-Reporter. (2018, February 7). *Brownsville man develops smart water meter designed to end leaks at an affordable price*. https://www.observer-reporter.com/news/2018/feb/07/brownsville-man-develops-smart-water-meter-designed-to-end-leaks-at-an-affordable-price/

OceanMind. (n.d.). *OceanMind*. https://www.oceanmind.global/

Ogilvy. (n.d.). *Filter caps*. https://www.ogilvy.com/work/filter-caps

Ogilvy. (n.d.). *The eye tracker*. https://www.ogilvy.com/work/eye-tracker

Olewitz, C. (2016, March 8). *Air Shepherd drone program spots poachers to protect elephants and rhinos*. Digital Trends. https://www.digitaltrends.com/cool-tech/air-shepherd-drone-program-stops-poachers/

Olick, D. (2022, June 23). *Wastewater recycling startup CEO says we need to overhaul our "flush and forget" society*. CNBC. https://www.cnbc.com/2022/06/23/epic-cleantec-san-francisco-wastewater-recycling-start-up.html

Onedaymag. (2021, June 30). *One Little Day 小日子 | 台灣海龜戶口名簿 每隻都有自己的名字*. 小日子. https://onelittleday.com.tw/en/111014/

Organ, M. (2017, March 9). *Plume Labs 'Pigeon Air Patrol' case study*. CauseMarketing.com. https://causemarketing.com/case-study/plume-labs-pigeon-air-patrol/

OwlNews. (2023, June 8). 國家海洋日 嘉義縣一舉榮獲四項殊榮 治理海洋污染績效優異. https://news.owlting.com/articles/378122

Paasch, K. R. (2024, December 19). *Ocean Infinity takes delivery of first robotic vessel from Vard, built at its Vietnam facilities*. Scandasia. https://scandasia.com/ocean-infinity-takes-delivery-of-first-robotic-vessel-from-vard-built-at-its-vietnam-facilities/

Pace. (n.d.). *SolarSack*. https://pace.org.ug/solarsack/

Packaging Connections. (n.d.). *Safe and affordable drinking water in a 5 layer extruded bag- Solarsack*. https://www.packagingconnections.com/news/safe-and-affordable-drinking-water-5-layer-extruded-bag-solarsack.htm

Page, C. (2023, December 19). *World first: trials begin to seed the threatened Great Barrier Reef with thousands of healthy baby corals.* Australian Geographic. https://www.australiangeographic.com.au/news/2023/12/world-first-trials-begin-to-seed-the-threatened-great-barrier-reef-with-thousands-of-healthy-new-baby-corals/

Paleja, A. (2024, July 10). *'Eat fossil fuels': Bill Gates-backed company makes butter out of thin air.* Interesting Engineering. https://interestingengineering.com/innovation/butter-from-co2-us

Palese, B. (2024, July 24). *This robot fish makes seafood more sustainable.* Trellis. https://trellis.net/article/robot-fish-makes-seafood-more-sustainable/?utm_source=newsletter&utm_medium=email&utm_campaign=verge&utm_content=2021-07-07&mkt_tok=MjExLU5KWS0xNjUAAAF-IAfiV-yHDhVgLOf2B64TB8XPD4MfDCMtv6hQcYY437Tb037zHkajTrQLrwWfJcPyt7CEgLs

Palminteri, S. (2015, July 22). *The XyloTron: combating illegal logging in seconds.* Mongabay Environmental News. https://news.mongabay.com/2015/07/the-xylotron-combating-illegal-logging-in-seconds/

Palminteri, S. (2018, October 20). *The iNaturalist species data sharing platform reaches one million users.* Mongabay Environmental News. https://news.mongabay.com/2018/10/connecting-one-million-nature-observers-to-the-species-around-them/

Palminteri, S. (2019, March 27). *A new dimension to marine restoration: 3D printing coral reefs.* Mongabay Environmental News. https://news.mongabay.com/2018/08/a-new-dimension-to-marine-restoration-3d-printing-coral-reefs/

Pande, P. (2020). *How Graviky Labs is using air pollution to produce ink.* Green Clean Guide. https://greencleanguide.com/how-graviky-labs-is-using-air-pollution-to-produce-ink/

Pandey, A. (2024, July 10). *US startup produces "butter" from carbon dioxide, hydrogen: Here's how.* NewsBytes. https://www.newsbytesapp.com/news/science/bill-gates-backed-savour-makes-butter-from-carbon-dioxide-hydrogen/story

Pattern Radio. (n.d.). *Pattern Radio: Whale Songs.* https://patternradio.withgoogle.com/

Perasso, B. V. (2018, May 17). *Turning carbon dioxide into rock - forever.* BBC. https://www.bbc.com/news/world-43789527

Pintado, A. P. (2023, October 29). *Científicos usan inteligencia artificial para comprobar la presencia de cotorras puertorriqueñas en Maricao.* El Nuevo Día. https://www.elnuevodia.com/ciencia-ambiente/flora-fauna/notas/cientificos-validan-con-inteligencia-artificial-la-poblacion-de-cotorras-puertorriquenas-en-maricao/

Pinto, L. M. (2024, August 16). *The Great Bubble Barrier draws the curtain on river plastics.* Surfertoday. https://www.surfertoday.com/environment/the-great-bubble-barrier

Pipitone, N. (2025b, February 3). *AI is learning the secret language of pipes to detect water leaks.* Propmodo. https://propmodo.com/ai-is-learning-the-secret-language-of-pipes-to-detect-water-leaks/

Pixelzero Design. (n.d.). *:: Homepage - Fluid Robotics ::* Fluidrobotics. https://www.fluidrobotics.com/

Planet. (n.d.). *How Fathom leverages frequent satellite imagery for dynamic flood maps.* https://www.planet.com/pulse/how-fathom-leverages-frequent-satellite-imagery-for-dynamic-flood-maps/

Plasencia, J. (2021, December 21). *Meet the trees of the future: BioUrban's microalgae reactors purify the air in large cities.* ClimateTrade. https://climatetrade.com/meet-the-trees-of-the-future-biourban-microalgae-reactors-to-purify-the-air-in-large-cities/

Plasencia, J. (2024, April 25). *BioUrban: How has microalgae become nature's climate tech solution?* ClimateTrade. https://climatetrade.com/biourban-how-has-microalgae-become-natures-climate-tech-solution/

Plastics Europe. (2022, January 20). *A bubble barrier to contain marine plastic waste.* https://plasticseurope.org/media/a-bubble-barrier-to-contain-marine-plastic-waste/

Plastics le Mag. (2020, October 6). *SolarSack: using the sun to purify water.* https://plastics-themag.com/SolarSack:-using-the-sun-to-purify-water

PlayerLayer. (n.d.) *PlayerLayer desgins a special 'No Home' jersey for the Marshall Islands.* Versus. https://www.versus.uk.com/articles/playerlayer-designs-a-special-no-home-jersey-for-the-marshall-islands

Plume Labs. (n.d.). *Plume Labs.* https://plumelabs.zendesk.com/hc/en-us

Pmel. (n.d.). *TPOS Uncrewed Surface Vehicles | Ocean Climate Stations.* https://www.pmel.noaa.gov/ocs/tpos-usv

Poder. (2024, December 16). *Área queimada no Brasil até novembro quase dobra em 2024.* Poder360. https://www.poder360.com.br/poder-sustentavel/area-queimada-no-brasil-ate-novembro-quase-dobra-em-2024/

Port of Townsville. (n.d.). *BEE AWARE: Port of Townsville bolsters Varroa mite fight with Purple Hive Project.* https://www.townsville-port.com.au/bee-aware-port-of-townsville-bolsters-varroa-mite-fight-with-purple-hive-project/

Portafolioco. (2024, March 27). *'Filter Caps', un proyecto biodegradable.* Head Topics. https://co.headtopics.com/news/filter-caps-un-proyecto-biodegradable-50009757

PR Newswire. (2019, November 13). *Conservation Labs raises $1.7 million in seed funding for smart water monitor.* https://www.prnewswire.com/news-releases/conservation-labs-raises-1-7-million-in-seed-funding-for-smart-water-monitor-300957049.html

Prabhu, A. (2023, August 11). *Israeli water intelligence startup WINT uses AI to detect and stop leaks, bags $35M.* Tech Funding News. https://techfundingnews.com/israeli-water-intelligence-startup-wint-uses-ai-to-detect-and-stop-leaks-bags-35m/

Prensa. (2021, July 26). *De La Cruz Ogilvy Puerto Rico y Supermax lanzan Eye Tracker®.* COPU. https://copu.media/de-la-cruz-ogilvy-puerto-rico-y-supermax-lanzan-eye-tracker/

PresenteRSE. (2023, October 10). *Nest Domes, la solución de Banana Boat para proteger las tortugas marinas.* PRESENTE RSE. https://presenterse.com/nest-domes-la-solucion-de-banana-boat-para-proteger-las-tortugas-marinas-2/

Prevas. (2021, May 4). *Clean drinking water in four hours.* https://www.prevas.com/News/2021-05-04-Clean-drinking-water-in-four-hours

Prosus. (n.d.). *Biome Makers: Remaking agriculture.* https://www.prosus.com/our-insights/portfolio-stories/2022/how-biome-makers-is-remaking-agriculture

Puthod, F. (2016, April 7). *Watly launches crowdfunding campaign for its off-grid power generator and water purifier.* Pv Magazine International. https://www.pv-magazine.com/2016/04/07/watly-launches-crowdfunding-campaign-for-its-off-grid-power-generator-and-water-purifier_100024058/

Rafidi, Z. (2023, November 27). *Hullbot.* UNSW Founders. https://unswfounders.com/our-startups/hullbot-z6529

Ramos, C. (2021, April 6). *Blue Ocean Barns Fights Climate Change with Seaweed.* Hawaii Business Magazine. https://www.hawaiibusiness.com/blue-ocean-barns/

Raspberry Pi. (2023, June 15). *BearID: Face recognition for brown bears.* https://www.raspberrypi.com/news/bearid-face-recognition-for-brown-bears/

Ravichandran, V. (2024, May 16). *After Innatera and Effect Photonics, Invest-NL invests in water recycling system provider Hydraloop: Know.* Silicon Canals. https://siliconcanals.com/invest-nl-invests-in-hydraloop/

Rcn, N. (2024, March 27). *Crean filtro biodegradable para llevar agua potable a familias vulnerables en Colombia.* Noticias RCN. https://www.noticiasrcn.com/salud-y-bienestar/crean-filtro-biodegradable-para-llevar-agua-potable-a-familias-vulnerables-en-colombia-468629

Real Ice. (n.d.). *Real Ice.* https://www.realice.eco/science

Real Leaders Members. (2023, October 4). *Sounds that Save.* https://members.real-leaders.com/blog/2023/10/04/sounds-that-save/

RealData. (n.d.). *ReelData: Artificial Intelligence for Land-Based Aquaculture.* https://www.reeldata.ai/news/farm-in-a-box-and-reeldata-ai-announced-strategic-partnership

Reboot Education. (2022, October 31). *Remembrance Day for Lost Species | Reboot education.* https://education.rebootthefuture.org/calendar/remembrance-day-for-lost-species/

Redacción. (2019, March 29). *Feijóo visita Marine Instruments: "La innovación está en su ADN"*. ValmiñorTV. https://valminortv.com/2019/03/29/feijoo-visita-marine-instruments-la-innovacion-esta-en-su-adn/

Redaktion. (2023, April 20). *Clean Earth Rovers Signs Distribution Deal for Enhanced Rovers.* Innovations Report. https://www.innovations-report.com/agriculture-environment/ecology-the-environment-and-conservation/clean-earth-rovers-prepares-to-ship-improved-product/

REEF DESIGN LAB. (n.d.). *REEF DESIGN LAB | Artificial Reefs & Marine Infrastructure Solutions.* https://www.reefdesignlab.com/

REEF DESIGN LAB. (n.d.).*Services | REEF DESIGN LAB.* https://www.reefdesignlab.com/services

Reeldata. (n.d.). *News.* https://www.reeldata.ai/news

Related. (n.d.). *Fifteen Fifty partners with Epic Cleantec to launch San Francisco's first approved and operational greywater reuse system.* https://www.related.com/blog/fifteen-fifty-partners-epic-cleantec-launch-san-franciscos-first-approved-and-operational

Renewable Matter. (2024, January 24). *Startup, cutting-edge Reforestation Technology with Land Life Company.* https://www.renewablematter.eu/en/startup-cutting-edge-reforestation-technology-with-land-life-company

reNEWs.BIZ. (2024, July 30). *Ocean Infinity completes Baltica 2 survey.* https://renews.biz/94807/ocean-infinity-completes-baltica-2-offshore-survey/

REPAM. (n.d.). *Brasil em chamas: aumento de 90% na área queimada em 2024, revela MapBiomas.* https://repam.org.br/brasil-em-chamas-aumento-de-90-na-area-queimada-em-2024-revela-mapbiomas/

Reporter, G. S. (2023, June 16). *Almost 60 years after the discovery of whale song, their haunting sounds reveal new secrets.* The Guardian. https://www.theguardian.com/environment/2023/jun/16/roger-payne-60-years-discovery-of-whale-song-their-haunting-sounds-reveal-new-secrets

Research & Development World. (2023, August 12). *Acousweep: Microplastic Fibre Separation System Using Sweeping Acoustic Waves.* https://www.rdworldonline.com/rd-100-2023-winner/acousweep-microplastic-fibre-separation-system-using-sweeping-acoustic-waves/

Rethinkadmin. (2022, January 28). B*iome Makers announces updates to advanced biological soil analysis: BECROP.* World Agri-Tech USA. https://worldagritechusa.com/biome-makers-announces-updates-to-advanced-biological-soil-analysis-becrop/

Reuters. (2023, October 30). *How Iceland's Carbfix is harnessing the power of turning CO2 into stone.* https://www.reuters.com/sustainability/climate-energy/how-icelands-carbfix-is-harnessing-power-turning-co2-into-stone-2023-10-30/

Rewild. (n.d.). *Re:wild and Colossal Biosciences team up to leverage revolutionary technology to save critically endangered species on the brink of extinction.* https://www.rewild.org/press/re-wild-and-colossal-biosciences-team-up-to-leverage-revolutionary

Reynolds, M. (2024, February 21). *A startup's mission to bring back the woolly mammoth is being made into a docuseries.* WIRED. https://www.wired.com/story/colossal-biosciences-james-reed-documentary/

RFCX. (n.d.). *Google Public Policy: How AI is helping local officials protect endangered species in Puerto Rico – Rainforest connection.* https://rfcx.org/press/google-public-policy-how-ai-is-helping-local-officials-protect-endangered-species-in-puerto-rico

Ridden, P. (2021, October 1). *Saildrone releases dramatic video from inside Hurricane Sam.* New Atlas. https://newatlas.com/marine/saildrone-explorer-video-hurricane-sam/

Riviera. (n.d.). *Cyan Renewables, Ocean Infinity join forces for Asia Pacific offshore wind projects.* https://www.rivieramm.com/news-content-hub/cyan-renewables-ocean-infinity-join-forces-to-address-asia-pacific-offshore-wind-projects-80895

Rodriguez, A. (2025, April 8). *Kadeya wants to eliminate Single-Use plastic bottles with its vending machines.* Built In. https://www.builtinchicago.org/articles/chicago-future-5-startup-kadeya-q4-2022

Roth, S. (2019, February 7). *Southern California Edison unveils plan to prevent wildfires.* Los Angeles Times. https://www.latimes.com/business/la-fi-edison-wildfire-mitigation-plan-20190206-story.html

Routh, B. J. (2022, May 27). *Graviky Labs: Turning air pollution into everyday use products.* Forbes India. https://www.forbesindia.com/article/2022-climate-special/graviky-labs-turning-air-pollution-into-everyday-use-products/76709/1

Ruben Jørgensen. (2023, January 19). *ReelData AI, innovating for innovators.* WEAREAQUACULTURE. https://weareaquaculture.com/news/32016

Ryan McGoldrick. (n.d.). *hullbot autonomous robot.* https://ryanmcgoldrick.com/product/hullbot-autonomous-robot

S. C. G. (2024, April 23). *Graywater Recycling System Saves Up to 45 Percent on Household Use.* GREEN BUILDER. https://www.greenbuildermedia.com/blog/graywater-recycling-system-saves-up-to-45-percent-on-household-use

Sachse, N. (2023, July 11). *Ocean Infinity's Innovative Marine Robotics Solutions for Sustainable Operations.* PORTUS. https://portusonline.org/ocean-infinitys-innovative-marine-robotics-solutions-for-sustainable-operations/

Saildrone. (n.d.). *Saildrone: Maritime Defense and Oceanographic Survey Solutions.* https://www.saildrone.com/

Saildrone. (n.d.). *Unmanned surface Vehicles.* https://www.saildrone.com/technology/vehicles

Salazar, M. A. (2023, February 4). *Where to patrol next: 'Netflix' of ranger AI serves up poaching predictions.* Mongabay Environmental News. https://news.mongabay.com/2020/11/where-to-patrol-next-netflix-of-ranger-ai-serves-up-poaching-predictions/

Sanders, R. (2024, October 11). *Using AI and iNaturalist, scientists build one of the highest resolution maps yet of California plants.* Berkeley News. https://news.berkeley.edu/2024/10/11/using-ai-and-inaturalist-scientists-build-one-of-the-highest-resolution-maps-yet-of-california-plants/

Santoro, H. (2024, February 20). *New App Tracks Black Rhinos through Their Footprints.* Scientific American. https://www.scientificamerican.com/article/new-app-tracks-black-rhinos-through-their-footprints/

Santos, T. (2023, June 16). *MapBiomas aponta aumento de 22% no desmatamento em 2022.* Apremavi. https://apremavi.org.br/mapbiomas-aponta-aumento-de-22-no-desmatamento/

Satellite Applications Catapult. (2023, April 21). *Sustainable fishing start-up, OceanMind spins out from the Satellite Applications Catapult.* https://sa.catapult.org.uk/news/sustainable-fishing-start-up-oceanmind-spins-out-from-the-satellite-applications-catapult/

Save the Elephants. (2023, May 2). *Artificial intelligence helps rangers protect endangered wildlife.* https://savetheelephants.org/news/artificial-intelligence-helps-rangers-protect-endangered-wildlife/

Savor. (n.d.). *Savor.* https://www.savor.it/

Sawers, P. (2023, August 10). *'Water intelligence' startup Wint nabs $35M to help companies find and stop leaks.* TechCrunch. https://techcrunch.com/2023/08/10/water-intelligence-startup-wint-nabs-35m-to-help-companies-find-and-stop-leaks/?guccounter=1

SCE. (n.d.). *Grid resiliency.* https://www.sce.com/wildfire/wildfire-mitigation-efforts

Schiebel, T. (2024, December 28). *Uma camisa que desaparece para proteger o país do mesmo fim.* A Economia B. https://www.aeconomiab.com/uma-camisa-que-desaparece-para-proteger-o-pais-do-mesmo-fim/

Schifferdecker, G. (2018, October 23). *Battling Illegal Timber Trade with the Xylotron | Global Timber Tracking Network.* Global Timber Tracking Network. https://globaltimbertrackingnetwork.org/2018/10/23/battling-illegal-timber-trade-with-the-xylotron/

School, B. I. (2021, December 15). *Project 'WildTrackAI' applies computer vision to animal footprint classification.* Medium. https://medium.com/berkeleyischool/project-wildtrackai-applies-computer-vision-to-animal-footprint-classification-8125f24125d6

ScienceDaily. (2017, June 17). *Solarsack cleans water with heat from sunlight, cheaply and effectively.* https://www.sciencedaily.com/releases/2017/06/170626105013.htm

ScienceDirect. (2018, November 10). *Turning Pollutant Gases Into Oxygen.* https://www.sciencedirect.com/science/article/abs/pii/S0015188218303744

Seafood Task Force. (n.d.). *Nick Wise Co-Founder OceanMind on Why Success in Thailand has Paved The Way for Global Expansion in Electronic Vessel Monitoring.* https://www.seafoodtaskforce.global/news-views/nick-wise-co-founder-oceanmind-on-why-success-thailand-has-paved-way-global-expansion

SG Editor. (2024, November 20). *Fathom's flood data supports the Malaria Atlas Project's climate risk initiative in Africa.* Africa.com. https://africa.com/fathoms-flood-data-supports-the-malaria-atlas-projects-climate-risk-initiative-in-africa/

Shetty, A. (2024, May 16). *4 Kitchener homes to pilot greywater system that may one day help people save money on their water bill.* CBC. https://www.cbc.ca/news/canada/kitchener-waterloo/greywater-kitchener-pilot-hydraloop-region-of-waterloo-1.7205248

Sifted. (2024, January 18). *A UK startup says it can refreeze the Arctic.* https://sifted.eu/articles/startup-refreeze-arctic-real-ice

Silo. (n.d.) *The XyloTron: A machine vision-based wood identification device.* https://silo.wisc.edu/talk/060216/

Silverman, L. (2016, August 6). *The app that aims to gamify biology has amateurs discovering new species.* NPR. https://www.npr.org/sections/alltechconsidered/2016/08/06/488830352/the-app-that-aims-to-gamify-biology-has-amateurs-discovering-new-species

Simons, E. (2018, December 11). *Bay Nature: Using the new iNaturalist to Identify Anything Anywhere.* Bay Nature. https://baynature.org/article/identify-anything-anywhere-instantly-well-almost-newest-inaturalist-release/

Skoll. (2022, June 7). *MapBiomas.* skoll.org. https://skoll.org/organization/mapbiomas/

Skopljak, N. (2024a, February 1). *Ocean Infinity takes delivery of eighth and final ammonia-ready Armada vessel.* Offshore Energy. https://www.offshore-energy.biz/ocean-infinity-takes-delivery-of-eight-and-final-ammonia-ready-armada-vessel/

Skopljak, N. (2024b, September 5). *'Industry-first' DNV approval for remote vessel operations goes to Ocean Infinity.* Offshore Energy. https://www.offshore-energy.biz/industry-first-dnv-approval-for-remote-vessel-operations-goes-to-ocean-infinity/

Small, M. (2023, May 4). *San Diego family using tech to save water.* ABC 10 News San Diego KGTV. https://www.10news.com/news/local-news/north-county-news/san-diego-family-using-tech-to-save-water

SmartAuto. (n.d.). **SmartAuto 智動化 - 工研院攜手中華電信打造 AI 辨識系統 為保護黑面琵鷺注入活力：工研院**. https://smartauto.ctimes.com.tw/DispNews-tw.asp?O=2410261031J4

SME. (n.d.). 綠色產品 - 中小企業減碳服務站 廢棄牡蠣殼的變身魔法由誠佳科紡來實現. https://www.sme.gov.tw/caas/article-caas-3082-16110

Smith, A. (2022, March 22). *Realtor.com integrates Flood Factor risk scores.* Fathom. https://www.fathom.global/newsroom/realtor-com-integrates-flood-factor-risk-scores-in-a-first-for-the-real-estate-market/

Smith, A., Roberts, J. (2024, November 20). *Supporting the Malaria Atlas project.* Fathom. https://www.fathom.global/newsroom/malaria-atlas-project/

Smithsonian Magazine. (2019, October 7). *Designing floating buildings with an eye to the marine species living underneath.* https://www.smithsonianmag.com/innovation/designing-floating-buildings-with-eye-to-marine-species-living-underneath-180973285/

Smithsonian Magazine. (2024, August 20). *Artificial intelligence could soon match footprints to the animals that made them.* https://www.smithsonianmag.com/innovation/artificial-intelligence-could-soon-match-footprints-to-the-animals-that-made-them-180984883/

Socialcamp. (2022, July 31). ゲームならではの没入感で、地球温暖化を実感させたブラジル発のキャンペーン【カンヌ 2022 受賞作より】. 世界のソーシャルキャンペーン WORLD'S SOCIAL CAMPAIGN. https://wsc.hatenablog.com/entry/2022/07/31/081634

SocialStory. (2019, April 30). *Pune-based Fluid Robotics uses robots to manage and maintain urban water infrastructure.* https://yourstory.com/socialstory/2019/04/startup-fluid-robotics-robots-water-management

Solace. (2022, January 11). *Pigeons tackling Big city air pollution.* https://solace.com/blog/pigeons-tackling-big-city-air-pollution/

Solar Foods. (2025, February 14). *Home - Solar foods.* https://solarfoods.com/

Solar impulse. (n.d.). *AQUAAI Corporation - member of the World Alliance.* https://solarimpulse.com/companies/aquaai-corporation

Solar impulse. (n.d.). *SolarSack - member of the World Alliance.* https://solarimpulse.com/companies/solarsack

Solar Power + Management. (n.d.). *Watly launches campaign to provide technology to help Africa.* https://solarpowermanagement.net/article/99078/Watly_launches_campaign_to_provide_technology_to_help_Africa_

Solarsack. (2019, December 9). *AM Hub.* https://am-hub.dk/solarsack/

Sotorra, J. (2024, June 15). *these biodegradable caps transform any PET bottle into a portable water filtration system.* Designboom | Architecture & Design Magazine. https://www.designboom.com/design/3d-printed-filter-caps-bottle-portable-water-filtration-system-ogilvy-red-cross-colombia-05-29-2024/

Sousa, R. (2024, August 19). *Ocean Infinity.* Ocean Infinity. https://oceaninfinity.com/

Space4Water Portal. (2022, January 4). *Aquaporins: Fighting the global water crisis using nature's own filter.* https://www.space4water.org/news/aquaporins-fighting-global-water-crisis-using-natures-own-filter

St John, J. (2020, February 10). *California utilities look to spend $10B reducing threat of Grid-Sparked fires.* Wood Mackenzie. https://www.greentechmedia.com/articles/read/california-utilities-propose-billions-of-dollars-in-wildfire-prevention-plans

Staff, S. (2024, June 8). *Insight Partners leads $35 million funding in Israeli AI water startup.* StartupHub.ai. https://www.startuphub.ai/insight-partners-leads-35-million-funding-in-israeli-ai-water-startup/

Staff, U. (2024, July 26). *Drones help save elephants from poachers.* Upworthy. https://www.upworthy.com/poachers-in-africa-rp4

Stanley, G. B. (2023, November 10). *Clean Earth Rovers revolutionize how marinas clean polluted waterways.* Marina Dock Age. https://www.marinadockage.com/clean-earth-rovers-revolutionize-how-marinas-clean-polluted-waterways/

STATE OF GREEN. (2024, April 17). *Aquaporin Inside® CLEAR reduces energy use by 30% in municipal wastewater treatment.* https://stateofgreen.com/en/solutions/aquaporin-inside-clear-reduces-energy-use-by-30-in-municipal-wastewater-treatment/

Steinberg, D. (2024, May 30). *Saildrone.* TIME. https://time.com/6978988/saildrone/

Sterlitech. (2021, April 1). *Save 20% on the Aquaporin Inside® Hollow Fiber Forward Osmosis (HFFO2) membrane module while supplies last.* https://www.sterlitech.com/blog/post/save-20-on-the-aquaporin-inside%C2%AE-hollow-fiber-forward-osmosis-hffo2-membrane-module-while-supplies-l?srsltid=AfmBOopWj11QNAgre8kiSrnacTDqDW6fuMx8vAOQERRBePaCycDqSmK

Stories. (2018, May 17). *Like taking a whole scientific team with you on a walk: iNaturalist helps spawn a generation of citizen scientists.* https://news.microsoft.com/features/like-taking-a-whole-scientific-team-with-you-on-a-walk-inaturalist-helps-spawn-a-generation-of-citizen-scientists/

Studio Republic. (n.d.). *Fathom revolutionises flood risk intelligence with new US Flood Map.* CIWEM. https://www.ciwem.org/news/fathom-revolutionises-flood-risk-intelligence-with-new-us-flood-map

Sullivan, A. O. (2024, April 11). *Shetland Vessel deploys underwater camera to monitor gear set up.* The Skipper. https://theskipper.ie/shetland-vessel-deploys-underwater-camera-to-monitor-gear-set-up/

SVB. (n.d.). *Ocean Drones Company Case Study - Saildrone, Inc.* https://www.svb.com/success-stories/case-studies/saildrone/

Svendsen, K. (2023, May 8). *Denne dronen skal gi havvindutbyggere full miljøkontroll.* kystens.no. https://www.kystens.no/industri/denne-dronen-skal-gi-havvindutbyggere-full-miljokontroll/2-1-1446629?zephr_sso_ott=sY9DZ0

Swiss Re Group. (2024, July 23). *Navigating the Floods: Fathom's global, UK and Japan flood maps are now available in CatNet®.* https://www.swissre.com/reinsurance/property-and-casualty/solutions/property-solutions/catnet/new-flood-maps-available-in-catnet.html

Syrenna. (n.d.). *Syrenna.* https://www.syrenna.com/

Szkutak, R. (2021, August 24). *Biome Makers raises $15 million to become the 23andMe of Soil.* Forbes. https://www.forbes.com/sites/rebeccaszkutak/2021/08/24/biome-makers-raises-15-million-to-become-the-23andme-of-soil/

T&S Team. (2024, February 22). *US-based Conservation Labs raises €6.93M to tackle water conservation via.* Tech and Sustainability. https://techandsustainability.com/news/funding/conservation-labs-raises-6-93m/

T_H. (2023, January 31). *"SHELLMET" AN ECO-FRIENDLY SOLUTION TO MARINE WASTE | TBWA\HAKUHODO.* TBWA\HAKUHODO. https://www.tbwahakuhodo.co.jp/en/news/221214-news-shellmet/

Taipei Times. (2020, March 2). *Start-up fights pollution with imitation trees.* https://www.taipeitimes.com/News/world/archives/2019/08/16/2003720591

Takahashi, D. (2017, January 10). *Plume Labs' Flow tracks the air quality indoors and outdoors.* VentureBeat. https://venturebeat.com/business/plume-labs-flow-tracks-the-air-quality-indoors-and-outdoors/

Tarantola, A. (2021, March 19). *PAWS anti-poaching AI predicts where illegal hunters will show up next.* Engadget. https://www.engadget.com/paws-anti-poaching-ai-predicts-where-illegal-hunters-will-show-up-next-203614412.html

Tariq. (2019, November 11). *IoT Pigeon Air Patrol.* Public-Planet Partnerships. https://www.publicplanetpartnerships.com/2019/11/11/iot-pigeon-air-patrol/

TAXI. (2023, April 16). *Banana boat creates nest domes to protect sea turtles from the torching sun.* https://designtaxi.com/news/423069/Banana-Boat-Creates-Nest-Domes-To-Protect-Sea-Turtles-From-The-Torching-Sun/

Taylor, S. (2020, August 26). *Australia Aims to Save Honeybees from A Deadly Mite.* Food Tank. https://foodtank.com/news/2020/08/australia-aims-to-save-honeybees-from-a-deadly-mite/

Team, T. (2024, March 28). *53. Real Ice.* TechRound. https://techround.co.uk/competitions/53-real-ice/

Tech. (n.d.). *Conserving nature: How AI is helping to save wildlife.* https://www.tech.gov.sg/media/technews/how-ai-is-helping-to-save-wildlife/

Tedford, M. H. (2021, June 23). *Nature in the Arts | Oakland's Buoyant Ecologies Float Lab.* Bay Nature. https://baynature.org/article/whatever-floats-your-boat/

Terri_K. (2021, September 10). *PAWS: Artificial intelligence helps patrollers hunt for poachers.* Digital for Good | RESET.ORG. https://en.reset.org/paws-artificial-intelligence-helps-patrollers-hunt-poachers-06302016/

TeSelle, M. (2023, June 21). *Revolutionary agriculture startup 'Biome Makers' lab expands to Davis.* KCRA. https://www.kcra.com/article/agriculture-startup-biome-makers-lab-expands-davis/44283781

The Bytheway (n.d.). *Всемирный фонд дикой природы представил «Календарь дат вымирания» в кампании от агентств &Co./NoA и NoA Ignite*. https://thebtw.com/kejsy/53127-vsemirnyj-fond-dikoj-prirody-predstavil-kalendar-dat-vymiraniya-v-kampanii-ot-agentstv-co-noa-i-noa-ignite.html

The Chemical Engineer. (n.d.). *Aquaporin partners with PUB to install its biomimetic membranes in NEWater facilities.* https://www.thechemicalengineer.com/news/aquaporin-partners-with-pub-to-install-its-biomimetic-membranes-in-newater-facilities/

The Climate Tribe. (2024, November 12). *Bubbles against plastic pollution.* https://theclimatetribe.com/en/read/interviews/bubbles-against-plastic-pollution

The Drum. (2022, February 28). *Greenpeace: Los Santos +3oC by VML.* https://www.thedrum.com/creative-works/project/vmlyr-greenpeace-los-santos-3-c

The Ecologist. (2017, November 17). *Footprint Identification Technology - where traditional ecology meets technology.* https://theecologist.org/2016/may/26/footprint-identification-technology-where-traditional-ecology-meets-technology

The Economic Times. (2024, July 18). *Bill Gates-backed startup creates "butter" from thin air and here's how it is an eco-friendly option.* https://economictimes.indiatimes.com/news/new-updates/bill-gates-backed-startup-creates-butter-from-thin-air-and-heres-how-it-is-an-eco-friendly-option/articleshow/111842426.cms?from=mdr

The Economic Times. (n.d.). *Business News Today: Read Latest Business news, India Business News Live, Share Market & Economy News.* https://economictimes.indiatimes.com/?back=1

The Estable. (n.d.). *The calendar of extinctions (so you can prevent them).* https://www.thestable.com.au/co-noa-wwf-the-calendar-of-extinctions-so-you-can-prevent-them/

The Fish Site. (2022, August 8). *Seaweed pioneers sign deal to tackle dairy emissions.* https://thefishsite.com/articles/seaweed-pioneers-sign-deal-to-tackle-dairy-emissions

The Fish Site. (2023, June 4). *Maiman joins board of ReelData AI.* https://thefishsite.com/articles/maiman-joins-board-of-reeldata-ai

The Fish Site. (2024, October 23). *Strategic partnership announced for Farm in a Box and ReelData AI.* https://thefishsite.com/articles/strategic-partnership-announced-for-farm-in-a-box-and-reeldata-ai

The Great Bubble Barrier®.(2024, June 27). *The Great Bubble Barrier - a smart solution to plastic pollution.* https://thegreatbubblebarrier.com/

The Hub. (n.d.).*SolarSack.* https://thehub.io/startups/solarsack

The Index Project. (n.d.). *Colossal Laboratories & Biosciences.* https://theindexproject.org/award/nominees/7524

The Index Project. (n.d.). *Desert control - creates fertile soil.* https://theindexproject.org/award/nominees/6934

The Index Project. (n.d.). *PAWS.* https://theindexproject.org/award/nominees/1259

The Index Project. (n.d.). *Rainforest Connection.* https://theindexproject.org/award/nominees/1230

The Index Project. (n.d.). *SolarSack.* https://theindexproject.org/award/nominees/3238

The Markup. (2024, January 20). *How to use sound and AI to protect the environment.* https://themarkup.org/hello-world/2024/01/20/how-to-use-sound-and-ai-to-protect-the-environment

The One Club. (n.d.). *Bega B-Honey | The Purple Hive Project.* https://www.oneclub.org/awards/theoneshow/-award/38745/the-purple-hive-project/

The One Club. (n.d.). *Supermax Online | The Eye Tracker.* https://www.oneclub.org/awards/theoneshow/-award/47849/the-eye-tracker/

The One Club. (n.d.). *WWF Denmark | Extinction Days.* https://www.oneclub.org/awards/theoneshow/-award/52793/extinction-days/

THE ORG. (n.d.). *Mathew Zimola - CEO & Co-Founder at ReelData AI.* https://theorg.com/org/reeldata-ai/org-chart/mathew-zimola

The Star. (2024, December 21). *Who is Ocean Infinity, the company resuming the search for MH370?* https://www.thestar.com.my/news/nation/2024/12/21/who-is-ocean-infinity-the-company-resuming-the-search-for-mh370

The Times of Israel. (2022, May 10). *Israel's WaterGen provides 'water-from-air' units to medical facility in Syria.* https://www.timesofisrael.com/israels-watergen-provides-water-from-air-units-in-former-ishq-raqqa/

The Times of Israel. (2023, August 10). *Israeli smart water leak detection startup raises $35 million from funding round.* https://www.timesofisrael.com/israeli-smart-water-leak-detection-startup-raises-35-million-from-funding-round/

The Times of Israel. (2023, November 14). *Israeli solar-run machines that convert air to drinking water still working in Gaza.* https://www.timesofisrael.com/solar-run-machines-that-convert-air-to-drinking-water-still-working-in-south-gaza/

The Wall Street Journal. (2021, April 21). *Fighting fire with tech at Southern California Edison.* https://deloitte.wsj.com/cio/fighting-fire-with-tech-at-southern-california-edison-01618945329

The Water Council. (n.d.). *The Great Bubble Barrier.* https://thewatercouncil.com/about-us/global-directory/the-great-bubble-barrier/

Thinkerbell. (2020, July 29). *Bega and Thinkerbell launch Purple Hive project to protect Australian bees.* LBBOnline. https://lbbonline.com/news/bega-and-thinkerbell-launch-purple-hive-project-to-protect-australian-bees

Thomas, N. (2021, March 8). *OceanMind – A data-driven approach to tackling overfishing.* Nural Research. https://www.nural.cc/oceanmind/

Thompson, B. (2024, August 5). *Superfood protein pulled out of thin air massively scales up production.* New Atlas. https://newatlas.com/environment/solein-protein-sustainable/

Thompson, B. (2024, July 10). *Fats from thin air: Startup makes butter using CO2 and water.* New Atlas. https://newatlas.com/technology/savor-butter-bill-gates/

Time. (2023, November 16). *Edda Sif Pind Aradóttir.* https://time.com/collection/time100-climate/6333065/edda-sif-pind-aradottir/

Time. (n.d.). *Recycling pollution.* https://time.com/collection/best-inventions-2019/5733138/graviky-labs-air-ink/

Timmerman, S. (2025, February 25). *Home.* Hydraloop. https://www.hydraloop.com/

Tnet 全球紡織資訊網. (n.d.). 海廢變黃金 - 牡蠣殼環保再利用. https://www.tnet.org.tw/Article/Detail/37699

Tnl 國際編譯. (2024, May 27). 美國新創 Air Protein 開發「空氣造肉」技術，可望減少全球碳排但消費者端面臨挑戰. TNL the News Lens 關鍵評論網. https://www.thenewslens.com/article/176666

Today, E. (2024, November 19). *Curious people lead the way in catching new invasive species.* Entomology Today. https://entomologytoday.org/2024/11/19/curious-people-invasive-species-passive-surveillance-inaturalist/

Tomilli. (2023, April 14). *Nest Domes los nuevos e innovadores domos que pueden proteger el futuro de las tortugas marinas.* Tomilli. https://tomilli.com/2023/04/14/nest-domes-los-nuevos-e-innovadores-domos-que-pueden-proteger-el-futuro-de-las-tortugas-marinas/

Toolify. (n.d.). 鯨魚之歌與 AI，讓大家一起探索. https://www.toolify.ai/tw/ai-news-tw/%E9%AF%A8%E9%AD%9A%E4%B9%8B%E6%AD%8C%E8%88%87ai%E8%AE%93%E5%A4%A7%E5%AE%B6%E4%B8%80%E8%B5%B7%E6%8E%A2%E7%B4%A2-1752519#google_vignette

Torres, I. (2023, May 25). *Domes created from banana boats protect endangered sea turtles while balancing their population.* Yanko Design - Modern Industrial Design News. https://www.yankodesign.com/2023/05/25/domes-created-from-banana-boats-protect-endangered-sea-turtles-while-balancing-their-population/

Tramontina, T. (2025, January 7). *Polícia flagra 11,6 mil metros quadrados de desmatamento no norte do RS*. GZH. https://gauchazh.clicrbs.com.br/passo-fundo/geral/noticia/2025/01/policia-flagra-116-mil-metros-quadrados-de-desmatamento-no-norte-do-rs-cm5lpkvrb00dl0195f7htnh9e.html

Truscott, R. (2024, September 1). *Animal tracking is getting a makeover*. The Atlantic. https://www.theatlantic.com/science/archive/2024/09/ai-track-wildlife/679671/

TSMC ESG. (2019, January 28). 台積公司研發綠能智慧水閘門提升農用水效率. https://esg.tsmc.com/zh-Hant/articles/180

Tugwell, J. (2024, October 19). *Sixteen insect species photographed for first time by citizen scientist*. ABC News. https://www.abc.net.au/news/2024-10-20/citizen-scientist-insect-photos-inaturalist-help-entomologists/104433700

U.S. Southern (n.d.).*Saildrones set sail in support of U.S. 4th Fleet's operation Windward Stack*. https://www.southcom.mil/MEDIA/NEWS-ARTICLES/Article/3527576/saildrones-set-sail-in-support-of-us-4th-fleets-operation-windward-stack/

UC Berkeley School of Information. (n.d.). *WildTrackAI*. https://www.ischool.berkeley.edu/projects/2020/wildtrackai

UC News. (2022, May 2). *Venture Lab-backed startup aims to clean up plastic pollutants*. https://www.uc.edu/news/articles/2022/04/venture-lab-backed-startup-aims-to-clean-up-pollutants.html

UC News. (2023, August 18). *Inside the quest to build Clean Earth Rovers*. https://www.uc.edu/news/articles/2023/08/inside-the-quest-to-build-clean-earth-rovers.html

UNESCO. (2023, April 25). *The Great Bubble Barrier*. https://www.unesco.org/en/articles/great-bubble-barrier

United Nations. (2019, July 1). *The Great Bubble Barrier | Department of Economic and Social Affairs*. https://sdgs.un.org/partnerships/great-bubble-barrier

University of Copenhagen. (2020, December 18). *Capturing the water purification potential of SolarSack*. https://www1.bio.ku.dk/english/research/microbiology/available-student-projects/capturing-the-water-purification-potential-of-solarsack/

UpLink. (n.d.) *Converting building wastewater into clean water, energy and soil*. https://uplink.weforum.org/uplink/s/uplink-contribution/a012o00001pUXHFAA4/Converting%20building%20wastewater%20into%20clean%20water,%20energy,%20and%20soil

UpLink. (n.d.). *Aquaai affordable reliable subsurface data via 3D printer fishlike auvs*. https://uplink.weforum.org/uplink/s/uplink-contribution/a01TE000007MbpvYAC/aquaai-affordable-reliable-subsurface-data-via-3d-printed-fishlike-auvs

UpLink. (n.d.). *Land life company largescale reforestation enable by tech and data*. https://uplink.weforum.org/uplink/s/uplink-contribution/a012o00001OT72gAAD/land-life-company-largescale-reforestation-enabled-by-tech-and-data

UpLink. (n.d.). *Revolution sustainable fishing practices with innovative marine technology*. https://uplink.weforum.org/uplink/s/uplink-contribution/a01TE000006iEDcYAM/revolutionising-sustainable-fishing-practices-with-innovative-marine-technology

User, G. (2023, June 26). *The future of fishing: How Blue Ocean Gear's smart buoys are changing the game*. SeaAhead. https://www.sea-ahead.com/insights-news/the-future-of-fishing-how-blue-ocean-gears-smart-buoys-are-changing-the-game

UVic news. (2020, November 6). *Bear Facial Recognition News*. https://www.uvic.ca/news/archive/topics/2020+bears-facial-recognition+news

Valor. (n.d.). *Blue Ocean Barns Company Profile*. https://www.valorep.com/blue-ocean-barns-company-profile

Valpolini, P. (2022, December 21). *The Spanish Navy acquires the M5D-Airfox drone designed and manufactured by Marine Instruments*. EDR Magazine. https://www.edrmagazine.eu/the-spanish-navy-acquires-the-m5d-airfox-drone-designed-and-manufactured-by-marine-instruments

Valpolini, P. (2024, June 20). *Installation of the M5D-Airfox ont the spanish navy's BAM meteoro completed.* EDR Magazine. https://www.edrmagazine.eu/installation-of-the-m5d-airfox-ont-the-spanish-navys-bam-meteoro-completed

Valporto, O. (2022, August 12). *MapBiomas: desmatamento no Brasil cresceu 20% em 2021.* Colabora. https://projetocolabora.com.br/ods15/mapbiomas-desmatamento-no-brasil-cresceu-20-em-2021/

Van Der Zwan, A. (2020, November 10). *B.C. ecologist uses facial recognition software to track grizzly bears.* CBC. https://www.cbc.ca/news/canada/british-columbia/grizzly-bear-facial-recognition-software-1.5797525

Vanderhaeghen, Y. (2024, July 26). *WildTrack.* Research and Conservation. https://ogresearchconservation.org/wildtrack/

Vaughan, A. (2021, October 29). *Pigeon patrol takes flight to tackle London's air pollution crisis.* The Guardian. https://www.theguardian.com/environment/2016/mar/14/pigeon-patrol-takes-flight-to-tackle-londons-air-pollution-crisis

Vending Market Watch. (2022, December 16). *Kadeya receives pre-seed funding from Evergreen Climate Innovations.* https://www.vendingmarketwatch.com/equipment/news/21290283/kadeya-receives-pre-seed-funding-from-evergreen-climate-innovations

VIA RITZAU. (n.d.). *Aquaporin launches new Aquaporin Inside® brackish water membrane series | Aquaporin A/S.* https://via.ritzau.dk/pressemeddelelse/13634339/aquaporin-launches-new-aquaporin-inside-brackish-water-membrane-series?publisherId=13560484

Vigo. (2019, April 21). *Marine Instruments prepara su salto al sector de la seguridad y defensa.* Faro De Vigo. https://www.farodevigo.es/economia/2019/04/21/marine-instruments-prepara-salto-sector-15714243.html

Visible, R. C. (2023, April 28). *Domos de incubación en la playa: una innovadora solución para preservar a las tortugas marinas.* Colombia Visible. https://colombiavisible.com/domos-de-incubacion-en-la-playa-una-innovadora-solucion-para-preservar-a-las-tortugas-marinas/

Vives, E. (2024, February 13). *WWF tire la sonnette d'alarme avec son calendrier d'extinction.* JUPDLC. https://jai-un-pote-dans-la.com/calendrier-extinction-animaux/

Vizcaino, A., & Vizcaino, A. (2024, February 20). *Desarrollan un calendario para saber cuándo se extinguirán algunos animales.* Mercado Negro. https://www.mercadonegro.pe/publicidad/campanas/desarrollan-un-calendario-para-saber-cuando-se-extinguiran-algunos-animales/

VML. (n.d.). *Nest domes.* https://www.vml.com/work/nest-domes

Walker, A. (2024, October 2). *Fathom launches global flood Modelling Tool.* Pocketwatch Publishing. https://insurance-edge.net/2024/10/02/fathom-launches-global-flood-modelling-tool/

Walsh, M. (2024, December 25). *The iNaturalist app: What it does, how it works.* Explorersweb. https://explorersweb.com/the-inaturalist-app-what-it-does-how-it-works/

Washington. (n.d.). *Xylotron: Wood ID made easy - Xylotron.* https://depts.washington.edu/xylotron/

Water Tech Jobs. (n.d.). *Imagine H2O job board.* https://watertechjobs.imagineh2o.org/companies/epic-cleantec

Watercare. (n.d.). *World's 1st in-home water-recycling system Hydraloop® arrives in New Zealand.* https://www.watercare.co.nz/home/about-us/latest-news-and-media/world-s-1st-in-home-water-recycling-system-hydraloop-arrives-in-new-zealand

WaterGen. (2024, April 15). *Watergen ESG 高科技大氣飲水萃取設備.* https://www.watergentw.com/

Wateronline. (n.d.). *Optiqua Technologies Project AquaSHIELD awarded grant from EU H2020 SME Instrument.* https://www.wateronline.com/doc/optiqua-technologies-project-aquashield-awarded-instrument-0001

Wateronline. (n.d.). *Smart Water Meter: Conservation Labs launches H2Know, an affordable innovative water meter and app for preventing leaks, saving consumers money.* https://www.wateronline.com/doc/smart-water-meter-conservation-labs-launches-h-know-an-affordable-innovative-0001

Wateronline. (n.d.). *The next generation of Aquaporin inside.* https://www.wateronline.com/doc/the-next-generation-of-aquaporin-inside-0001

WaterWorld. (2009, June 24). *Optiqua establishes Technology, Networking Research Center at PUB's WaterHub.* https://www.waterworld.com/drinking-water-treatment/potable-water-quality/article/16217517/optiqua-establishes-technology-networking-research-center-at-pubs-waterhub

WaterWorld. (2017, February 21). *Kamstrup and Optiqua to offer solutions for real-time water quality monitoring.* https://www.waterworld.com/home/article/14070337/kamstrup-and-optiqua-to-offer-solutions-for-real-time-water-quality-monitoring

WaterWorld. (2021, December 13). *Epic Cleantec raises $9.4M for water reuse expansion.* https://www.waterworld.com/water-reuse/press-release/14222229/epic-cleantec-raises-94m-for-water-reuse-expansion

Watson, E. (2025, January 8). *Brief: ADM teams up with Air Protein to help scale novel food production platform.* AgFunderNews. https://agfundernews.com/adm-teams-up-with-air-protein-to-make-protein-from-thin-air

Webmaster. (2024, October 7). *How AI can reduce water damage risks.* Facility Executive. https://facilityexecutive.com/water-management-ai-solution-reduces-risks-of-water-damage/

Wells, K. (2022, October 27). *Fathom launches new global flood map.* ReinsuranceNe.ws. https://www.reinsurancene.ws/fathom-launches-new-global-flood-map/

Wheeler, M. (2021, November 24). *Purple Hive uses artificial intelligence to keep bees parasite-free.* Create Digital. https://createdigital.org.au/purple-hive-uses-artificial-intelligence-to-keep-bees-parasite-free/

White, J. (2024, July 9). *Biome Makers creates virtual AI assistant for sustainable farming.* Startup Savant. https://startupsavant.com/news/biome-makers-virtual-ai

Whitman, T. N., Hoogenboom, M. O., Negri, A. P., & Randall, C. J. (2024). *Coral-seeding devices with fish-exclusion features reduce mortality on the Great Barrier Reef.* Scientific Reports. https://doi.org/10.1038/s41598-024-64294-z

Wiggers, K. (2024, February 21). *Conservation Labs uses sound to diagnose plumbing issues.* TechCrunch. https://techcrunch.com/2024/02/21/conservation-labs-uses-sound-to-diagnose-plumbing-issues/?guce_referrer=aHR0cHM6Ly93d3cuZ29vZ2xlLmNvbS50dy8&guce_referrer_sig=AQAAAH4xbYtU5vzB0jTRB8kuhTPFSxu7jb4yerPWeZa3R6pXeHUCP8worrQhXm2cMoJ98KMhk49kKldIlQ97IfBXaRWZ2LJ3kSTcnxbJxog3lZbFasbTGa8yCflzzt4A1src4TuEN7vqBxnUdlP2kTQR5_YTrlVWuETpLMXz-A34_w8n&_guc_consent_skip=1745591347

Wikipedia contributors. (2025, April 22). *INaturalist.* Wikipedia. https://en.wikipedia.org/wiki/INaturalist

Wilcot. (2024, July 2). *50 social impact innovations that might save the world.* BOI (Board of Innovation). https://www.boardofinnovation.com/blog/50-social-impact-innovations-helping-to-save-the-world/

Wild me. (n.d.). *Wild Me.* https://www.wildme.org/

Wildcams. (n.d.). *The BearID Project: Developing automated methods of individual ID for grizzly bears.* https://wildcams.ca/blog/melanie-clapham/

WildTrack. (n.d.). *WildTrack | Non-Invasive Wildlife Monitoring.* https://www.wildtrack.org/

WINT. (2024, December 23). *AI-Powered Water Management and Leak Mitigation.* https://wint.ai/

Wint. (2024, June 24). *WINT and HSB partner to deliver holistic water protection.* PR Newswire. https://www.prnewswire.com/news-releases/wint-and-hsb-partner-to-deliver-holistic-water-protection-302179505.html

WIPO. (n.d.). *Everyone can tackle water scarcity with Hydraloop.* https://www.wipo.int/en/web/wipo-magazine/articles/everyone-can-tackle-water-scarcity-with-hydraloop-42722

Wired. (2024, September 16). *These 23 startups have collectively raised over $53mn in funding. They're now in Abu Dhabi.* WIRED Middle East. https://wired.me/business/startups/tech-startups-abu-dhabi-hub71/

Wood, S. (2024, October 2). *Marin naturalist tech startup honored with Heinz Family Foundation award*. The North Bay Business Journal. https://www.northbaybusinessjournal.com/article/industrynews/inaturalist-heinz-award/

WorkBoat. (2025, April 10). *Ocean Infinity granted DNV Class approval*. https://www.workboat.com/ocean-infinity-granted-dnv-class-approval

Worland, J. (2018, May 31). *Drones are helping catch poachers operating under cover of darkness*. TIME. https://time.com/5279322/drones-poaching-air-shepherd/

World Economic Forum. (2019, May 21). *How Iceland's Carbfix project is turning carbon dioxide into rock*. https://www.weforum.org/stories/2019/05/carbfix-scientists-in-iceland-are-turning-carbon-dioxide-into-rock/

WPP. (n.d.). *Ogilvy: FILSA Colombia's filter caps*. https://www.wpp.com/en/featured/work/2024/06/ogilvy-filsas-filter-caps

Writer, S. (2023, February 1). *The Latest from HKRITA is Acousweep: A Microplastic Fibre Separation System Using Sweeping Acoustic Waves*. texfash.com. https://texfash.com/update/the-latest-from-hkrita-is-acousweep-a-microplastic-fibre-separation-system-using-sweeping

WWF. (2023, March 30). *Discover the technology that contributes to strength the legal timber route*. https://www.wwf.org.ec/?uNewsID=382096

WWF. (n.d.). M*apBiomas lanza una colección de mapas anuales de todo el Bosque Atlán*. https://www.wwf.org.co/?366531/MapBiomas-lanza-una-coleccion-de-mapas-anuales-de-todo-el-Bosque-Atlantico-cubriendo-Brasil-Argentina-y-Paraguay

WWF. (n.d.). *What is the sixth mass extinction and what can we do about it?* https://www.worldwildlife.org/stories/what-is-the-sixth-mass-extinction-and-what-can-we-do-about-it

XINMEDIA. (2021, January 21).「湛 Azure」研發海漂垃圾收集機器人 要讓大海恢復湛藍. https://www.xinmedia.com/article/190838

Yunos, A. (2024, November 8). *The next generation of Aquaporin Inside*. Water & Wastewater Asia | Asia's premium magazine for the water and wastewater industry. https://waterwastewaterasia.com/the-next-generation-of-aquaporin-inside/

Zitter, C. (2023, August 24). *New technology Acousweep separates microplastics from wastewater using soundwaves*. FashionUnited. https://fashionunited.com/news/fashion/new-technology-acousweep-separates-microplastics-from-wastewater-using-soundwaves/2023041853380

168 交通安全入口網. (n.d.). 公路總局積極推動友善智慧道路有成,「路殺預警系統」於 2、3 月皆拍攝到石虎使用. https://168.motc.gov.tw/theme/news/post/2003111524124

人間福報. (2023, April 29). 綦孟柔 創野灣守護野生動物. https://www.merit-times.com.tw/NewsPage.aspx?unid=840369

人間福報. (n.d.). 潮境保種中心 用綠電搶救瀕危珊瑚. https://nie.merit-times.com.tw/newsdetail_tw.php?id=8808

人間福報. 2024, October 21). 結合 5G 與 AI 監測系統 助力黑面琵鷺保護. https://www.merit-times.com/newslistdetail_tw_1.php?id=71068

三立新聞網. (2019, May 17). 全球首創!「路殺預警系統」啟用了. Yahoo News. https://tw.news.yahoo.com/%E5%85%A8%E7%90%83%E9%A6%96%E5%89%B5%E8%B7%AF%E6%AE%BA%E9%A0%90%E8%AD%A6%E7%B3%BB%E7%B5%B1-%E5%95%9F%E7%94%A8%E4%BA%86-113025565.html

工研院. (n.d.). AI 有保「琵」AI 自動辨識黑面琵鷺監測系統 工研院攜手中華電信為黑面琵鷺保護注入活力 - 最新新聞 - 新聞室 - 新聞中心 - 工業技術研究院. https://www.itri.org.tw/ListStyle.aspx?DisplayStyle=01_content&SiteID=1&MmmID=1036276263153520257&MGID=1131021154429120007

工研院. (n.d.). AI 有保琵 生態保育最夠力 - 工業技術與資訊月刊 - 出版品 - 新聞中心 - 工業技術研究院. https://www.itri.org.tw/ListStyle.aspx?DisplayStyle=18_content&SiteID=1&MmmID=1036452026061075714&MGID=1255443200661007710

工商時報. (2022, June 8). 世界海洋日興采 x 湛 Azure 將海廢寶特瓶成為改變世界的一捲紗. https://www.ctee.com.tw/news/20220608700601-431202

中央社 . (2018, October 9). 巡田水也可以很智慧 嘉南試辦用水史上最省 . Yahoo News. https://tw.news.yahoo.com/%E5%B7%A1%E7%94%B0%E6%B0%B4%E4%B9%9F%E5%8F%AF%E4%BB%A5%E5%BE%88%E6%99%BA%E6%85%A7-%E5%98%89%E5%8D%97%E8%A9%A6%E8%BE%A6%E7%94%A8%E6%B0%B4%E5%8F%B2%E4%B8%8A%E6%9C%80%E7%9C%81-093618974.html

中央社 . (2020, March 7). 石虎停看聽監測拍到畫面 路殺預警系統奏效 . https://www.cna.com.tw/news/firstnews/202003070077.aspx

中央社 . (2024, July 3). 高三生自學開發地震速報 App 逾 32 萬次下載 . https://www.cna.com.tw/news/ahel/202404230411.aspx

中央社 . (2024, July 3). 高中生組團開發 DPIP 地震速報 APP 自製地震儀還設客服向民眾釋疑 . https://www.cna.com.tw/news/ahel/202404260334.aspx

中央社 . (2024, May 15). 全球最大！冰島碳捕捉廠「長毛象」啟用 年減碳3 萬噸 . 倡議家 . https://ubrand.udn.com/ubrand/story/123642/7960640

中央社 . (2024, November 12). 瑞士碳捕捉新創公司：碳移除不代表可以無限排放 . Yahoo News. https://tw.news.yahoo.com/%E7%91%9E%E5%A3%AB%E7%A2%B3%E6%8D%95%E6%8D%89%E6%96%B0%E5%89%B5%E5%85%AC%E5%8F%B8-%E7%A2%B3%E7%A7%BB%E9%99%A4%E4%B8%8D%E4%BB%A3%E8%A1%A8%E5%8F%AF%E4%BB%A5%E7%84%A1%E9%99%90%E6%8E%92%E6%94%BE-013414895.html

中央社 . (n.d.). 天下城市治理卓越獎 嘉義縣表現亮眼環保局榮獲首獎、農業處拿下優選 . https://www.cna.com.tw/postwrite/chi/356958

中華新聞雲 . (2024, December 10). 守護黑琵 中華電推 AI 智慧監測 . https://www.cdns.com.tw/articles/1133492

今周刊 . (2023, September 27). 100% 綠電！台達電要當「種珊瑚的人」，攜手海科館打造零碳「珊瑚保種中心」搶救瀕危珊瑚 . https://esg.businesstoday.com.tw/article/category/180687/post/202309270031

天下 . (2021, March 19). 日野全新 200 系列 3.49 噸貨車發表暨 野生動物行動醫療車捐贈儀式 . https://www.cw.com.tw/article/5113164

天下雜誌 . (2020, November 27). 台積電神救援！智慧灌溉支援 70 歲掌水工，手機取代摩托車巡水 . https://www.cw.com.tw/article/5102925

天下雜誌 . (2024, August 23). 開發 50 萬下載 DPIP 地震速報 App，18 歲高中生林睿：不能光靠燃燒熱情 . https://www.cw.com.tw/article/5131514

无人机网 . (n.d.). 南非空中牧羊人组织 (Airshepherd)：采用无人机来对付非法盜獵者 . 商業新知網 . https://www.shangyexinzhi.com/article/186338.html

王玉樹 . (2018, October 9). 讓農夫用手機控水 水利署今簽三方「智慧灌溉」MOU. 中時新聞網 . https://www.chinatimes.com/realtimenews/20181009005177-260410?chdtv

王昱翔 . (2022, June 28). 放棄高薪、燒掉千萬資金，只為拯救海洋環保夢！她打造海洋吸塵器串起海廢循環鏈 . Meet 創業小聚 . https://meet.bnext.com.tw/articles/view/49226?

台達電子 . (n.d.). 台達攜手國際權威海洋實驗室 建構珊瑚白化救援機制 . https://www.deltaww.com/zh-tw/news/38949

台灣化學纖維股份有限公司 . (n.d.). 台化纖事業部 | 研究開發 | 世界地球日 - 蚵繩回收再利用發表會 - 緣起 . https://nylon.fcfc.com.tw/research-oyster-rope-1.html

台灣化學纖維股份有限公司 . (n.d.). 台化纖事業部 | 差別化產品 | NetPlus 漁網回收絲 . https://nylon.fcfc.com.tw/product_functional_formo_netplus.html

台灣好報 . (2025, March 10). 潮境保育 2.0 第一年管制有成 海科館攜手社會共創永續海洋 . https://newstaiwan.net/2025/03/10/289699/

台灣好報 . (2025, March 10). 潮境保育 2.0 第一年管制有成 海科館攜手社會共創永續海洋 . PChome 新聞 . https://news.pchome.com.tw/living/newstaiwandigi/20250310/index-74160902675050279009.html

台灣好新聞 (n.d.). 南水局攜手嘉南農田水利會 啟動智慧灌溉節水物聯網新紀元 . TaiwanHot. https://www.taiwanhot.net/news/449643/%E5%8D%97%E6%B0%B4%E5%B1%80%E6%94%9C%E6%89%8B%E5%98%89%E5%8D%97%E8%BE%B2%E7%94%B0%E6%B0%B4%E5%88%A9%E6%9C%83+%E5%95%9F%E5%8B%95%E6%99%BA%E6%85%A7%E7%81%8C%E6%BA%89%E7%AF%80%E6%B0%B4%E7%89%A9%E8%81%AF%E7%B6%B2%E6%96%B0%E7%B4%80%E5%85%83

參考文獻

台灣防災包 TM. (2024, July 17). 查詢住家周遭發生災害的可能性！利用「3D 災害潛勢地圖」立即下載分析報告. https://www.safetaiwan.com/blogs/news/162142?srsltid=AfmBOoozbG-B2R-axULk7csSGHCXjSgs8Rx1SUO-04P0hVrNlnDmPmMU

民視新聞網. (2018, October 10). 落實農業智慧節水 手機掌握農田用水量. https://www.ftvnews.com.tw/news/detail/2018A09F09M1

民視新聞網. (2024, April 25). 17 歲復旦高三生林睿與團隊研發地震速報 APP 獲氣象署簽約. Yahoo News. https://tw.news.yahoo.com/17%E6%AD%B2%E5%BE%A9%E6%97%A6%E9%AB%98%E4%B8%89%E7%94%9F%E6%9E%97%E7%9D%BF-%E7%A0%94%E7%99%BC%E5%9C%B0%E9%9C%87%E9%80%9F%E5%A0%B1app%E7%8D%B2%E6%B0%A3%E8%B1%A1%E7%BD%B2%E7%B0%BD%E7%B4%84-110410278.html

永續實踐家. (2023, October 27). 眾多優質企業超前部署 借同黑科技再生新水源. 今周文化事業. https://www.businesstoday.com.tw/article/category/183015/post/202310240008/

全球華僑報. (2018, October 17). 智慧灌溉管理系統節水且不影響農作物生產量. https://www.gocgaci.com/archives/7111

朱曼寧. (2024, July 26). 凱米颱風釀災情 官方這資訊可查「住家容不容易淹水」. 聯合新聞網. https://udn.com/news/story/7241/8121110

自由時報電子報. (2023, March 25). 海廢變黃金 台化再製成運動服飾. https://ec.ltn.com.tw/article/paper/1574260

自由時報電子報. (2024, August 14). 台灣之光！牡蠣殼變身「海毛紗」登上國際媒體版面. https://news.ltn.com.tw/news/world/breakingnews/4768204

何晨瑋. (2023, July 1). 台灣湛藍結合 Google AI，用海洋吸塵器幫大海找回澄澈. 遠見雜誌 - 前進的動力. https://www.gvm.com.tw/article/104003

呂妍庭. (2022, August 28). 台化、嘉縣府攜手守護海洋 廢蚵繩回收變高檔機能衣. 中時新聞網. https://www.chinatimes.com/realtimenews/20220828003154-260405?chdtv

呂妍庭. (2022, August 28). 嘉縣台化與環保局淨灘海廢製成衣服. Yahoo News. https://tw.news.yahoo.com/%E5%98%89%E7%B8%A3%E5%8F%B0%E5%8C%96%E8%88%87%E7%92%B0%E4%BF%9D%E5%B1%80%E6%B7%A8%E7%81%98-%E6%B5%B7%E5%BB%A2%E8%A3%BD%E6%88%90%E8%A1%A3%E6%9C%8D-201000450.html

我們的島. (2024, May 7). 左臉和右臉不一樣！要怎麼幫「海龜點點名」？｜ ft.「海龜點點名」共同創辦人 馮加伶. 我們的島. https://ourisland.pts.org.tw/content/10596

李琦瑋. (2024, October 22). AI 有保「琵」工研院攜中華電信開發黑面琵鷺監測系統. TechNice 科技島 - 掌握科技與行銷最新動態. https://www.technice.com.tw/issues/ai/147046/

放言 Fount Media. (2023, July 24). 向空氣要水喝！國防、環保、民生兼顧……以色列教我們的事！https://www.fountmedia.io/article/168593

易淳敏. (2023, September 24). 開箱》首座零碳保種中心揭幕！台達 X 海科館攜手搶救珊瑚. ESG 遠見 - 永續共好. https://esg.gvm.com.tw/article/33923

林利庭. (2021, October 20). 植物肉夯！雀巢推素蝦. 蛋芬蘭新創用空氣做「肉」. Yahoo News. https://tw.news.yahoo.com/%E6%A4%8D%E7%89%A9%E8%82%89%E5%A4%AF-%E9%9B%80%E5%B7%A2%E6%8E%A8%E7%B4%A0%E8%9D%A6-%E8%9B%8B%E8%8A%AC%E8%98%AD%E6%96%B0%E5%89%B5%E7%94%A8%E7%A9%BA%E6%B0%A3%E5%81%9A-%E8%82%89-115837331.html?guccounter=1&guce_referrer=aHR0cHM6Ly93d3cuYmluZy5jb20v&guce_referrer_sig=AQAAAHfSQtSD_5WbI-aYvkRa8alqdxTUM4EkHmB7UZL5SZPZ3itn1gsHWAyQF4rcOnIu_aJLoL0CXhpQuux8lGqU7X9791qltPLCn0HqFUL5lcy7j0cDW3TEQIGcoYUfqbObDTKQEAIugMn1VKwk7pQyRadXuur0ftPwkVMRlcZMztjM

林芳穎. (2021, July 8). 新一代台灣之光！台製「湛鬥機」清除海洋垃圾. LINE TODAY. https://today.line.me/tw/v2/article/oDzB7q

爸爸媽媽同學會. (2022, July 10). 你知道嗎？海龜也有戶口名簿呢！. Vocus ｜方格子. https://vocus.cc/wo/62caf0f2fd89780001773ad2

社企流. (n.d.). 海龜點點名！公民自發建海洋戶口名簿，建立重要生態資料. https://www.seinsights.asia/article/8787

社企流 .(n.d.). 台灣人打造海洋版 Dyson 吸塵器！湛。Azure 執行長陳思翰：「我要成為垃圾漂入海洋的最後一道防線」. https://www.seinsights.asia/article/7545

社團法人台灣野灣野生動物保育協會 . (n.d.). 和泰汽車 | 野生動物行動醫療車上路啦！https://www.wildonetaiwan.org/news/48

俄羅斯衛星通訊社 . (2021, December 21). 科學家揭開"蜜蜂殺手"真相 . https://big5.sputniknews.cn/20190124/1027456897.html

胡蓬生 . (2024, October 22). 真厲害！工研院「AI 有保琵」自動識別棲地黑面琵鷺數量 . 聯合新聞網 . https://udn.com/news/story/7240/8307501

范榮達 . (2024, August 12). 石虎零路殺 公路局苗栗工務段 AI 智能預警系統有成獲獎 . 聯合新聞網 . https://udn.com/news/story/7324/8156276

翁章梁 . (2023, December 11). 環境永續 嘉縣府帶頭做起 . 中時新聞網 . https://www.chinatimes.com/newspapers/20231212000586-260107?chdtv

袁顥庭 . (2024, October 21). AI 有保「琵」 工研院攜手中華電信為黑面琵鷺保護注入活力 . 中時新聞網 . https://www.chinatimes.com/realtimenews/20241021004180-260410?chdtv

財團法人善科教育基金會 . (n.d.). 以科技協助保育，避免石虎路殺的「路殺預警系統」. https://www.sancode.org.tw/activities_info.php?type=3&nid=39

國立海洋生物博物館 . (n.d.). 幫海龜點名！資料庫累計超過 700 隻 「海龜戶口名簿」網站上線 . https://www.nmmba.gov.tw/News_Content.aspx?n=FF40572369107C6E&sms=4BD2D29B72CA27F8&s=1CF2FB84050155CF5

國家文化記憶庫 2. (n.d.). 智慧灌溉的設施精進 . https://tcmb.culture.tw/zh-tw/detail?indexCode=Culture_Route&id=672093

國家地理雜誌中文網 . (n.d.). 幫海龜點名！資料庫累計超過 700 隻 「海龜戶口名簿」網站上線 . https://www.natgeomedia.com/environment/article/content-15368.html

國家災害防救科技中心 . (n.d.). 3D 災害潛勢地圖,「災害潛勢」指某一地區過去曾發生災害，或未來有較高的致災機會 . https://dmap.ncdr.nat.gov.tw/

國家實驗研究院 . (n.d.). 淹水、坡地災害知多少？「災害潛勢地圖」防災應變的安全導航 . https://www.niar.org.tw/xcscience/cont?xsmsid=0I148638629329404252&qcat=0I164512713411182211&sid=0I164522526934797795

張有君 . (2024, April 25). 不只康橋！這款地震預警 App 也是高中生開發「全台觀測」網狂喊抖內 . 鏡週刊 Mirror Media. https://www.mirrormedia.mg/story/20240425edi057

張志浩 (2024, April 25). 獨 / 高三生太強！開發地震 APP、合作氣象署 800 元地震站能裝你家 . NOWnews 今日新聞 . https://www.nownews.com/news/6413222?srsltid=AfmBOoq9Fvu7d4Y-KkbIq9tuIguoxd_4wVwiZyaiEKwC5qRPVSbqq23S

莊哲權 . (2021, March 28). 即刻救援 野生動物醫療車曝光 . 中時新聞網 . https://www.chinatimes.com/newspapers/20210329000402-263201?chdtv

莊哲權 . (2021, March 29). 即刻救援 野生動物醫療車曝光 . Yahoo 新聞 . https://tw.news.yahoo.com/%E5%8D%B3%E5%88%BB%E6%95%91%E6%8F%B4-%E9%87%8E%E7%94%9F%E5%8B%95%E7%89%A9%E9%86%AB%E7%99%82%E8%BB%8A%E6%9B%9D%E5%85%89-201000840.html

陳俞晴、林澤衛 . (2023, September 8). AI 阻路殺 - 提醒用路人車減速，提醒石虎「停看聽」！ 倡議家 . https://ubrand.udn.com/ubrand/story/123651/4681787

陳韋帆 . (2024, July 26). 凱米淹水災情逾 3 千件！一網看清全台潛勢區 災後購屋留意五細節 . NOWnews 今日新聞 . https://www.nownews.com/news/6480303

愛河 愛之鯨 Whale in Love. (n.d.). *Listen with the Ears of Whales* | 愛河 愛之鯨 Whale in Love. https://newaspecttw.wixsite.com/whaleinlove/column-soundscape?lang=en

慈忻陳 . (n.d.). 台灣如何運用地圖防災？ PanSci 泛科學 . https://pansci.asia/archives/33689

經濟日報 . (2025, February 16). 守護自然 科技扮生力軍 . https://money.udn.com/money/story/5612/8550674

經濟部水利署 . (n.d.). 水利署、台積電、嘉南農田水利會簽訂智慧水管理 MOU 科技結合灌溉與農法，未來若全面推廣將省下台南市三個月的用水量 . 水利署全球資訊網 . https://www.wra.gov.tw/NewsAll_Content.aspx?n=6272&s=61060

農傳媒 . (2021, April 26). 全球首個路殺預警提示 APP 全台生物路殺熱點 導航說給你聽 . https://www.agriharvest.tw/archives/58502

網路溫度計 . (2024, April 24). 守護台灣預警！兩款地震預警 App 都是高中生開發的 | 熱門話題 . https://dailyview.tw/popular/detail/26177

網編組 . (2024, June 4). 八斗子山崩 基隆「破百處」敏感地質區曝光 | CTWANT | LINE TODAY. LINE TODAY. https://today.line.me/tw/v2/article/9m9Zj3q

劉朱松 . (2018, October 7). 智慧水管理 MOU 農業灌溉再進化 . 中時新聞網 . https://www.chinatimes.com/newspapers/20181008000301-260204?chdtv

劉潔謙 . (2025, January 14). 台達、海科館建零碳「珊瑚諾亞方舟」 拚 3 年復育 1 萬株、培育耐熱品種 . 倡議家 . https://ubrand.udn.com/ubrand/story/123635/7985461

數位時代 . (2025, January 20). 地震一直晃，卻沒收到國家級警報？5 款好用地震警報 App 一次看，搶先收通知 . https://www.bnext.com.tw/article/78923/earthquake-app-and-line-janis?

鄧宜 . (2024, October 21). 工研院攜手中華電信為黑面琵鷺保護注入活力 . 東台灣新聞網 . https://etaiwan.news/2024/10/21/%E5%B7%A5%E7%A0%94%E9%99%A2%E6%94%9C%E6%89%8B%E4%B8%AD%E8%8F%AF%E9%9B%BB%E4%BF%A1%E7%82%BA%E9%BB%91%E9%9D%A2%E7%90%B5%E9%B7%BA%E4%BF%9D%E8%AD%B7%E6%B3%A8%E5%85%A5%E6%B4%BB%E5%8A%9B/

鄭淑芳 . (2023, September 24). 台達電鄭崇華用科技打造亞洲首座零碳珊瑚保種中心 . 中時新聞網 . https://www.chinatimes.com/newspapers/20230925000172-260202?chdtv

魯永明 . (2023, September 8). 最搶手的「海廢」！蚵繩竟能做成時尚機能衣？倡議家 . https://ubrand.udn.com/ubrand/story/123638/6591209

整理環 . (2024, October 15). 租店面、買房怎麼看未來是否淹水？3D 災害潛勢地圖報你知 . CSRone 永續智庫 . https://csrone.com/news/8849

盧賢秀 . (2023, September 23). 海科館打造亞洲首座零碳「珊瑚保種中心」 預計 3 年復育萬株 . 自由時報電子報 . https://news.ltn.com.tw/news/Keelung/breakingnews/4437496

環境資訊中心 . (n.d.). 等等，你是哪來的木頭？XyloTron 一秒查獲非法盜伐 . https://e-info.org.tw/node/109582

環境資訊中心 . (2024, October 16). 租店面、買房如何知道未來會不會淹水？3D 災害潛勢地圖報你知 - TNL The News Lens 關鍵評論網 . https://www.thenewslens.com/article/243213

環境資訊中心 . (n.d.). 北極即將無冰！英荷團隊啟動無人艇「造冰計畫」. https://e-info.org.tw/node/238702

環境資訊中心 . (n.d.). 海底地形大揭祕 科學家正繪製全球海床地圖 海嘯預測再提升 . https://e-info.org.tw/node/233263

聯合新聞網 . (2024, April 26). 桃園高中生組團開發「DPIP」地震速報 APP 獲氣象署簽約 . https://udn.com/news/story/123995/7926264

聯合新聞網 . (2024, August 12). 廢棄蚵殼變黃金 「海毛紗」開拓紡織業新藍海 . https://udn.com/news/story/7326/8156767

聲活圈 S. O. L. (n.d.). 你聽過鯨魚唱的歌嗎？| Sound of Life 聲活圈 | Powered by KEF. Sound of Life. https://zh.soundoflife.com/blogs/experiences/pattern-radio-whale-songs

翻轉教育 . (2024, July 26). 開發 50 萬下載 DPIP 地震速報 App，復旦高中畢業生林睿：做出成績才能讓人相信我們 . https://flipedu.parenting.com.tw/article/009420#:~:text=18%E6%AD%B2%E6%A1%83%E5%9C%92%E5%BE%A9%E6%97%A6%E9%AB%98%E4%B8%AD,%E7%81%BD%E5%AE%B3%E5%A4%A9%E6%B0%A3%E8%88%87%E5%9C%B0%E9%9C%87%E9%80%9F%E5%A0%B1%E3%80%8D%E3%80%82

豐年雜誌 . (2024, October 16). 建構智慧灌溉系統強化調度與防災韌性：應用新興科技技術 把農水管理變簡單 . 農傳媒 . https://www.agriharvest.tw/archives/120545

羅思涵 . (2024, March 4). 把馬桶水變啤酒、回收 95% 廢水再利用，新創 Epic Cleantec 讓比爾蓋茲也認可 . Meet 創業小聚 . https://meet.bnext.com.tw/articles/view/51136?

藝誠科技 . (n.d.). AI 有保「琵」！工研院、中華電信用 AI 守護台灣黑面琵鷺 - 科學月刊 Science Monthly. Copyrights © 藝誠科技 All Rights Reserved. https://www.scimonth.com.tw/archives/11194

願景工程基金會 . (n.d.). 台達創立亞洲首座零碳珊瑚保種中心 復育上萬株珊瑚保護海洋生物多樣性 . https://visionproject.org.tw/story/6872

BIG 462

改變世界的 100 個生態行動：SDGs 全球實踐指南，生物圈篇

作　　者—李盈、李小敏
圖表提供—李盈、李小敏
副 主 編—陳萱宇
主　　編—謝翠鈺
行銷企劃—鄭家謙
美術設計—李林
編輯顧問　陳映霞

董 事 長—趙政岷
出 版 者—時報文化出版企業股份有限公司
　　　　　108019 台北市和平西路三段 240 號 7 樓
　　　　　發行專線— (02)23066842
　　　　　讀者服務專線— 0800231705
　　　　　　　　　　　　(02)23047103
　　　　　讀者服務傳真— (02)23046858
　　　　　郵撥— 19344724 時報文化出版公司
　　　　　信箱— 10899 台北華江橋郵局第 99 信箱
時報悅讀網— http://www.readingtimes.com.tw
法律顧問—理律法律事務所 陳長文律師、李念祖律師
印刷—勁達印刷有限公司
初版一刷— 2025 年 5 月 30 日
定價—新台幣 480 元
缺頁或破損的書，請寄回更換

時報文化出版公司成立於一九七五年，
並於一九九九年股票上櫃公開發行，於二〇〇八年脫離中時集團非屬旺中，
以「尊重智慧與創意的文化事業」為信念。

改變世界的 100 個生態行動：SDGs 全球實踐指南，生物圈篇
/ 李盈，李小敏作 .
-- 初版 . -- 臺北市：時報文化出版企業股份有限公司 , 2025.05
　　面；　公分 . -- (Big；462)
ISBN 978-626-419-485-3(平裝)
1.CST: 永續發展 2.CST: 社會發展
541.43　　　　　　　　　　　　　　　　　　114005654

ISBN 978-626-419-485-3
Printed in Taiwan